독자의 1초를 아껴주는 정성!

세상이 아무리 바쁘게 돌아가더라도
책까지 아무렇게나 빨리 만들 수는 없습니다.
인스턴트 식품 같은 책보다는
오래 익힌 술이나 장맛이 밴 책을 만들고 싶습니다.

길벗이지톡은 독자여러분이
우리를 믿는다고 할 때 가장 행복합니다.
나를 아껴주는 어학도서,
길벗이지톡의 책을 만나보십시오.

독자의 1초를 아껴주는
정성을 만나보십시오.

미리 책을 읽고 따라해본 2만 베타테스터 여러분과
무따기 체험단, 길벗스쿨 엄마 2% 기획단,
시나공 평가단, 토익 배틀, 대학생 기자단까지!
믿을 수 있는 책을 함께 만들어주신 독자 여러분께 감사드립니다.

홈페이지의 '독자마당'에 오시면
책을 함께 만들 수 있습니다.

㈜도서출판 길벗 www.gilbut.co.kr
길벗 이지톡 www.eztok.co.kr
길벗 스쿨 www.gilbutschool.co.kr

스크린 영어 리딩

스크린 영어 리딩 – 어벤져스
Screen English Reading – Avengers

초판 발행 · 2019년 10월 30일

번역 및 해설 · 케일린 신
발행인 · 이종원
발행처 · (주)도서출판 길벗
브랜드 · 길벗이지톡
출판사 등록일 · 1990년 12월 24일
주소 · 서울시 마포구 월드컵로 10길 56(서교동)
대표전화 · 02)332-0931 | **팩스** · 02)323-0586
홈페이지 · www.gilbut.co.kr | **이메일** · eztok@gilbut.co.kr

기획 및 책임편집 · 신혜원(madonna@gilbut.co.kr) | **디자인** · 최주연
제작 · 이준호, 손일순, 이진혁 | **영업마케팅** · 김학흥, 장봉석
웹마케팅 · 이수미, 최소영 | **영업관리** · 김명자, 심선숙 | **독자지원** · 송혜란, 홍혜진

편집진행 · 김해리 | **전산편집** · 연디자인 | **CTP 출력** · 예림인쇄 | **인쇄** · 예림인쇄 | **제본** · 예림바인딩

ISBN 979-11-6050-861-1   03740 (길벗 도서번호 301016)
정가 16,000원

이 도서의 국립중앙도서관 출판예정도서목록(CIP)은 서지정보유통지원시스템 홈페이지(http://seoji.nl.go.kr)와
국가자료종합목록 구축시스템(http://kolis-net.nl.go.kr)에서 이용하실 수 있습니다. (CIP제어번호 : CIP2019027908)
© 2019 MARVEL

독자의 1초까지 아껴주는 정성 길벗출판사

(주)도서출판 길벗 | IT실용, IT/일반 수험서, 경제경영, 취미실용, 인문교양(더퀘스트) **gilbut.co.kr**
길벗이지톡 | 어학단행본, 어학수험서 **gilbut.co.kr**
길벗스쿨 | 국어학습, 수학학습, 어린이교양, 주니어 어학학습 **gilbutschool.co.kr**

페이스북 · www.facebook.com/gilbuteztok | 네이버 포스트 · http://post.naver.com/gilbuteztok
유튜브 · https://www.youtube.com/gilbuteztok

— 스크린 영어 리딩 —

번역·해설 **케일린 신**

영어 고수들은 영화를 읽는다!

영어 고수들이 추천하는 영어 학습법, 원서 읽기

'원서 읽기'는 영어 고수들이 가장 강력하게 추천하는 영어 학습법입니다. 언어학자, 영어 교육자 할 것 없이 영어 고수들이 입을 모아 원서 읽기를 추천하는 이유는 무엇일까요? 첫째, '원서 읽기'는 간편합니다. 대화 상대가 있어야 연습이 가능한 영어회화와 비교하면, 원서 읽기는 책만 있으면 언제 어디서든 혼자서도 학습이 가능합니다. 스스로를 영어 환경에 노출시킬 수 있는 가장 간단한 방법이죠. 둘째, '원서 읽기'는 경제적입니다. 책 한 권만 있으면 독학이 가능합니다. 유명한 학원을 갈 필요도, 비싼 강의를 들을 필요도 없습니다. 내 수준과 취향에 맞는 책 한 권만 고르면 그 어떤 강의 부럽지 않은 효과를 낼 수 있습니다. 셋째, '원서 읽기'는 효과적입니다. 영어 문장을 꾸준히 읽다 보면 문장 구조를 자연스럽게 파악할 수 있습니다. 많은 문장을 접하면 나중엔 길고 복잡한 문장도 끊어읽기가 가능해지죠. 또한 상황을 머리에 그리며 단어를 익히기 때문에 단어의 어감을 확실히 익힐 수 있습니다. 기계적으로 문법과 단어를 외우는 것보다 훨씬 효과적입니다. 우리말과 마찬가지로 외국어 역시, 책을 많이 읽어야 어휘력과 독해력이 늘어나며 실력이 향상됩니다.

어떤 책을 읽어야 할까?

원서 읽기가 이렇게 좋은데, 정작 영어책 한 권을 완독했다는 사람을 찾기 힘든 이유는 무엇일까요? 대부분의 경우 적절한 책을 선정하는 데 실패했기 때문입니다. 원서 읽기에 도전하겠다고 호기롭게 고전 소설을 펼쳤다가 며칠도 안 돼 포기한 경험 한 번쯤 있으시죠? 우리말로 읽어도 난해한 소설을 영어로 읽는 것은 애초에 성공할 확률이 아주 낮은 도전입니다. 낯설고 어려운 텍스트로 공부하면 동기부여가 되지 않기 때문입니다. 생각만해도 스트레스가 쌓이죠. 읽으면서 즐거움을 느낄 수 있는 책을 찾는 것이 가장 중요합니다.

영어 독해 문제를 풀 때, 내가 알고 있는 정보가 나오면 독해가 쉽게 느껴졌던 경험이 있나요? 내가 알고 있는 것, 배경지식이 있는 것은 영어로도 쉽게 읽히기 때문입니다. 그래서 원서 읽기를 한다면, 내가 아는 이야기로 하는 것이 훨씬 도움됩니다. 스토리를 알고 있으니 문맥을 살피며 단어의 뜻을 유추할 수 있습니다. 이 책은 마블 히어로 영화 〈어벤져스〉로 원서 읽기를 할 수 있습니다. 마블 영화를 좋아하는 사람이라면 누구든 흥미롭게 학습할 수 있죠. 영화 장면을 떠올리며 읽으면 상황의 맥락과 단어의 뉘앙스를 정확하게 파악하는 데 큰 도움이 될 것입니다. 영화의 감동을 원서로 한 번 더 느껴보세요.

이 책은 본책과 워크북, 두 권으로 구성되어 있습니다. 원서의 내용을 담은 본책은 영한대역으로 구성했습니다. 워크북은 어려운 단어와 표현의 해설을 담았습니다.

본책

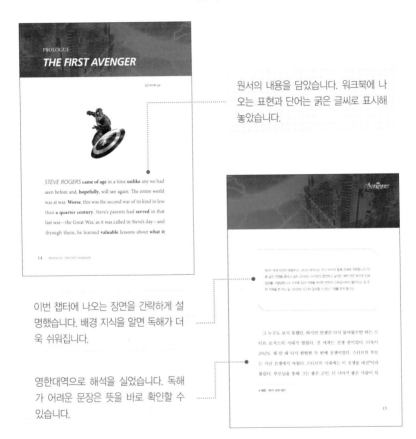

원서의 내용을 담았습니다. 워크북에 나오는 표현과 단어는 굵은 글씨로 표시해 놓았습니다.

이번 챕터에 나오는 장면을 간략하게 설명했습니다. 배경 지식을 알면 독해가 더욱 쉬워집니다.

영한대역으로 해석을 실었습니다. 독해가 어려운 문장은 뜻을 바로 확인할 수 있습니다.

워크북

원서의 단어 뜻을 실었습니다. 쪽수가 표기되어 있어 간편하게 찾아볼 수 있습니다.

어려운 표현 설명을 실었습니다. 배경 지식이나 관용어구를 중심으로 설명했습니다.

이 책의 학습법

자신에게 맞는 학습법을 찾는 것이 가장 좋지만, 어떻게 학습해야 할지 감이 잡히지 않는
다면 영어 수준에 맞춘 학습법을 추천해드립니다.

■ 내 수준 체크하기

내가 어느 정도 수준인지 잘 모르겠다면, 한 챕터를 골라 눈으로 읽어보세요.
10~30% 해석되면 초급, 반 정도 해석되면 중급, 70% 이상 해석되면 고급 수
준입니다.

■ 초급자라면 워크북부터 학습해보세요

원서를 읽기 전에 단어 뜻을 눈으로 훑어보세요. 모르는 단어에는 체크를 해
둡니다.(절대 단어를 외우려고 하지 마세요.) 단어 뜻을 대강 익혔다면 본격적
으로 원서를 읽습니다. 해석을 먼저 읽고 내용을 파악해두면 영문 읽기가 훨
씬 수월합니다. 정해진 분량을 학습한 후 다시 워크북으로 돌아가 단어를 다
시 쭉 훑어보세요. 아까 체크한 단어들이 확실하게 각인되었을 것입니다.

■ 중고급자라면 원서부터 읽어보세요.

중고급자라면 먼저 원서를 쭉 읽어보세요. 막히는 부분이 있어도 해석과 단
어 뜻을 보지 말고, 문맥으로 의미를 유추하며 계속 읽습니다. 다시 봐도 이
해되지 않는 구문과 단어는 워크북을 참고하세요. 단어를 따로 체크해놓았다
가 다음날 학습하기 전에 복습하는 것, 잊지 마세요.

본책 ➡ 워크북

캡틴 아메리카 스티브 로저스

제2차 세계 대전 당시, 나라에 도움이 되기 위해 군대에 지원하지만 허약한 몸이 결격사유가 되어 수차례 입대를 거부당한다. 슈퍼 솔져 프로젝트에 자원하여 인간의 한계를 뛰어 넘은 초인 병사로 거듭나며 그토록 염원하던 전쟁에 참전한다.

아이언맨 토니 스타크

억만장자이자 천재 발명가, 무기 제조사 '스타크 인더스트리'의 CEO 이다. 적의 공격으로 심장에 치명상을 입지만, 목숨을 지킬 수 있는 슈트를 만들어 기사회생한다. 이 일을 계기로 무기 만드는 것을 그만두고 '아이언맨'으로 거듭난다.

블랙 위도우 나타샤 로마노프

구 소련 스파이 출신으로 코드네임은 '블랙 위도우'이다. 제2차 세계 대전 중 러시아에서 신체 개조를 받아 강한 신체 능력을 갖게 되었다. 현재는 국제평화유지기구 쉴드(S.H.I.E.L.D)의 요원으로 활동 중이다.

헐크 브루스 배너

감마선을 연구하는 과학자였으나, 실험 도중 감마선에 노출되어 거대한 녹색 괴물 '헐크'가 되었다. 평소엔 브루스 배너 박사의 모습이지만, 화가 나면 어마어마한 파괴력을 가진 헐크로 변신한다.

토르 토르 오딘슨

우주 먼 곳에 존재하는 '아스가르드'라는 행성의 왕자이자 천둥의 신이다. 천둥과 번개를 사용할 수 있는 능력이 있으며 '묠니르'라는 망치가 주무기이다.

호크아이 클린트 바튼

초능력은 없지만, 그를 상쇄할 만한 궁술과 격투술을 겸비하고 있다. 쉴드의 요원으로 활동하다가 어벤져스의 일원이 된다.

목차

THE FIRST AVENGER

📖 워크북 p2

STEVE ROGERS **came of age** in a time **unlike** any we had seen before and, **hopefully**, will see again. The entire world was at war. **Worse**, this was the second war of its kind in less than **a quarter century**. Steve's parents had **served** in that last war—the Great War, as it was called in Steve's day—and through them, he learned **valuable** lessons about **what it**

제2차 세계 대전이 발발하고, 스티브 로저스는 친구 버키와 함께 군대에 지원합니다. 악몽 같은 전쟁을 끝내고 싶은 스티브는 누구보다 참전하고 싶지만, 매번 작은 체구로 인해 입대를 거절당합니다. 수차례 입대 지원을 하지만 번번이 신체검사에서 떨어지고, 또 한 번 지원을 한 어느 날, 스티브는 드디어 입대할 수 있는 기회를 얻게 됩니다.

그 누구도 보지 못했던, 하지만 언젠간 다시 돌아왔으면 하는 스티브 로저스의 시대가 열렸다. 전 세계는 전쟁 중이었다. 더욱이 25년도 채 안 돼 다시 발발한 두 번째 전쟁이었다. 스티브의 부모는 지난 전쟁에서 싸웠다. 스티브의 시대에는 이 전쟁을 대전*이라 불렀다. 부모님을 통해 그는 좋은 군인, 더 나아가 좋은 사람이 되

★ 대전 : 제1차 세계 대전

meant to be a good soldier and, **moreover,** a good man.

By the time Steve was a teenager, the Second World War had been **raging** in Europe for years. And in 1941, just before Steve turned twenty-three, America joined in the **worldwide** fight. Steve had grown up watching the boys in his Brooklyn **neighborhood line up** at **recruiting centers, suit up** in uniform, pack their bags, and leave for **deployment,** many—*most* it sometimes seemed—never to return home. Every day, the streets outside his **cramped four-story walk-up** sounded less and less like games of **stickball, skelly,** and **kick-the-can** and more like the quiet of a church on a **weekday** afternoon. The **gruff** male voices that had filled the air gave way—slowly at first, then more **rapidly**—to the **chatter** of women on the **home front:** *Did you hear what happened to Tony McGrath? My Johnny hasn't written in weeks; he makes me so **nervous,** that boy. I just want James to come home, Jimmy, Jr., needs to meet his father....*

는 것이 무엇인지에 대한 값진 교훈을 얻었다.

스티브가 십 대가 되었을 즈음, 제2차 세계 대전이 유럽을 격렬히 뒤덮었다. 그리고 1941년, 스티브가 23세가 되기 직전, 미국도 세계 전쟁에 합세하게 되었다. 스티브는 자신이 살고 있던 브루클린 지역의 남자아이들이 모병소에 줄지어 서서 군복을 입고 짐을 싼 뒤 파병을 위해 떠나는 것을 지켜보며 자랐다. 비록 그들 중 많은 이들이, 때론 거의 대부분이 집에 다시 돌아오지 못했지만 말이다. 그가 살고 있던 엘리베이터 없는 4층짜리 비좁은 건물 밖에서 매일 스틱볼*, 스켈리*, 깡통 차기와 같은 게임 소리가 점점 사그라들더니 마치 주중 오후의 교회 정적처럼 고요해졌다. 거리에 가득했던 남자들의 거친 목소리는 사라졌고, 처음엔 천천히 하지만 점점 더 빨리 국내는 여자들의 수다 소리로 채워지기 시작했다. "토니 맥그래스에게 어떤 일이 일어났는지 들었어요?" "몇 주 동안 조니에게 편지가 안 왔어요. 아들 때문에 걱정이 이만저만이 아니에요." "제임스가 빨리 집에 왔으면 좋겠어요. 지미 주니어가 빨리 아빠를 만나야 할 텐데⋯."

★ **스틱볼** : 가벼운 공을 막대기로 치는, 야구와 비슷한 길거리 스포츠
★ **스켈리** : 바닥에 그림을 그리고 병뚜껑을 던지며 노는 야외 게임

Occasionally, a **wail** would **pierce** a quiet evening. Steve always knew what it meant—another Brooklyn boy gone forever. Did he know this one? He'd already stopped **counting** the friends he'd lost months ago. Nothing seemed to **make sense** anymore. The streets outside his window had changed. The nation and the world had changed. Nothing was **certain** except one very important thing: Steve had an **irrepressible** desire to fight—to help end this war so that throughout Brooklyn, America, and the **entire** world the sounds of **laughter** and games would **replace** the **sobbing** of those waiting for their loved ones to return home. He was going to fight to **liberate** the people who had been held **prisoner** by this war. He was going to fight to **overthrow** the madmen **waging** it. And he was going to fight to win the war so that after it was over not another drop of blood would be **spilled**.

So as soon as he **was of age**, Steve and a few other neighborhood boys, **including** his best friend, James "Bucky" Barnes, lined up at the **local** recruitment center

때때로 저녁 시간대의 고요함은 슬픈 통곡 소리에 사무쳤다. 스티브는 그 소리가 무엇을 의미하는지 알고 있었다. 또 한 명의 브루클린 소년이 영원히 사라졌다는 의미였다. 그가 알고 지낸 소년이었을까? 몇 명의 친구가 죽었는지, 그 수를 세는 것을 그만둔 지 벌써 몇 달이 되었다. 이제 그 어떤 것도 이해할 수 없었다. 창밖 거리의 풍경이 변했다. 이 나라도, 전 세계도 다 변했다. 한 가지 사실만이 확실했다. 바로 싸우고 싶은 억누를 수 없는 욕망이 스티브에게 들끓고 있다는 것이다. 전쟁이 끝나도록 도와 사랑하는 이들이 집으로 돌아오기를 기다리는 브루클린, 미국 그리고 전 세계 사람들의 울음소리를 웃음과 게임 소리로 바꾸고 싶었다. 전쟁으로 잡혀간 사람들에게 자유를 주기 위해 싸우고 싶었다. 전쟁을 일으키는 미치광이들을 끌어내리기 위해 그는 싸우고 싶었다. 그리고 전쟁이 끝난 후 다시는 그 누구도 피 한 방울 흘리지 않도록 그는 전쟁에서 이길 것이다.

스티브는 성년이 되자마자, 자신의 가장 친한 친구인 제임스 '버키' 반즈를 포함한 동네의 다른 몇몇 소년들과 전쟁에 참여하기 위해 지역 모병소에 줄지어 섰다.

to join the fight. Steve always felt small around the other boys, **mainly** because, **physically**, he *was*. Steve was much shorter than **average**, with a **slight** frame, and he **weighed in** at just under a hundred pounds. He had difficulty **breathing** the **polluted** New York City air and was easily **winded**. His cheeks looked **hollow**, and he was so thin that his eyes nearly **bulged from** his **skull**. But those same eyes **revealed** another side of Steve. He was filled with kindness, **compassion**, and a need to **defend** what was right and **just**.

If Steve had any power at all, it was not in his body, but in his soul.

The army, however, was not interested in what Steve believed in, so much as what he could do. And after a **brief physical exam**, they **determined** he couldn't *do* much. He'd be more of a **liability** on the **battlefield** than an **asset**. **For Steve's own good**, and the good of the other soldiers, the army refused to allow him to **enlist**.

"Don't worry, Steve," Bucky said. "You'll be safe here,

스티브는 다른 아이들과 함께 있으면 항상 작다고 느꼈는데, 주된 이유는 그가 정말 신체적으로 왜소했기 때문이다. 그는 평균 키보다 작았고 가냘픈 체격에 몸무게는 45kg도 안 됐다. 그는 뉴욕의 오염된 공기 속에서 숨 쉬는 게 힘들었고 쉽게 숨이 찼다. 양 볼은 푹 꺼졌고, 너무 말라 두 눈이 두개골에서 거의 튀어나올 것처럼 보였다. 하지만 동시에 그 눈에서 스티브의 또 다른 면이 드러났다. 친절, 연민, 옳고 정의로운 편에 서겠다는 욕구로 그는 가득 차 있었다.

스티브에게 어떤 힘이 있다면 그건 그의 몸에서 나오는 것이 아니라 마음에서 나오는 것이었다.

하지만 군대는 스티브가 믿고 있는 것과 할 수 있는 것에 아무런 관심이 없었다. 아주 간단한 신체검사를 한 후, 그들은 그가 할 수 있는 일이 별로 없을 거라 단정 지었다. 그는 전쟁터에서 자산이 아닌 장애물이었다. 스티브를 위해 그리고 다른 군인들을 위해 군대는 그의 입대를 거부했다.

"걱정하지 마, 스티브." 버키가 말했다. "여기에 있으면 안전할 거

and you'll be here to **look after** the old neighborhood while we're away."

Steve wasn't ready to **give up**. "I'm coming with you," he told Bucky.

Bucky **laughed** it **off**. "I know you want to do this, but ..."

"But *nothing*, Bucky. This guy here didn't take me, I'll try somewhere else. Everyone's **doing their part**; I want to do mine."

The next week—and the week after that, and the next two weeks following—Steve **tried his luck** again, each time at a different recruitment center. But each time, he failed his physical. And **though** it seemed as if his luck would never change, Steve refused to give up hope.

The night before Bucky **was set to** leave for the army, he and Steve went out on a double date to the World **Exhibition** of Tomorrow—a World's Fair that was part science show and part **amusement park**. Bucky and the girls he'd brought along wanted to see the Stark Industries exhibition.

야. 그리고 우리가 없는 동안 네가 이 오래된 동네를 지켜줄 거잖아."

스티브는 포기할 생각이 없었다. "나도 너랑 같이 갈 거야." 그가 버키에게 말했다.

버키는 웃어넘겼다. "전쟁에 나가고 싶은 건 알아. 하지만…."

"하지만이란 건 없어, 버키. 여기 이 사람은 날 원하지 않았지만, 다른 데 가서 또 시도해 볼 거야. 모두 자기 역할을 하고 있잖아. 나도 내 역할을 하고 싶어."

다음 주, 그다음 주 그리고 또 2주 후, 스티브는 다른 모병소에 가서 자신의 운을 시험했다. 하지만 매번 신체검사에서 떨어졌다. 그의 운은 절대 바뀌지 않을 것 같았지만, 스티브는 희망을 버리지 않았다.

버키가 파병되기 전날 밤, 버키와 스티브는 한쪽은 과학 전시장이고 한쪽은 놀이동산인 세계 박람회 '미래 전시회'에 더블데이트를 하러 갔다. 버키와 동행한 여자들은 스타크 인더스트리의 전시회를 보고 싶어 했다.

The **world-renowned** inventor Howard Stark was going to **personally** present some of his **latest creations,** including a car that could **hover aboveground** and ride the wind instead of the road. But **despite** the amazing **display** of **futuristic** technologies, Steve was focused on plans for his *own* future. He **wandered away** from the others and **approached** the exhibition's army-recruiting center.

Bucky **stepped away** from the girls and **jogged over** to Steve.

"You're really going to do this *now*?" Bucky asked.

"It's a **fair**. Figured I'd try my luck," Steve joked.

"As *who* this time?" Bucky asked. "Steve from Ohio? It's **illegal** to lie on your forms, Steve. They'll catch you. Or worse, they'll *take* you! This isn't some **back-alley scrap**. It's a *war*."

"It's *the* war," Steve said. ❶"It's the war we can't lose. This is the one that counts, and I mean to be counted."

세계적으로 유명한 발명가인 하워드 스타크가 지상 위를 날고, 도로 대신 바람을 타고 가는 자동차를 포함한 그의 최신 발명품을 직접 선보일 예정이었다. 하지만 이런 미래 기술에 대한 대단한 전시에도 불구하고 스티브는 자신의 미래 계획에만 신경쓰고 있었다. 그가 혼자 다른 쪽으로 가더니 전시장의 모병소로 다가갔다.

버키는 여자들을 남겨 놓고 스티브가 있는 곳으로 뛰어갔다.

"정말 지금 이럴 거야?" 버키가 물었다.

"여긴 박람회잖아. 내 운을 시험해 볼래." 스티브가 말했다.

"이번에는 누구라고 할 건데?" 버키가 물었다. "오하이오 주에서 온 스티브? 서류를 허위 작성하는 건 불법이야, 스티브. 그들에게 발각될 거야. 심하면 잡혀갈 수도 있어! 이건 그냥 뒷골목 싸움이 아니라고. 이건 전쟁이야."

"그냥 전쟁이 아니잖아." 스티브가 말했다. "우리가 절대 지면 안 되는 전쟁이지. 이 전쟁이 중요한 만큼 나도 중요한 존재가 되고 싶어."

Bucky asked Steve to forget about enlisting—**at least** for now. It was Bucky's last night before **shipping out**. There were two pretty girls who wanted to go dancing waiting for them. Steve just smiled and shook his head. Bucky **sighed**, seeming to know that nothing would change his friend's mind. The two hugged, not sure if they'd ever see each other again, and each began a new **journey**. Bucky was off to war, and Steve was walking into the sixth battle of his own personal war—a battle to be allowed to fight.

After **filling out** a form with a list of questions he'd **memorized** by now, Steve was brought to the **exam room**. It was a scene he'd played out what felt like a thousand times. There was the exam table where they'd ask him to lay down so they could **check his vitals**. There were the tools that the doctor would use to perform the exam. The **wastebasket** in the corner, the eye chart on the far end of the wall…. The sign above his head read IT IS ILLEGAL TO **FALSIFY** YOUR ENLISTMENT FORM. The moment

버키는 스티브에게 최소한 지금만큼은 입대를 잊어 달라고 부탁했다. 버키가 전쟁터에 나가기 전 마지막 밤이었기 때문이다. 그들과 함께 춤을 추러 가고 싶어 하는 아름다운 두 여인도 있었다. 스티브는 그저 미소를 지으며 고개를 저었다. 버키는 그 무엇도 친구의 생각을 바꿀 수 없다는 것을 알았기에 한숨을 지었다. 언제 다시볼 수 있을지 확신할 수 없는, 각자 새로운 인생길에 접어든 두 친구는 부둥켜안았다. 버키는 전쟁터로 갔고, 스티브는 자신과의 전쟁인 여섯 번째 싸움을 하러 나섰다. 전쟁에 참여할 수 있도록 허락받는 싸움 말이다.

이제는 다 외워버리다시피 한 문서를 다 작성한 후 스티브는 신체검사실로 향했다. 그가 천 번쯤 머릿속에 그렸던 순간이었다. 검진 테이블이 있었고 건강 상태를 검사할 수 있게 스티브에게 누우라고 했다. 의사가 검사에 사용할 도구들도 놓여 있었다. 한구석에는 쓰레기통이, 벽 한쪽 끝에는 시력검사표가 있었는데…. 그의 머리 바로 위에는 '입대 서류 허위 작성은 불법'이라는 문구가 적혀있었다. 스티브가 그 문구를 보자마자 헌병 한 명이 걸어 들어왔다.

Steve saw the notice, an **MP** walked in.

Steve might have been weak and **frail**, but until this moment, he had never been **frightened**. It looked like the government **was** finally **fed up with** what they clearly saw as his games. **Trailing** behind the MP was an older, **bearded** man in a lab coat and glasses. He thanked the MP and **dismissed** him.

"So, five exams in five tries, in five different cities. All failed. You are very **tenacious**, yes?" The man said in **heavily accented** English. Was it a *German* accent that Steve **detected**?

Steve **stuttered** and tried to explain, but the man held up his hand.

"So, you want to fight?" the man asked.

"I don't like **bullies**," Steve answered.

"I can offer you a chance," he said.

Steve's eyes widened.

"Only a *chance*," the man repeated. He introduced himself as Doctor Abraham Erskine of the Special

스티브는 작고 약할진 몰라도, 이 순간까지 단 한 번도 두려웠던 적이 없었다. 정부는 명백히 장난질처럼 보이는 이 행위를 더 이상 참아주지 않을 것이다. 헌병 뒤로 의사 가운에 안경을 쓴, 나이가 많고 수염이 난 한 남성이 따라 들어왔다. 그는 헌병에게 고맙다고 말한 뒤 나가도 된다고 했다.

"그러니까 다섯 도시에서 다섯 번에 걸쳐 다섯 번의 시험을 봤군요. 모두 실패했고. 굉장히 끈질기네요. 그렇죠?" 그가 강한 억양으로 말했다. 스티브가 들은 건 독일 발음이었을까?

스티브는 말을 더듬으며 설명하려고 했지만 남자가 손을 들었다.

"그러니까, 싸우고 싶은 거죠?" 남자가 물었다.
"저는 불량배들이 싫을 뿐이에요." 스티브가 대답했다.
"당신에게 기회를 줄 수 있어요." 그가 말했다.
스티브의 눈이 커졌다.
"기회만 줄 수 있어요." 남자가 다시 말했다. 그는 미군의 특별 과학 예비대 소속 아브라함 어스킨 박사라고 자신을 소개했다.

Scientific **Reserve** unit of the US Army. Steve wasn't sure what that meant, and he didn't much care. If Dr. Erskine had a way to get Steve into the army, he would take it—no questions asked.

For weeks, Steve trained at a **boot camp** with a **core** group of other men—as usual all of them were taller, healthier, and **fitter** than he was. Steve **scrambled** to run through **obstacle** courses, which he **routinely** failed to complete. He **struggled** to **keep up** during training runs, barely crossing the finish while the rest of the **pack** jogged hundreds of yards ahead. But Dr. Erskine could see something in Steve that others didn't—a fire in his eyes and a desire to do the right thing.

On Steve's final day at training camp, a **grenade** was dropped in the middle of the **trainees**.

"Grenade!" cried Colonel Phillips, who **was in charge of** the camp.

The soldiers **scattered**, **finding cover** behind tanks, inside **ditches**, under any **shelter** they could find. Every

스티브는 그게 어떤 의미인지는 잘 몰랐지만 크게 상관하지 않았다. 만약 어스킨 박사가 스티브를 군대에 보내줄 수 있다면, 스티브는 그 기회를 놓치지 않을 것이다. 그 어떤 질문도 하지 않을 것이다.

몇 주 동안 스티브는 우수 장병들과 신병 훈련소에서 훈련을 받았다. 다른 장병들은 여느 때처럼 그보다 키가 컸고, 더 건강한데다 몸도 더 좋은 상태였다. 스티브는 장애물 훈련장을 돌진해 나가려고 노력했지만, 매번 끝까지 가지 못했다. 그는 달리기 훈련을 할 때도 따라가기 힘들었고, 나머지 장병들이 몇백 야드 앞서가 있을 때도 겨우 결승선에 들어갈 수 있었다. 하지만 어스킨 박사는 스티브에게서 다른 이들에겐 없는 무언가를 볼 수 있었다. 옳은 일을 하기 위해 불타오르는 열정이 그의 눈에서 보였던 것이다.

스티브의 훈련 캠프 마지막 날, 훈련병들 사이로 수류탄 하나가 떨어졌다.

"수류탄이다!" 캠프를 담당하는 필립스 대령이 소리쳤다.

병사들은 흩어져 탱크 뒤, 도랑 안 혹은 찾을 수 있는 대피 장소라면 어디에든 몸을 숨겼다. 모든 병사가 도망쳤다.

soldier **fled**.

Except one.

Steve jumped on the grenade in the hopes that he would save his fellow soldiers. He **balled himself up** on top of it and waited for it to **explode**. But it never did. It had been a test—the last and most important in a long line of them. And Steve had passed. For all his physical **shortcomings**, he had exactly what it would take to become the best man the army had—a Super-Soldier.

Steve had always been a Super Hero **in spirit**, but now he would be one in body as well. The chance that Dr. Erskine had offered Steve was to **take part in** a **clandestine** experiment called Project: Rebirth. For years, the government had been working on a project that would deliver them a soldier who was stronger, more **agile**, and more **adept** than even their best men. Steve, having proved he had the heart, would be awarded the body.

The very next day, Steve, Dr. Erskine, Colonel Phillips

단 한 명만 제외하고 말이다.

스티브는 병사들을 살리겠다는 바람으로 수류탄 위에 몸을 던졌다. 수류탄 위로 몸을 공처럼 만들고는 폭발하기를 기다렸다. 하지만 폭발하지 않았다. 그것은 테스트였다. 여러 테스트 중 마지막이자 가장 중요한 테스트였다. 그리고 스티브는 그 시험에 통과했다. 그는 비록 신체적 결함이 있었지만, 군대에서 최고의 병사, 슈퍼 솔져가 되기 위해 필요한 자질을 가지고 있었던 것이다.

스티브의 정신은 항상 슈퍼히어로였다. 이제 그의 몸도 그렇게 될 차례였다. 어스킨 박사가 스티브에게 주기로 한 기회는 비밀 실험, '프로젝트: 부활'이었다. 수년간 정부는 최고의 병사보다도 더 강하고, 더 민첩하고, 더 숙련된 군인을 만드는 프로젝트를 진행해 왔다. 스티브는 그러한 마음가짐이 있다는 것을 증명했기에 새로운 몸을 상으로 받게 되었다.

바로 다음 날, 스티브, 어스킨 박사, 필립스 대령과 영국 요원 페

and British agent Peggy Carter arrived in a secret **lab** under an old **antiques** shop in Brooklyn. Steve was **awed** by the secret nature of the place and the unbelievable technology in use there. He was **escorted** by Agent Carter through doors into the main area of the lab, where a crowd of scientists and government officials looked on **skeptically**—this weak and skinny **fellow** was America's greatest hope?

Agent Carter held her head high, encouraging Steve to ignore the group.

Steve didn't have the time or, **frankly**, the head, to worry about them. Not only was he used to people's **disapproval**, he had also recently gone from being an **ordinary** kid from Brooklyn to being a soldier in the company of some of the most brilliant scientific minds on Earth.

First, he'd met Dr. Erskine, and now Howard Stark— the famous **inventor** whose presentation he'd **skipped out on** months before at the exhibition. That night Steve only had one thing on his mind—joining the army. But now he

기 카터는 브루클린의 오래된 골동품 가게 지하에 위치한 비밀 실험실에 도착했다. 스티브는 그 장소의 비밀스러운 특성과 그곳에서 쓰이는 믿기 어려운 기술에 경외심을 느꼈다. 카터 요원은 여러 개의 문을 지나 스티브를 실험실의 중심 구역으로 데려갔다. 그곳에는 '이 약하고 삐쩍 마른 사내가 미국의 가장 큰 희망이라고?'라는 식으로 의심스럽게 그를 쳐다보는 과학자들과 정부 관계자들이 있었다.

카터 요원은 스티브에게 그들을 무시하라고 독려하며 당당하게 들어갔다.

스티브는 그들에 대해 걱정할 시간이, 솔직히 말하면 정신이 없었다. 그는 사람들의 반대에 익숙했을 뿐만 아니라, 최근 들어 브루클린 출신의 평범한 아이에서 지구상 가장 똑똑한 과학자들이 있는 집단의 군인이 되었기 때문이다.

그는 우선 어스킨 박사를 만났고, 이번엔 하워드 스타크를 만났다. 몇 달 전 열린 전시회에서 스티브가 놓친 발표회를 했던 유명한 발명가 말이다. 그날 밤 스티브의 머릿속에는 입대라는 단 한 가지 생각밖에 없었다. 하지만 이젠 스타크의 발명품만큼 그의 관심

couldn't have been more interested in Mr. Stark's creations. The most **intriguing** was one that looked like a **steel** capsule in the center of the lab. Mr. Stark and Dr. Erskine explained that Steve would be dosed with the Super-Soldier Serum, which would **enlarge** his muscles, and then he would be **enclosed** in Mr. Stark's tank and **bombarded with** vita rays. These would control his muscle growth and **prevent** him from going into shock or, worse, being subjected to **unchecked growth**. Mr. Stark explained that the lab was in Brooklyn because they needed to draw on as much energy as possible and the New York City **power grid** offered just that—at least he hoped it did.

Without **hesitation**, Steve allowed himself to be **strapped** to a table within the **chamber**. Soon its doors **sealed** shut around him. Mr. Stark pulled a **lever**, and several **doses** of serum were **administered** by Mr. Stark's device. Steve's vitals all **registered** normally as the first stage in the process was **completed**. Then Mr. Stark pulled a lever and turned a dial to administer the vita rays.

을 끄는 건 없었다. 가장 흥미로워 보이는 것은 실험실 중앙에 있는 쇠로 된 캡슐 탱크였다. 스타크와 어스킨 박사는 스티브에게 근육을 키우는 슈퍼 솔져 세럼을 주입한 뒤, 그가 스타크의 캡슐 탱크 안에 들어가면 비타 레이를 쪼일 것이라고 설명했다. 이렇게 해야 근육의 성장을 통제하고, 쇼크 상태가 되거나 더 심한 경우 억제할 수 없이 성장하는 사태를 막을 수 있다고 했다. 스타크는 뉴욕의 전력망이 그들이 필요한 만큼 에너지를 끌어다 줄 것이기에 브루클린에 실험실이 있다고 설명했다. 최소한 그럴 수 있기를 그는 바라고 있었다.

망설임 없이 스티브는 캡슐 탱크 안에 들어가 테이블에 묶였다. 곧이어 그를 둘러싼 탱크의 문이 닫혔다. 스타크가 레버를 당겼고, 그가 만든 장치에 의해 세럼이 스티브에게 주입되었다. 첫 단계는 끝이 났고, 스티브의 생체 징후는 모두 정상으로 나타났다. 이후 스타크는 레버를 당긴 뒤 비타 레이를 작동시키는 다이얼을 돌렸다.

He slowly and carefully increased the dose, closely monitoring Steve, and watching Dr. Erskine, who stood beside the chamber. As the **radiation** increased, Steve's heart began to race. It was clear that the stress was **weighing on** him. An **unearthly** wail came from inside the chamber— and some in the group **called out** to stop the experiment. But Steve **hollered** from his **confines**, telling them not to stop.

"Keep going," he yelled. "I can do this!"

Howard Stark continued to increase the vita rays. When the machine neared 100-percent **capacity**, the lights began to **flicker**—some even **burst**. The **technicians scurried** as a gradually increasing hum filled the lab as the **raw** energy being fed to Steve **mounted**. Finally, the wave **culminated** in a **spectacular** pop. The technicians, doctors, special agents, and everyone else in the room **ducked** for cover. Then the doors of the **airtight** chamber opened with a low **hiss**, and Steve emerged from within.

But it was **no longer** the same Steve.

Dr. Erskine and Agent Carter helped Steve from the

그는 스티브를 유심히 관찰하며 천천히, 조심스럽게 투입량을 높였고, 캡슐 탱크 옆에 서 있는 어스킨 박사를 바라봤다. 방사선량이 증가하자 스티브의 심장 박동이 빨라졌다. 스트레스가 그를 짓누르고 있는 것이 분명했다. 탱크 안에서 섬뜩한 울부짖음이 들렸다. 지켜보던 사람 중 한 명이 실험을 중단하라고 외쳤다. 하지만 스티브는 몸이 묶인 상태로 그만두지 말라고 소리쳤다.

"계속하세요!" 그가 외쳤다. "전 할 수 있어요!"

하워드 스타크는 계속해서 비타 레이를 더 많이 방사했다. 기계가 100%에 가깝게 가동하자 전등이 깜박거리기 시작하더니 몇 개는 아예 터져버렸다. 스티브에게 방사되는 가공되지 않은 에너지가 증가할수록 실험실은 윙윙거리는 소리로 가득 찼고 기술자들은 서둘러 움직였다. 마침내, 엄청난 펑 하는 소리와 함께 파장이 최고점에 달했다. 기술자들과 의사들, 특수 요원들과 방 안의 모든 사람들이 피하기 위해 몸을 숙였다. 밀폐된 탱크의 문이 낮은 쉭 소리를 내며 열렸고, 스티브가 그 안에서 나왔다.

하지만 그는 더 이상 예전의 스티브가 아니었다.

어스킨 박사와 카터 요원은 스티브가 탱크에서 나올 수 있도록

chamber. As he stood up, he **attempted** to **adjust** to his new **perspective**.

"How do you feel?" Agent Carter asked.

"Taller," Steve replied.

Steve, who had entered the lab a sick and weak kid was now the fittest soldier in the US Army. A feeling of **joyous** success **permeated** the room. But before any **celebrating** could **commence**, an explosion **rocked** the lab's **control booth**. Then, one of the **observers** pulled a gun from his jacket and shot Dr. Erskine in the chest.

Steve rushed to the doctor's **aid**, while the man who had shot him grabbed the last **vial** of serum and fled the scene. Agent Carter ran after him, while Steve tended to the doctor. With what appeared to be the last bit of **strength** he had left inside of him, the doctor, who had always told Steve he had the **guts** to be the world's best soldier, pointed to Steve's heart. He tried to speak, but couldn't. There was no need. Steve knew what he was telling him. The doctor let out a long, slow breath and

도와주었다. 스티브는 몸을 일으키며 새로운 시야에 적응하려 노력했다.

"기분이 어때요?" 카터 요원이 물었다.

"더 큰 것 같아요." 스티브가 대답했다.

아프고 약한 아이로 실험실에 들어온 스티브는 이제 미군에서 가장 건장한 군인이 되었다. 기쁜 성공의 기운이 실험실 안에 퍼졌다. 하지만 축하할 새도 없이 폭발이 일어났고 실험실의 조정실을 흔들었다. 그 순간 참관 중이던 한 남자가 재킷 주머니에서 총을 꺼내 어스킨 박사의 가슴에 발사했다.

총을 쏜 남자가 마지막으로 남은 세럼 한 병을 훔쳐 달아날 동안 스티브는 박사를 도우러 달려갔다. 카터 요원은 그 남자를 쫓아갔고, 스티브는 박사를 보살폈다. 항상 스티브에게 세상에서 최고의 군인이 될 만한 배짱이 있다고 말해주던 박사는 자신에게 남은 마지막 힘으로 손가락을 뻗어 스티브의 심장을 가리켰다. 그는 말을 하려고 했지만, 할 수가 없었다. 하지만 그럴 필요가 없었다. 스티브는 그가 무슨 말을 하려는지 알고 있었다. 박사는 천천히 긴 숨을 내쉰 뒤 스티브의 품속에서 쓰러졌다.

went limp in Steve's arms. Steve let the older man's body down gently. Then, with all the amazing power he had just **acquired**, ❷ he **rushed off** to **avenge** the only man who had ever believed in him.

Steve ran faster than any human being ever had. He **spotted** the man he was looking for jumping into a car. Steve ran through traffic, **leaped** over fences, and rode on the roofs of moving vehicles so he wouldn't lose his target. On the Brooklyn **waterfront**, he finally **caught up with** the man he was **pursuing**. The man jumped into what could only be—as **improbable** as it was—a **submarine**. The ship **submerged** and Steve jumped in after it. In his new body, Steve was a strong swimmer, and he was able to catch up to the ship and **wrench** its pilot from the **cockpit**.

When Steve got them both to the **dock**, the man warned Steve that he and his agency HYDRA could not be stopped. "**Cut off** one head and two more shall take its place," the man said. "Hail HYDRA!" Then he bit down on a poison capsule and **choked**, **taking his own life** before

스티브는 나이 든 그의 몸을 조심히 내려놓았다. 그런 후, 방금 전 얻게 된 엄청난 힘으로, 유일하게 자신을 믿어준 남자의 복수를 위해 뛰쳐나갔다.

스티브는 누구보다 빨리 달렸다. 그는 자신이 찾던 남자가 차에 뛰어들어가는 것을 발견했다. 스티브는 타깃을 놓치지 않기 위해 차들 사이로 달리고, 울타리를 넘어, 달리는 자동차의 지붕 위에 올라탔다. 브루클린 해안에서 드디어 그가 쫓던 남자를 따라잡았다. 그 남자는 믿기지는 않지만 잠수함으로 보이는 물체에 뛰어 들어갔다. 잠수함은 물속으로 가라앉았고, 스티브도 따라서 물에 뛰어들었다. 새롭게 얻은 몸 덕분에 스티브는 수영을 잘할 수 있게 되었고, 그는 배를 따라잡아 조종실에서 조종사를 빼냈다.

스티브가 그를 부두로 데려왔을 때 그 남자는 자신과 자신의 조직 히드라를 멈출 수 없을 것이라고 경고했다. "머리 하나를 자르면 두 개가 자라날 것이다." 그 남자가 말했다. "히드라 만세!" 그러고는 스티브가 더 묻기도 전에 독약 캡슐 하나를 씹더니 질식해 숨졌다.

Steve could question him any further.

When Steve **regrouped** with Colonel Phillips and Agent Carter, Phillips decided that it was best to keep Steve's new abilities a secret. Despite seeing Steve **in action**, he did not have faith in the idea that one man could **turn the tide** of the war. He had wanted an army of Super-Soldiers. One was not enough.

Steve was offered a different kind of military job— **performing** shows around the country as a character called Captain America. As "the Captain," Steve wore a bright red, white, and blue **costume** with a star **emblazoned** on the chest. His **cowl** was marked with a bold white *A*, and his feet and hands were covered in **swashbuckling** boots and gloves, and the costume was made complete by a **coat-of-arms-shaped** shield **adorned with** stars and **stripes**.

No matter what Steve was tasked to do, he did his best, and his stint as Captain America would **be no exception**. His shows were a huge success. The character began to appear in movie shorts, comic books, and stage shows.

스티브가 필립스 대령과 카터 요원을 다시 만났을 때 필립스는 스티브의 능력을 비밀로 하는 것이 좋겠다고 결정했다. 그는 스티브가 싸우는 것을 봤지만, 아직 한 사람이 전쟁의 기류를 바꿀 수 있다고는 믿지 않았다. 그는 슈퍼 솔져로 이루어진 군대를 원했다. 한 명으로는 충분하지 않았다.

스티브는 부대 내 다른 업무를 맡게 되었다. 캡틴 아메리카라는 캐릭터로 분장해 전국을 돌며 공연하는 일이었다. '캡틴'으로 분장할 때 스티브는 가슴에 별이 새겨진 밝은 붉은색과 흰색, 파란색이 섞인 의상을 입었다. 그의 모자에는 흰색의 굵은 A 표시가 있었고, 그의 발과 손에는 영웅적인 느낌의 부츠와 장갑이 있었으며, 별과 줄무늬로 장식된 문장이 박힌 방패로 의상이 완성되었다.

어떤 업무가 주어지더라도 스티브는 최선을 다했고, 캡틴 아메리카로서의 일도 마찬가지였다. 그의 공연은 큰 성공을 거두었다. 그의 캐릭터는 짧은 영화, 만화책 그리고 무대 공연에서도 나타났다.

And sales of **war bonds skyrocketed** in every city where Captain America performed. He was doing his part, but he still felt like he should be doing more—especially given his abilities. He finally did get to the European theater, but not the military theater he'd been hoping for.

At a USO performance in Europe, Steve discovered that his best friend, Bucky, was part of a **battalion** that appeared to have been lost in battle. Steve was not one to **disobey orders**, but he knew that if Bucky was still alive, Steve might be his only chance. With Agent Carter's and Howard Stark's help, Steve disobeyed orders, **boarded** one of Stark's jets, and headed for the **coordinates** where Bucky's **division** had last been seen.

As they neared **enemy territory**, **blasts** sounded around Stark's plane and the **craft** began to rock. Steve told Stark and Carter to fly to safety—he was going in. He opened the **hatch** and leaped from the plane, **parachuting** through enemy fire and finally arriving at a HYDRA **munitions** factory.

그리고 캡틴 아메리카가 공연하는 모든 도시에서 전쟁 채권은 불티나게 팔렸다. 그는 맡은 역할을 해내고 있었지만, 그에게 특별히 주어진 능력 때문에 그 이상을 해야 한다고 여전히 느꼈다. 그는 드디어 유럽의 극장가에도 설 기회가 생겼는데 그가 바란 군용 극장은 아니었다.

유럽의 한 미군 위문 협회 공연에서 스티브는 자신의 제일 친한 친구 버키가 속한 부대가 전쟁에서 패배했다는 것을 알게 되었다. 스티브는 명령을 어기는 사람이 아니었지만, 만약 버키가 살아 있다면 자신이 구하러 가는 것이 유일한 희망일지도 모른다는 생각이 들었다. 카터 요원과 하워드 스타크의 도움으로 스티브는 명령에 불복하고, 스타크의 제트기에 탄 뒤 버키의 사단이 마지막으로 발견된 좌표로 향했다.

적군의 지역에 가까워질수록 스타크의 비행기 주위로 폭발 소리가 들리더니 비행기가 흔들리기 시작했다. 스티브는 스타크와 카터에게 안전한 곳으로 떠나라고 말한 뒤 전쟁터로 뛰어들 준비를 했다. 그가 비행기 문을 열어 뛰어내렸고, 적군의 폭격 사이로 낙하산을 타고 내려가 마침내 히드라의 군수품 공장에 도착했다.

Steve **sneaked into** the HYDRA plant, **winding his way** through the **labyrinth** of tanks and tubes. He took out a HYDRA agent, then another and another, and continued to do so as he made his way through the **complex**, looking for the **POWs** from Bucky's division. When he finally found the prisoners, Steve used all his strength to **set** them **free**. When the prisoners asked him his name, he told them he was Captain America.

Together with the freed prisoners, Steve **battled his way** through the **compound**. But as he was **escaping**, large areas of the building began to explode, and it wasn't the doing of any one of Steve's **allies**. Whoever was in charge must have been causing the building to **self-destruct**.

Still, Steve was not leaving until he found Bucky. He'd go down with the building if he needed to, but he would not give up. Blasts rocked the complex all around him. Fire and **debris** rained down as he **darted through** the **corridors**. He was sure he wouldn't **survive** this and was becoming even more certain that he wouldn't **locate** Bucky.

스티브는 히드라의 공장에 몰래 들어가 미로처럼 얽힌 탱크와 관 사이를 돌고 돌았다. 히드라 요원 한 명, 또 한 명 그리고 또 한 명을 물리쳤고, 버키가 속한 부대의 포로들을 찾아 복잡한 건물 안을 나아가며 적을 계속 물리쳤다. 드디어 포로들을 찾았을 때 스티브는 사력을 다해 그들을 구출해주었다. 포로들이 그의 이름을 묻자, 그는 캡틴 아메리카라고 대답해 주었다.

스티브는 자유를 되찾은 포로들과 함께 싸우며 수용소를 헤쳐나갔다. 하지만 그가 탈출하려 하자 건물의 큰 구역들이 폭발하기 시작했고, 이는 스티브와 같은 편의 소행은 아니었다. 이곳을 책임지는 사람이 건물을 자폭시킨 것이 분명했다.

스티브는 여전히 버키를 찾기 전에 떠나지 않을 생각이었다. 무너지는 건물에 묻히는 한이 있더라도 그는 포기할 생각이 없었다. 폭발로 인해 주위가 흔들리기 시작했다. 복도를 돌진하자 불과 잔해가 비처럼 쏟아 내렸다. 그는 여기서 살아 돌아갈 수 없다고 확신했고, 버키를 찾을 수 없다는 것은 더더욱 확실해졌다.

But he was not going to stop trying.

While **vaulting over** a **collapsing** beam, Steve saw something through the smoke. It looked like the **figure** of a man laid out on a **stretcher**. Steve **rushed over**. It *was* a man, and as he struggled to help him, he realized the man was Bucky.

Steve helped Bucky to his feet. Bucky was **woozy** and **confused**, but able to walk.

"I thought you were dead," Steve told his friend.

Bucky looked Steve up and down.

"I thought you were smaller," Bucky responded.

The two quickly **raced** to escape the building before it was fully destroyed. They **sprinted** across burning corridors, through **smoldering passageways**, and over collapsing **catwalks**. Just when they caught sight of an exit only a few hundred yards away, a tall, **imposing** man blocked their path. As Steve met his eyes, he recognized him as Johann Schmidt, HYDRA's chief officer.

Schmidt threw a powerful punch at Steve. He hit so

하지만 그는 멈추지 않으려 했다.

스티브는 넘어지는 기둥을 뛰어넘다 연기 사이로 무언가를 발견했다. 들것에 누워있는 사람처럼 보였다. 스티브가 그곳으로 달려갔다. 그것은 한 남자였는데, 스티브는 그를 도와주던 중 그가 버키라는 것을 알게 됐다.

스티브는 버키가 일어서도록 도와주었다. 버키는 멍하고 혼란스러운 상태였지만 걸을 수는 있었다.

"난 네가 죽은 줄 알았어." 스티브가 친구에게 말했다.

버키는 스티브를 위아래로 훑어봤다.

"난 네가 더 작은 줄 알았는데." 버키가 대답했다.

둘은 건물이 완전히 무너지기 전에 서둘러 뛰쳐나갔다. 연기로 뒤덮인 통로를 지나 무너져 내리는 좁은 통로를 건너 그들은 불타고 있는 복도를 전력 질주했다. 몇백 야드 앞에 출구가 보였을 때, 키가 크고 늠름한 남자가 그들을 가로막았다. 그를 보자마자 스티브는 그가 히드라의 최고 책임자인 요한 슈미트라는 것을 알아챘다.

슈미트가 스티브에게 강력한 한 방을 날렸다. 얼마나 세게 때렸

hard that his fist **made an impression** in Steve's shield. The two continued to battle, and when Steve landed a punch on Schmidt's face, the HYDRA officer's skin appeared to slide out of place. It was as though his top layer of skin was nothing more than a **loose-fitting** mask. Every time Steve landed a punch on Schmidt's face, the skin **shifted** more, and what looked like raw muscle became more and more **visible** from **underneath** his mask.

Schmidt finally tore the **layer** of **false** skin from his face and **revealed himself** as he truly was—a man with a **gruesome** red skull for a head. The Red Skull turned and walked calmly from the **crumbling** building. He had a plan for escape. But Bucky and Steve were **trapped**. A huge explosion separated the two men, but both refused to leave until they knew the other was safe. They **managed** to reach each other, then looked for others who might be trapped in the building. After a **sweep** where they managed to rescue all the soldiers who were being held at the compound, they **made their way** back to base.

는지 그의 주먹이 스티브의 방패에 자국을 남겼다. 둘은 계속해서 싸웠고, 스티브가 슈미트의 얼굴에 주먹을 날리자 히드라의 책임자의 피부가 미끄러지듯 벗겨지기 시작했다. 그의 피부 겉면은 헐렁한 가면에 지나지 않아 보였다. 스티브가 슈미트의 얼굴에 주먹을 내리칠 때마다 그의 피부는 점점 더 벗겨지더니 마스크 아래로 마치 근육처럼 보이는 것이 점점 더 드러났다.

슈미트는 결국 얼굴에서 가짜 피부를 뜯어내 자신이 진정 누구인지 드러냈다. 그는 섬뜩한 붉은색의 두개골을 가진 남자였다. 레드 스컬은 뒤돌아선 뒤 무너지는 건물에서 침착하게 빠져나갔다. 그에겐 빠져나갈 계획이 있었던 것이다. 하지만 버키와 스티브는 간혀버렸다. 큰 폭발이 둘을 갈라놓았지만 둘은 서로가 안전하다는 것을 확인할 때까지 도망치지 않았다. 가까스로 다시 만난 두 사람은 건물 안에 갇혀 있을지 모를 또 다른 군인들을 찾으려 애썼다. 그들의 수색을 통해 수용소에 갇혀있던 모든 군인들이 가까스로 구출되었고, 그들은 기지로 다시 돌아갔다.

When they arrived, Steve found himself in the unfamiliar position of being **respected**, **trusted**, and **admired**. Even Colonel Phillips, who up till this time had been **tempering** Steve's passion, **was willing to give** him **the benefit of the doubt**. He allowed Steve to **assemble** a **squad** to **accompany** him and set a goal of **identifying** and destroying all of HYDRA's bases.

In the months that followed, Steve became the man he always knew he could be—leading a **troupe** of Howling **Commandos** from theater to theater—Europe to the Pacific, and anywhere the enemy was hiding out in between. One by one, Captain America and his commandos **eradicated** every HYDRA base on the map. The army **outfitted** Steve with a **unique** suit—red, white, and blue, with **utility** and cargo pockets—and Howard Stark **bestowed upon** him an **unbreakable** vibranium shield, painted to **match** his uniform.

Then one day, on a particularly dangerous mission **aboard** a train running through the Alps, Steve lost his

그들이 돌아왔을 때 스티브는 존경과 신뢰 그리고 동경을 받는다는 익숙지 않은 상황을 마주하게 됐다. 심지어 이제껏 스티브의 열정을 억누르려 한 필립스 대령 또한 그를 인정하고 믿어주었다. 그는 스티브에게 부대를 편성해 히드라의 기지를 찾아 없앨 수 있는 권한을 주었다.

그 후 몇 달 동안, 스티브는 자신이 늘 될 수 있을 거라 믿었던 사람이 되었다. 그는 하울링 특공대를 이끌고 한 극장에서 다른 극장으로, 유럽에서 태평양으로, 그 사이에 적군이 숨어있는 곳이라면 어디든 갔다. 캡틴 아메리카와 그의 특공대는 지도상에 있는 히드라 기지를 차례차례 모두 제거했다. 군대는 스티브에게 빨간색과 흰색, 파란색의 다용도 주머니와 대형 호주머니가 달린 특별한 슈트를 만들어주었고, 하워드 스타크는 그의 유니폼과 어울리게 색칠된 절대 부서지지 않는 비브라늄 방패를 선사했다.

그러던 어느 날, 알프스산맥을 통과하는 기차에 타야 하는 특히 위험한 임무를 수행하던 중, 스티브는 제일 친한 친구 버키를 잃었

best friend. Bucky, struggling to hang on to the side of the train as it traveled over a **gorge**, fell from the side and **plummeted** into the **abyss before Steve's eyes**.

"Bucky!" Steve cried. But it was **over**.

Bucky's death caused Steve to press on even further, **taking out** HYDRA agents left and right. Steve believed HYDRA's **motto** was wrong, that there was one HYDRA head that, if cut off, would **prove** to be the death of the entire organization. He would not **relent** until he had the opportunity to **combat** it—the Red Skull.

Steve soon got his chance, when he **cornered** the Red Skull aboard a **hulking** HYDRA aircraft. The two men battled **bitterly**, and then Steve did something that turned the tide of the fight. He **tossed** his shield, which **crashed** into a lighted power supply in the center of the ship. The supply **crackled** with energy. Something was **obviously** very wrong.

"No! What have you done?" the Red Skull shouted. He picked up something that had fallen from the **vessel**—it

다. 기차가 협곡을 지날 때 버키는 기차의 옆부분에 매달려 있으려 분투했지만, 기차에서 떨어졌고 스티브의 눈앞에서 심연으로 추락했다.

"버키!" 스티브가 울부짖었다. 하지만 이미 끝이었다.

버키의 죽음은 스티브를 더욱 분발하게 했고, 그는 여기저기 달려드는 히드라 요원들을 처리했다. 스티브는 히드라의 표어가 틀렸다고 믿었는데 하나의 히드라가 있다면 그 머리만 베어도 조직 전체가 죽음을 맞이할 것이라 생각했다. 그는 레드 스컬과 싸울 기회를 얻기 전까지 약해지지 않을 것이다.

스티브는 곧 그 기회를 얻게 되었는데, 거대한 히드라의 비행기에 탄 레드 스컬을 궁지로 몰아넣은 것이다. 두 남자는 격렬하게 싸웠고, 스티브의 어떤 행동이 전세를 역전시켰다. 스티브가 방패를 던졌고, 그 방패는 비행기 중앙의 불이 켜진 전원 공급 장치에 부딪혔다. 전원 공급 장치에서 요란한 소리가 났다. 무언가 잘못된 것이 분명했다.

"안 돼! 지금 무슨 짓을 한 거야?" 레드 스컬이 소리쳤다. 그가 비행기 바닥에 떨어진 무언가를 집어 들었다. 스티브가 한 번도 본

was unlike anything Steve had ever seen. It was a **glowing** blue cube, and the Red Skull told Steve it **contained unimaginable** power. Steve wondered if this could be true—and if it were, could this be how the Red Skull was able to be so successful? Was he somehow **harnessing** the power of this cube?

The Red Skull lifted the cube, and the ship, the cube, and Schmidt himself began to **pulse** with power—too much power. A beam of blue light shot down from the heavens and **absorbed** Schmidt. The Red Skull and everything around him was **vaporized**. Everything but the cube itself, which burned all the way through the aircraft's thick metal and plummeted to the Earth below.

Steve rushed to gain control of the **listing** aircraft. He noticed on a monitor that the ship was loaded with **explosives** and **locked on** a target—New York City. It would be impossible to land, and even more difficult to **deactivate** the ships' **weaponry**. There was only one way to **handle the situation**. Steve **radioed** Agent Carter at base.

적이 없는 물건이었다. 그것은 빛나는 파란색 큐브였고, 레드 스컬은 그것이 상상할 수 없는 힘을 가지고 있다고 스티브에게 말했다. 스티브는 이 말이 사실인지 궁금했다. 만약 정말 그렇다면, 이것 때문에 레드 스컬이 이제껏 성공할 수 있었던 걸까? 이 큐브의 힘을 어떻게든 활용하고 있었던 걸까?

레드 스컬이 큐브를 들자 큐브와 비행기 그리고 슈미트 자신조차 힘에 의해, 너무 강한 힘에 의해 요동치기 시작했다. 하늘에서 한 줄기의 파란빛이 내려와 슈미트를 흡수해버렸다. 레드 스컬과 그 주위의 모든 것이 증발해버렸다. 큐브를 제외한 모든 것이 말이다. 큐브는 비행기의 두꺼운 금속을 뚫고 그 아래 지구로 떨어졌다.

스티브는 흔들리는 기체를 제어하기 위해 급히 움직였다. 그는 모니터를 통해 이 비행기가 폭발물을 실은 채 목표 지점인 뉴욕을 향해 가고 있다는 것을 확인했다. 비행기를 착륙시키는 것은 불가능했고, 비행기에 실린 무기를 비활성화시키는 것은 더 어려운 일이었다. 이 상황을 해결할 방법은 단 하나뿐이었다. 스티브는 기지에 있는 카터 요원에게 무전을 쳤다.

"Steve!" she shouted.

"This thing is moving too fast, and it's **heading to** New York. I've got to put her in the water. Right now I'm in **the middle of nowhere**; if I wait any longer, a lot of people are going to die. This is my choice."

Captain America grabbed hold of the controls. He **steeled himself** for what he knew would be a **rough**, and final, landing. He **braced himself**, fired the **thrusters** on the Red Skull's aircraft, and **plunged** the ship—and himself with it—into the frozen **recesses** of the Arctic Circle.

Not long after Steve's final flight, victory was **declared** in Europe and shortly thereafter on the **Pacific** front. The battles were won, the war was over. And so was the age of the Super-Soldier, the age of the Super *Hero*.

Or so it seemed.

"스티브!" 그녀가 외쳤다.

"비행기가 너무 빨리 뉴욕을 향해 가고 있어요. 이 비행기를 물에 빠뜨려야겠어요. 지금 여긴 인적이 드문 곳이에요. 더 기다렸다간 수많은 이들이 죽을 거예요. 이건 내 선택이에요."

캡틴 아메리카가 제어 장치를 움켜잡았다. 그는 이것이 최후의 거친 착륙이 되리라는 것을 알았기에 마음을 단단히 먹었다. 마음을 다잡고, 반동 추진 엔진을 발사해 레드 스컬의 비행기를 추락시켰다. 비행기와 더불어 그 또한 북극권의 얼어붙은 오지 속으로 가라앉았다.

스티브의 마지막 전투가 끝나고 얼마 지나지 않아 유럽에서 그리고 곧 태평양 전방에서도 승리가 선포되었다. 전투에서 이겼고, 전쟁은 끝이 났다. 그리고 슈퍼 솔져의 시대, 슈퍼히어로의 시대도 끝이 났다.

그렇게 보였다.

IT IS ILLEGAL TO FALSIFY
YOUR ENLISTMENT FORM.

CHAPTER 1

📖 워크북 p16

BRUCE BANNER was about to change the world. For years he'd been studying the effects of gamma **radiation**. Even in his **undergraduate** studies, he'd **persisted** with a clear focus, **surpassing** many of his professors in their understanding of how the rays might be **manipulated**.

In his studies, he'd become more and more sure that

오랜 시간 동안 감마선을 연구한 브루스 배너는 감마선 실험에 직접 참여합니다. 순조롭게 진행되던 실험은 브루스의 예상과 다르게 흘러가고, 실험을 진행하면 할수록 그의 몸과 마음은 비현실적으로 변하기 시작합니다.

브루스 배너는 세상을 바꿀 태세였다. 그는 수년간 감마선의 효과에 대해 연구했다. 대학을 다닐 때도 감마선을 다루는 그의 지식은 그를 가르치던 많은 교수들보다 뛰어났고, 그는 끈질기게 감마선에만 집중했다.

연구하면 할수록, 그는 늘 무기로서의 가능성에만 초점이 맞춰졌

the radiation, which had always been viewed **in terms of** their **potential** for **weaponry**, could benefit human cell **defenses** and **combat** the effects of harmful **radioactive** waves. **In other words,** he could use it to make humans **immune** to many **devastating** diseases.

Bruce was so sure of his work that he decided to use himself as a test **subject**. He sat in a specially designed chair that would help his physical body remain stable and still as he received his **dose** of gamma radiation. The room sat **apart** from the control area, which was **set off** by a radiation-**resistant** glass provided by Stark Industries.

Bruce braced himself in excitement. He smiled and nodded toward the control booth, where **colleagues** who had also become close friends, including Dr. Betty Ross, were **stationed**. Also stationed there was General Ross of the US military, who was funding a large **portion** of the project. Bruce smiled and nodded, **indicating** that they should begin.

A low **hum** filled the room, and a green target moved

던 감마선이 인간 세포의 방어력을 돕고, 방사능의 해로운 영향을 막을 수 있다는 확신이 생겼다. 다시 말해, 여러 심각한 질병에 면역력이 생기도록 감마선을 이용할 수 있다는 것이다.

브루스는 자신의 연구를 확고히 믿었기에 자기 자신을 실험하기로 마음먹었다. 그는 감마선에 노출될 동안 자신의 몸을 안정적이고 움직임 없이 유지시켜줄 특별히 고안된 의자에 앉았다. 그 방은 조정실로부터 떨어져있었는데, 조정실은 스타크 인더스트리에서 제공한, 방사선에 강한 유리에 의해 분리되어 있었다.

브루스는 흥분 상태에서 마음을 다잡았다. 그는 베티 로스 박사를 포함하여, 친한 친구가 된 동료들이 있는 조정실을 향해 미소를 보이며 고개를 끄덕였다. 그곳에는 이 프로젝트에 많은 자금을 투자한 미군 로스 장군도 있었다. 시작해도 된다는 것을 알리기 위해 브루스가 미소를 지으며 고개를 끄덕였다.

방 안은 낮은 윙윙거리는 소리로 가득 찼고, 한쪽 끝에선 초록색

slowly from the far end, over to the chair, **gliding** over Bruce and finally landing on his forehead, which is where the radiation would first be **administered**.

A green ray of energy **streamed out** toward him, and immediately Bruce felt **altered**. He'd never felt so good, so energized. But this was just the beginning. The dose of radiation was slow and **steady**, so he had **a considerable amount of** time left before the process was complete.

As the experiment continued, Bruce's strength grew, but in a way he hadn't **anticipated**. He **glanced over** toward the monitor that was **tracking** his heart rate. It was **escalating**. At the same time, the power **welling up** inside of him was reaching **a fever pitch**. Something was wrong.

Bruce panicked. He began to struggle to release himself from the **bonds** that tied him to the chair. As his panic increased, he felt power—and **anxiety** and struggles—well up inside him and then flow straight to his head. His eyes **popped open** and everything looked clearer than he'd ever seen it before. His anxiety had **subsided**, but

불이 천천히 의자를 넘어 브루스의 몸 위를 미끄러지듯 움직인 뒤 마침내 감마선이 처음 방출될 그의 이마에 닿았다.

브루스에게 녹색 에너지 광선이 쏟아졌고, 그는 즉시 자신의 몸이 변하는 것을 느꼈다. 이렇게 좋은 기분과 활력을 느낀 건 처음이었다. 하지만 이건 시작에 불과했다. 방사선은 천천히 그리고 꾸준히 방출되었기에 모든 과정이 끝나기까지는 아직 시간이 많이 남아 있었다.

실험이 지속될수록 브루스의 힘은 더욱 강해졌지만, 그의 예상과는 다른 방향으로 강해졌다. 그는 심장 박동을 확인하기 위해 모니터를 보았다. 수치가 높아지고 있었다. 동시에 그의 몸속에 솟아나고 있는 힘이 극도의 흥분 상태에 달하고 있었다. 무언가 잘못됐다.

브루스는 공포에 휩싸였다. 그는 자신을 의자에 묶고 있는 끈을 풀기 위해 안간힘을 썼다. 공포감이 커지자 그는 몸속에서 두려움, 몸부림과 아울러 힘이 머리끝까지 치솟는 것이 느껴졌다. 눈이 떠졌고 모든 것이 그가 이때까지 봐왔던 것보다 훨씬 더 선명하게 보였다. 두려움은 가라앉았지만 대신 화, 아니 분노가 그 자리를 차지했다.

he felt an anger—a *rage*—**taking hold**. Something else was in control now—and it was inside of him.

His hands and arms began to pulse **grotesquely** as bone and muscle bubbled and **morphed into** something purely **inhuman**. Green waves **undulated** over his skin, and as his muscles swelled. The **hue** deepened, leaving his flesh a bright green. His body expanded to a point where his **limbs** could not be contained and popped right out of the **restraints** that were **binding** him.

He leaped up, now fully **transformed** into a green goliath. He stood over eight feet tall, and the **width** of his frame had more than doubled. He breathed heavily, **hunched** over, staring at the scientists and military **personnel** before him, no longer **recognizing** them as friends, colleagues, and supporters.

They looked on, too, **paralyzed** in **sheer** terror as they **gazed at** what Bruce had become—an incredible Hulk.

"My word…" General Ross **uttered**.

다른 존재가 그를 조종하고 있었다. 그리고 그것은 브루스의 안에 있었다.

뼈와 근육이 부풀어 오르고 인간이 아닌 생물체로 변하면서 그의 손과 팔은 기괴할 정도로 맥박이 뛰었다. 근육이 팽창하면서 초록색 파장이 그의 피부 위로 흔들렸다. 색이 점점 더 진해지더니 그의 피부는 밝은 녹색이 되었다. 팔다리를 묶을 수 없을 정도로 그의 몸이 커지자 그를 감싸고 있던 끈이 뚝 끊어졌다.

그가 뛰어올랐고, 이제 녹색 골리앗으로 완전히 변했다. 그의 키는 8피트(2.4m) 이상, 뼈대는 두 배 이상 커졌다. 그가 가쁜 숨을 몰아쉬고는 몸을 구부려 앞에 있는 과학자들과 군대 관계자들을 노려보았다. 그들이 친구이자 동료 그리고 후원자라는 것을 그는 더 이상 알아보지 못했다.

그들 역시 그를 바라보았다. 브루스, 아니 인크레더블 헐크로 변한 그의 모습을 보며 그들은 극심한 공포에 마비되었다.

"세상에…." 로스 장군이 탄식했다.

❶ At that moment, the Hulk leaped through Stark's **shatterproof glass** window and crashed right through it. The gathered **committee** tried to flee, but nothing or no one was as quick as the Hulk, who tossed aside huge machines, tore through steel walls, and **effortlessly swatted** people aside.

The Hulk balled his fists and roared. He braced himself and aimed his head straight for a wall. Then he **sprung up**, held his **forearm** over his face, and crashed through metal, brick, and **mortar** to the outside world, where he could be free from these people who he could only **identify** as his **captors**.

바로 그 순간, 헐크가 스타크사의 안전유리로 뛰어올라 유리를 뚫어버렸다. 모여있던 관계자들은 도망치려 했지만 그 무엇도, 그 누구도 거대한 기계를 던지고, 쇠로 만든 벽을 뚫고, 손쉽게 사람들을 내치는 헐크만큼 빠르지 못했다.

헐크는 주먹을 쥐고 포효했다. 그가 힘을 모아 벽 한쪽에 머리를 박았다. 그런 뒤 뛰어올라 팔로 얼굴을 가린 채 금속과 벽돌, 모르타르를 뚫고 바깥세상으로 나왔다. 그는 자신을 억류하고 있던 사람들로부터 자유로워질 수 있었다.

CHAPTER 2

📖 워크북 p19

PEACETIME WAS NOT usually very **profitable** for Tony Stark. This wasn't something he stressed over. Truth be told, something he didn't even realize just how much of a **dip** shares of Stark Industries' **stock** took when things were going well in the world.

천문학적 규모의 사업을 아버지에게 물려받은 토니 스타크는 21살의 어린 나이에 스타크
인더스트리의 CEO가 됩니다. 토니는 새로운 무기를 군 관계자들에게 선보이기 위해 아
프가니스탄을 방문하던 중 갑작스러운 폭격을 당합니다. 그리고 총알과 파편 속에서 더
충격적인 것을 보게 됩니다.

세상이 평화로울 때 토니 스타크의 수익은 그다지 높지 않았다.
하지만 그는 이 때문에 스트레스를 받지 않았다. 사실, 세상이 평화
롭게 돌아갈 때도 스타크 인더스트리의 주가가 얼마나 폭락하는지
그는 알지 못했다.

Tony's **late** father, Howard, had left him the multi-billion dollar **corporation** in very healthy shape, so even in the worst of times, when the nations of the world were playing nicely, the company still did just fine.

Of course, Tony was a **brilliant** businessman, but his real love—**other than** partying—was **technology**. ❶ At age four he built his first **circuit board**, at six his first engine, and at seventeen he graduated **summa cum laude** from MIT. At age twenty one—a few years after Howard's passing—Tony became the CEO of Stark Industries.

Fortunately for **shareholders**, these were not the worst of times for Stark Industries. True, the global **economy** had been **sputtering**, but America was involved in multiple wars and other overseas military operations. These **conflicts** required armor, vehicles, and weaponry, and Stark Industries was the nation's top supplier of military **equipment** and technologies.

And that's exactly what brought Tony to Afghanistan's Kunar **Province**. He was scheduled to meet with military

돌아가신 토니의 아버지 하워드는 수십억 달러 규모의 사업을 아주 건강한 상태로 물려줬기에 상황이 가장 악화되었을 때, 그러니까 세상 모든 국가의 사이가 좋을 때도 회사는 잘 돌아갔다.

물론, 토니는 뛰어난 사업가였다. 하지만 파티하는 것 말고도 그가 정말 사랑하는 것은 테크놀로지였다. 네 살에 첫 전기 회로판을, 여섯 살에 첫 엔진을 만들었고, 열일곱에 MIT를 수석으로 졸업했다. 하워드가 죽고 몇 년 후인 스물한 살엔 스타크 인더스트리의 CEO가 되었다.

다행히 주주들에게 지금은 스타크 인더스트리의 최악의 시기가 아니었다. 물론, 세계 경제는 흔들리고 있었지만, 미국은 여러 전쟁에 참여 중이고, 해외 군사 작전에도 투입되어 있었다. 이런 분쟁은 무기나 이동수단, 무기 제조 기술이 필요했다. 그리고 스타크 인더스트리는 군사 장비와 기술을 제공하는 최고 공급자였다.

바로 그 이유로 토니가 아프가니스탄의 쿠나르 주에 왔다. 스타크 인더스트리의 여러 미사일 중 가장 가치 있는 자산이자 전매특

officials to present the Jericho—the **crown jewel** in Stark Industries line of missiles and the first to **incorporate** their **proprietary** repulsor technology. The repulsors would **ensure** accuracy and **exponentially** increase the weapons' power.

Tony looked out over the **arid** landscape, turned to the gathered crowds, and nodded. With the press of a button, the Jerichos launched and began **arcing** overhead. Upon impact, the missiles leveled **a crest of uninhabited hills** and literally blew off the hats of the officers observing the **demonstration**.

And that's all there was to it. Twenty four hours worth of travel from Malibu to Afghanistan for a demonstration that lasted less than five minutes. Now it was time for a cool drink, then back into the **convoy** for another quick stop before boarding a private jet and heading home.

Tony hopped into his **unglamorous** armored vehicle and sipped his drink, as the convoy rolled away. For almost ten years, the area had been **a hotbed of** military activity.

허인 리펄서 기술을 지닌 제리코 미사일을 군 관계자들에게 선보이기로 한 것이다. 이 리펄서 미사일은 정확성을 보장하고 무기가 가진 힘을 급격히 증가시켰다.

토니는 불모지를 둘러 보고는, 모여있는 사람들에게 시선을 돌려 고개를 끄덕였다. 버튼 하나를 누르자 제리코 미사일 여러 개가 발사되었고 머리 위로 호를 그리며 날아갔다. 미사일은 인적이 없는 언덕을 완전히 무너뜨렸고, 시범을 보고 있던 군인들의 모자를 날려버렸다.

그게 전부였다. 말리부에서 아프가니스탄까지 24시간 이동한 것은 5분도 채 걸리지 않는 미사일 시범을 보이기 위해서였다. 이제 시원한 음료 한 잔을 마시고, 수송대를 타고 다른 곳에 잠시 들른 뒤 전용기를 타고 집으로 돌아가기만 하면 됐다.

토니는 평범한 장갑차에 뛰어올라 탔고 수송대가 움직이기 시작하자 음료수를 마셨다. 거의 10년 동안 이 지역은 군사 활동의 온상이었다.

But as the convoy drove on, **kicking up** storms of sandy dust, Tony had a difficult time imagining that this place was in any way **war-torn**. They'd traveled miles through the rocky **barren** desert and hadn't passed another vehicle. Out his dirty window he'd occasionally see a man or two traveling who-knows-where with a mule or a camel **in tow**. Other than that, there was nothing but **scrubby bushes** and dusty mountains **extending** in all directions. Even in Tony's military Hummer, it was a bumpy ride filled with **potholes** and stones. The army-green metal interior and purely **functional** doors and windows were nothing like what he was used to back in the States, where his ride was fully loaded.

Tony adjusted his **cuff links** and twirled the ice in his glass. He'd **miraculously** managed to keep his custom-**tailored** suit **spotless** in spite of the **filth** of this place. The three young, heavily-armed soldiers who were escorting him had not said a word since they hit this poor excuse for a road. The officer sitting next to him looked over at

하지만 수송대가 흙먼지를 몰아치며 이동하는 동안 토니는 이곳이 전쟁으로 파괴된 지역이라는 상상을 하기 어려웠다. 바위투성이의 황량한 사막을 지나는 동안 다른 차는 한 대도 보지 못했다. 가끔 더러운 창 밖으로 어디로 가는지 모르는 한두 사람이 노새나 낙타를 밧줄로 끌고 가는 모습이 보이긴 했다. 그것 말고는 사방으로 펼쳐진 덤불이나 흙먼지로 덮인 산밖에 없었다. 움푹 파인 땅과 돌멩이 때문에 토니가 탄 군사용 허머는 험난한 횡단을 했다. 군용 녹색으로 칠해진 철제 인테리어와 순전히 기능에만 충실한 문과 창문은 그에게 익숙한, 미국에 있는 모든 것을 갖춘 차와는 너무나도 달랐다.

토니는 커프스단추를 다시 끼워 맞추고 잔 속의 얼음을 돌렸다. 아주 더러운 지역임에도 불구하고 그는 맞춤 정장을 기적적으로 깨끗하게 유지했다. 토니를 에스코트하는 세 명의 젊은 무장 군인들도 이 변명의 여지가 없는 도로를 주행한 이후 한마디도 하지 않았다. 토니 옆에 앉아 있는 군인은 토니를 한 번 쳐다보고는 얼른 고개를 돌렸다.

Tony and then looked quickly away. Tony, bored, hot, and nervous that his clean suit would not stay that way much longer, decided to have some fun.

"I feel like you're driving me to a **court martial**. This is crazy. What did I do? What? We're not allowed to talk?" Tony asked.

"We can talk, sir," The soldier said.

"Oh, so then it's **personal**?" Tony said **sarcastically**.

"No, you **intimidate** them," the driver responded.

Tony **was taken aback** by the driver's voice. "You're a woman! I honestly … I couldn't have called that. **❷** I mean, I'd apologize, but isn't that what we're **going for** here? I mean, I thought of you as a soldier first."

"I'm an **airman**," she responded.

"Well, you actually… You have excellent bone structure there. I'm kind of, I'm actually having a hard time *not* looking at you now," Tony **flirted**. "Is that weird?"

The officers, including the driver, giggled.

"Ah, come on, it's okay. Laugh!" Tony said, smiling.

토니는 지루하고 더웠으며 정장을 더 이상 깨끗이 유지할 수 없을 거라는 초조한 마음에 좀 놀아야겠다는 생각이 들었다.

"영창에 끌려가는 기분이군. 이건 말도 안 돼. 도대체 내가 뭘 잘못 했지? 왜? 이동 중엔 대화하면 안 되는 건가?" 토니가 물었다.

"해도 됩니다." 군인이 대답했다.

"그럼 내가 탄 게 못마땅한 건가?" 토니가 비꼬아 말했다.

"아뇨, 당신이 위압감을 주거든요." 운전자가 대답했다.

토니는 운전자의 목소리에 놀랐다. "자네, 여자였군! 난 솔직 히… 전혀 생각도 못 했어. 그러니까, 사과하라면 하겠지만, 사실 그게 군대에서 추구하는 것 아닌가? 그러니까, 난 자네를 군인이라 고 먼저 생각한 거잖아."

"전 항공병입니다." 그녀가 대꾸했다.

"뭐, 자네는 사실… 굉장히 우수한 골격을 갖고 있군. 이제 자네 에게서 눈을 못 떼겠어." 토니가 집적거리듯 말했다. "그게 이상한 가?"

운전자를 포함한 군인들이 키득거렸다.

"아, 괜찮아. 웃으라고." 토니가 웃으며 말했다.

"Anything else?"

The quiet soldier **shifted** uncomfortably.

"Um, is it cool if I take a picture with you?" he asked.

"Yes," Tony replied. "It's very cool."

The soldier **shyly** pulled out his camera and handed it to the officer in the driver's seat. He smiled and leaned in toward Tony, who flashed his camera-ready smile. The officer in the front seat **fumbled with** the camera, trying to figure out which button to press. The quiet soldier responded, "Come on! Just **snap** it, don't change any of the settings …"

At that very moment, just as the soldier was clicking the **snapshot**, the truck at the head of the convoy—the truck directly in front of Tony's Hummer—exploded into a **fiery** ball of white-hot flame.

The soldiers started to shout, and Tony, clearly shaken, asked what was happening.

"Just stay down!" the soldier sitting next to him shouted. Then he, the driver, and the third escort jumped

"또 궁금한 거 없어?"

조용히 있던 군인이 약간 어색한 듯 자세를 바꿨다.

"저, 사진 좀 같이 찍어도 될까요?" 그가 물었다.

"그럼." 토니가 대답했다. "괜찮고말고."

군인은 부끄러운 듯 카메라를 꺼내 운전석에 앉아 있는 군인에게 건네주었다. 그는 웃으며 사진을 위해 웃음을 짓고 있는 토니 쪽으로 몸을 기울였다. 앞에 앉은 군인은 카메라를 서툴게 만지며 어떤 버튼을 눌러야 할지 찾았다. 조용히 있던 군인이 말했다. "빨리! 그냥 눌러. 세팅을 바꾸지 말고…."

바로 그때, 군인이 사진을 찍으려고 하는 순간, 수송대의 맨 앞에 있던 장갑차가, 그러니까 토니의 장갑차 바로 앞에 있던 차가 뜨거운 흰색 불빛을 내뿜으며 폭발했다.

군인들이 소리를 질렀고, 토니 역시 놀라서 무슨 일인지 물었다.

"그냥 엎드려요!" 바로 옆에 있던 군인이 소리쳤다. 그런 후, 그 군인과 운전자 그리고 그를 에스코트하던 세 번째 군인도 장갑차

from the vehicle and opened fire to protect Tony.

Tony **squatted down** under the backseat of the vehicle. So much for the clean suit. **Rapid** gunfire sounded outside, and he could tell that his escorts were fighting a losing battle. Tony looked up just as **a barrage of** bullets **riddled** the armored doors with holes. Tony heard the **windshield** shatter and felt glass falling all around him. He looked up and saw soldiers falling in front and behind his vehicle. He knew he wouldn't **make it out** alive if he stayed in the truck, so he threw open the door and jumped out.

Bullets, **shrapnel**, and fire rained down around him, and he **lunged into** the air **dodging** them, **taking shelter** behind a large rock. Sounds of **warfare** popped and echoed all around him as he grabbed for his cell phone. He **frantically** started to key in a phone number, trying to call someone, anyone—but before he could finish dialing a **wailing** rocket **soared** overhead, and landed just a few feet away from Tony. His eyes widened as he noticed the **stenciling** on the side of the beeping time bomb, which

에서 뛰어내려 토니를 보호하기 위해 사격하기 시작했다.

토니는 장갑차 뒷좌석에 쪼그리고 앉았다. 깨끗한 정장을 더럽히는 것쯤이야. 밖에선 불규칙한 총소리가 들렸고, 자신을 에스코트하던 군인들이 싸움에서 열세라는 것을 그는 알 수 있었다. 토니는 총알의 연발이 장갑차 문에 쉽게 구멍을 내는 것을 보았다. 앞 유리가 깨지는 소리가 들렸고 유리 파편이 그 주위에 떨어지는 것이 느껴졌다. 그는 고개를 들어 군인들이 장갑차 앞뒤로 쓰러지는 것을 보았다. 트럭 안에 있으면 절대 살아 돌아갈 수 없다는 것을 깨달았다. 그래서 문을 열고 뛰쳐나갔다.

총알, 유산탄 파편 그리고 불꽃이 그의 주위로 우수수 떨어졌고, 그는 그것들을 피하며 돌진해 큰 바위 뒤에 숨었다. 휴대전화를 잡으려고 할 때 주위 여기저기서 전투 소리가 터지고 울렸다. 그가 누군가에게, 아니 아무에게라도 전화하려 미친듯이 한 전화번호를 누르고 있을 때, 다 누르기도 전에 로켓 미사일이 윙 소리를 내며 머리 위를 지나가더니 토니에게서 몇 피트 떨어지지 않은 곳에 떨어졌다. 삐삐 소리를 내는 시한폭탄을 본 토니는 미사일에 쓰여있는 스텐실을 보고 눈이 커졌다. '스타크 인더스트리'라고 적혀 있었기 때문이다.

read: STARK INDUSTRIES.

A fraction of a second later, Tony was enveloped in white flame, blown off the ground, and thrown harder than he thought possible a hundred meters from the blast site. Tony was **barely conscious**. He struggled to tear open his shirt, and realized that his Stark Industries Kevlar vest had been **compromised**. He was losing blood quickly and finding it impossible to keep **consciousness**. Finally, his head hit the ground and then everything faded to white.

곧, 토니는 흰 불꽃에 휩싸인 채 땅에서 날아가 폭발 지점으로부터 몇백 미터 떨어진 곳까지, 그가 느낀 것보다 훨씬 더 세게 떨어졌다. 토니는 의식이 거의 없었다. 입고 있던 셔츠를 찢으려 애썼고, 자신이 입고 있는 스타크 인더스트리의 케블라 조끼가 제 역할을 하지 못한 것을 알았다. 그는 빠른 속도로 피를 흘렸고 의식을 붙잡고 있는 것은 거의 불가능했다. 결국, 그의 머리가 땅에 부딪혔고 모든 것이 하얗게 변했다.

CHAPTER 3

📖 워크북 p23

TONY WOKE SLOWLY in a dark room, his head **throbbing**, his vision **blurred**. He couldn't see past whatever it was that covered his eyes. A bandage? No, it was too rough. As the ringing in his ears began to **abate**, he heard voices speaking a language he didn't recognize. The wrappings over his eyes seemed to cover his entire

의식을 잃었던 토니가 깨어나고, 그는 자신의 가슴에 고정되어 있는 무언가를 발견합니다. 토니와 함께 감금되어 있던 남자는 토니를 살리기 위한 일이었다고 말합니다. 한편 토니를 감금한 적군의 수장이 나타나 토니에게 거래를 제안합니다.

어두운 방에서 천천히 깨어난 토니는 머리가 욱신거리고 눈이 잘 보이지 않았다. 무엇인지는 모르겠지만, 눈에 덮여 있는 것 너머를 볼 수가 없었다. 반창고인가? 아니다. 너무 거칠다. 그의 귀에 울리던 소리가 점점 사그라들더니 그가 알아듣지 못하는 언어로 말하는 소리가 들렸다. 눈을 덮고 있는 것이 얼굴 전체를 덮고 있는 듯했다.

head. It was rough, like **burlap**. **Come to think of it**, it *was* burlap. His hands were burning. No, not burning— **numb**. He couldn't feel anything but a **tingling** in them. He couldn't move them. Or his feet. He was tied.

With a quick **whip**, the burlap hood was pulled from his head, and the little bit of light in the room **stung** his eyes. As he adjusted to the **dimly** lit room, he could make out what felt like sticks **prodding** him. But as things came into clearer view he realized they weren't sticks, but guns— **rifles**, machine guns.

The men surrounding him were **hooded**, threatening, **menacing**. And it was clear they had Tony's life in their hands. He looked down and noticed that his chest was bandaged with **gauze**. The room was still **blurry**, and he was having trouble focusing. He lost **consciousness** over and over again and had no idea each time how long he had been out. But during this time, he experienced **nightmarish** flashes of **crude operations** being performed on him. He felt sharp **stabs of pain**, and felt like he was

올이 굵은 자루처럼 거칠었다. 생각해 보니 자루가 맞았다. 두 손이 타는 것처럼 뜨거웠다. 아니, 뜨거운 게 아니라 감각이 없었다. 그는 약간의 따끔거리는 느낌을 빼고는 아무것도 느낄 수 없었다. 움직일 수도 없었다. 발도 마찬가지였다. 그는 묶여 있었다.

일순간 머리를 감싸고 있던 자루가 벗겨졌고, 방 안에 있던 약간의 불빛이 그의 눈을 찔렀다. 어둑한 방이 익숙해질 때쯤, 그는 뾰족한 막대 같은 것들이 자신을 쿡쿡 찌르고 있다는 것을 알게 됐다. 하지만 모든 게 더 잘 보이기 시작하자 그는 그것이 막대가 아니라 총, 그러니까 소총과 기관총이라는 것을 깨달았다.

그를 둘러싸고 있는 남자들은 모두 모자를 쓰고 있었고, 위협적이었으며 해를 끼칠 듯했다. 토니의 목숨이 그들의 손에 달린 것이 분명했다. 아래를 내려다보니 그의 가슴은 거즈로 돌돌 말려 있었다. 방은 여전히 흐릿하게 보였고, 초점을 맞추기도 어려웠다. 그는 몇 차례나 의식을 잃었고, 그럴 때마다 얼마 동안이나 의식을 잃었는지 전혀 알지 못했다. 하지만 이러는 동안에도 그는 대강대강 하는 수술을 몇 차례나 받는 듯한, 악몽 같은 경험을 했다. 날카로운 것에 찔리는 듯한 고통이 느껴졌고, 살이 찢겼다 다시 봉합되는 것이 반복되는 듯했다.

being **torn apart** and **stitched** back together over and over.

Then he enjoyed a long period of rest, without these visions, and finally awoke in a cool, dark room. A hose had been placed up his nose while he was **unconscious**—to help him breathe or to drain blood, he figured. So whoever it was that did this to him clearly wanted him alive. He slowly pulled the hose from his nostril and attempted to sit up on his **make-shift cot**.

As he shifted, **mechanisms rattled**, and he realized he was connected to something. He turned and saw—a car battery, with **wires** running toward his chest? Tony tore the gauze off his chest and discovered what looked like a very simple transistor **affixed** there.

At the far end of the room, an old **bespectacled** man stood **stirring** a pot of something over a fire.

"What did you do to me?" Tony **rasped**.

"What I did is to save your life," the man replied with a pleasant smile. "I removed all the shrapnel I could, but there's a lot left near your **atrial septum**. I've seen a lot of

그 이후에는 그런 환영 없이 긴 휴식 시간을 맞이할 수 있었는데, 마침내 차갑고 어두운 방에서 그가 깨어났다. 의식이 없는 동안 그의 코에는, 그가 생각하기로는 숨을 쉬게 도와주는, 아니면 피를 빼기 위한 호스가 꽂혀 있었다. 그러니까 그게 누구든, 명백히 토니가 살아 있기를 바라서 한 일 같았다. 그는 천천히 코에 꽂힌 호스를 빼내고는 누워 있던 간이침대에서 일어나 앉으려 했다.

그가 움직일 때마다 기계가 달그락거리는 소리가 났고, 그는 자신이 무언가에 연결되어 있다는 것을 깨달았다. 그가 몸을 돌려 본 것은 자신의 가슴으로 향하는 전선이 연결된 자동차 배터리였다. 토니가 가슴에 붙어있는 거즈를 뜯어내자, 아주 작은 트랜지스터같이 생긴 것이 가슴에 고정되어 있었다.

방의 한쪽 끝에서는 안경을 쓴 나이 든 남자가 불 위에서 무언가가 든 냄비를 젓고 있었다.

"나한테 무슨 짓을 한 거요?" 토니가 거친 목소리로 물었다.

"당신의 목숨을 구했죠." 그가 기분 좋게 웃으며 대답했다. "몸에 박힌 파편 중 빼낼 수 있는 건 다 빼냈소. 하지만 심방사이막 근처에는 아직 많이 남아 있어요. 내가 살던 마을에서 이렇게 다친 사람

wounds like that in my village. We call them the walking dead, because it takes about a week for the scraps to reach their **vital organs.**"

"What is this?" Tony asked pointing to the **apparatus** on his chest.

"That is an **electromagnet, hooked up** to a car battery. And it's keeping the shrapnel from entering your heart."

Tony **shrugged** uncomfortably and **zipped up** the sweater he found himself clothed in.

The steel door on the far side of the room rattled, and the man looked up, nervous. Then he snapped at Tony with a quick **urgency.**

"Stand up!" he told Tony. "And do as I do!"

The door opened and a dozen or so armed enemy soldiers entered. One walked in front of the others. He was large and carried papers in his hands. Tony figured he was the guy **in charge** here. ❶ He spoke in a foreign **tongue** to the man who had been helping Tony. The man **translated**

을 많이 봤죠. 우리 마을에서는 당신 같은 사람들을 산송장이라고 불러요. 일주일 정도면 남은 파편들이 생명과 직결된 중요 기관에 도달하게 되니깐 말이에요."

"이건 뭐죠?" 토니가 자신의 가슴에 있는 장치를 가리키며 말했다.

"그건 전자석인데, 자동차 배터리에 연결했소. 파편이 심장으로 들어가는 걸 막고 있죠."

토니는 불편한 듯 어깨를 들썩거리고는 누군가가 그에게 입혀준 스웨터의 지퍼를 올렸다.

방에서 멀리 떨어진 쇠문이 달가닥거렸고, 그 남자가 긴장한 듯 쳐다봤다. 그러고는 토니에게 긴박한 목소리로 쏘아붙였다.

"일어나요!" 그가 토니에게 말했다. "내가 하는 대로 똑같이 해요!"

문이 열렸고, 십여 명 정도의 군인들이 들이닥쳤다. 한 명이 다른 군인들 앞으로 걸어 들어왔다. 그는 키가 컸고, 손에는 종이를 들고 있었다. 토니는 그가 이곳의 대장임을 눈치챘다. 그가 토니를 도와준 남자에게 외국어로 말했다. 남자는 토니가 아프가니스탄에 도착해 선보인 제리코 미사일 중 하나를 만들어주길 적군이 원한다고

that the enemy soldier wanted Tony to build him one of the Jericho missiles he'd demonstrated upon his arrival in Afghanistan. The enemy army had a stockpile of Stark Industries weapons. Tony could use those for parts and then supply a list of anything else he would need to build the missile. And when the missile was completed, the man would set Tony free.

"No, he won't," Tony **mumbled under his breath**, at the same time **tentatively** shaking the enemy's hand.

"No, he won't," Tony's **companion** agreed.

The two men were returned to the cave and were set to work.

"I'll be dead in a week," Tony said.

"Then this is a very important week for you," his companion replied.

Tony got to work immediately. He **barked** orders for everything he'd need for the project. And light—he needed more light to be able to work effectively. Men **rushed in**

통역했다. 적군은 스타크 인더스트리의 무기를 많이 비축하고 있었다. 토니에게 그 무기를 부품으로 사용할 수 있고, 그 외에도 미사일을 만드는 데 필요한 건 어떤 것이라도 제공할 수 있다고 했다. 그리고 미사일이 완성되면 토니를 풀어주겠다고 했다.

"안 풀어줄 거야." 토니가 망설이듯 적군과 악수하며 나지막이 중얼거렸다.

"맞아요." 토니를 도와준 남자도 동의했다.

두 남자는 동굴로 돌려 보내졌고, 작업을 시작했다.

"난 일주일 뒤에 아마 죽을 거예요." 토니가 말했다.

"그렇다면 이번 주가 당신에게 매우 중요하겠군요." 그 남자가 대답했다.

토니는 즉시 일을 시작했다. 그는 프로젝트에 필요한 모든 명령을 내렸다. 그리고 불빛, 그가 효과적으로 일하기 위해서는 더 많은 불빛이 필요했다. 많은 사람들이 동굴 속 감방에 군수품, 배선, 배

and out of the cell with munitions, wiring, batteries—all supplied somehow or other by Stark Industries.

Tony and his partner, whose name he learned was Yinsen, worked tirelessly, **welding**, **soldering**, melting metals in **ingots** and pouring it into molds. They rarely rested. But when one of them *was* resting, the other was always working. They established a twenty-four-hour operation, all while they were under the trained eye of their **captors**, who observed them through webcams **strategically** placed throughout the cell.

Their captors knew all about war, but nothing about science. So when Tony completed his first project, they had no way of knowing that the result was a palladium-fueled Arc **Reactor**. He would use it **in place of** the **unreliable** battery-powered magnet that was keeping him alive. It could power his heart for fifty lifetimes....

Or it could power something huge for fifteen minutes.

Tony had a plan.

He **unrolled** a series of **blueprints**. The paper was

터리 등 스타크 인더스트리에서 어떻게든 공급받은 물건을 가지고 분주히 들락날락거렸다.

토니와 나중에서야 잉센이라는 이름을 알게 된 그의 파트너는 끊임없이 용접하고, 납땜질하고, 주괴에 철을 녹여 틀에 부었다. 거의 쉬지 않고 일했다. 한 명이 쉬더라도 다른 한 명은 계속 일했다. 그들은 24시간 작업을 했고, 감방에 전략적으로 설치된 감시 카메라를 통해 늘 지켜보는 납치범들의 감시 아래 있었다.

납치범들은 전쟁에 대해선 모든 것을 알고 있었지만, 과학에는 문외한이었다. 그래서 토니가 첫 프로젝트를 완성했을 때, 그 결과물이 팔라듐으로 채워진 아크 원자로인지 알 길이 없었다. 토니는 못 미더운 배터리로 구동되는 자석 대신 이것을 자신의 생명줄로 사용할 계획이었다. 그것은 그의 심장을 50년은 뛰게 할 것이다….

혹은 거대한 무언가를 15분 정도 작동시킬 수 있었다.

토니에게는 계획이 있었다.

그가 설계도 몇 장을 펼쳤다. 종이는 겹쳐져 있는 다른 종이가 보

transparent enough to see through the **overlapping** sheets. Tony shifted them strategically, so that a portion of each blueprint overlapped another—like a complex **jigsaw puzzle**. Yinsen raised his eyebrows as he examined the prints. It was like nothing he'd ever seen before. And it certainly wasn't the Jericho missile that their captors were expecting.

일 만큼 투명했다. 토니는 종이를 전략적으로 움직여, 각각의 설계도의 일부분이 다른 것과 겹쳐지도록 했다. 마치 복잡한 직소 퍼즐을 맞추는 것 같았다. 잉센은 설계도를 살펴보더니 눈썹을 추켜세웠다. 그가 이때까지 본 것과는 차원이 다른 것이었다. 그리고 납치범들이 원하는 제리코 미사일은 확실히 아니었다.

CHAPTER 4

📖 워크북 p26

TONY AND YINSEN worked **furiously** to complete their project. Tony's blueprints showed **a** huge **suit of armor**, powered by his Arc Reactor. The armor was large and thick enough to keep whoever was inside it protected, and it was fitted with simple but effective weapons. The reactor should have been able to power it long enough for Tony

적군을 물리치기 위해 토니와 잉센은 작업에 열중합니다. 그들의 작업이 거의 마무리되었을 즈음 뭔가 이상한 낌새를 눈치챈 적군들이 둘을 공격하기 위해 감방으로 들이닥칩니다.

토니와 잉센은 프로젝트를 완수하기 위해 작업에 몰두했다. 토니의 설계도에는 그의 아크 원자로로 가동될 아주 큰 슈트*가 있었다. 그 슈트는 크고 두꺼워 그 안에 누가 있던 보호하기 충분했고, 단순하지만 효과적인 무기들이 장착되어 있었다. 아크 원자로는 토니와 잉센이 도망칠 수 있는 시간만큼은 충분히 슈트를 작동시

★ **슈트** : 직역하면 갑옷(armor)이지만 영화 공식 명칭인 슈트로 통일한다.

and Yinsen to make a clean **getaway**.

But as the suit began to **take shape**—the chest plate **intact**, the legs operating—even the captors, who didn't know much about science, began to **suspect** something was up. The materials that the **duo** were developing looked nothing like the Jericho blueprints. The captors **stormed into** Tony and Yinsen's cell and demanded an **explanation**.

Tony and Yinsen explained that it was a very **complicated** project. Building a missile was not easy. The enemy guard was not buying it.

"You have till tomorrow to **assemble** my missile," the leader of the enemy unit **snarled**. Then he stormed from the cell and locked the two engineers inside once again.

Tony and Yinsen worked more furiously than before, and in a matter of hours it was ready to use. Yinsen quickly helped Tony suit up in the **clunky** armor. It looked like a huge iron tank, with a **medieval**-style mask and **makeshift** munitions. As soon as Tony was suited up, he made sure to stay out of view from the **surveillance cameras** to avoid

킬 수 있을 것이다.

하지만 가슴 판과 움직이는 다리까지, 슈트가 완성되어 가는 시점이 되자 과학에 대해서 전혀 모르는 납치범들도 뭔가 수상하다는 것을 느끼기 시작했다. 둘이 만들고 있는 건 제리코 설계도에 있는 것과는 매우 달라 보였다. 납치범들은 토니와 잉센의 감방에 난입해 설명을 요구했다.

토니와 잉센은 이것이 매우 복잡한 프로젝트라고 설명했다. 미사일을 만드는 건 쉽지 않은 일이라고. 하지만 적의 경비병은 믿지 않았다.

"미사일을 완성하는 데 내일까지 시간을 주겠다." 적의 수장이 으르렁대며 말했다. 그런 뒤 감방에서 쿵쾅대며 나갔고 두 엔지니어는 다시 감방에 갇혔다.

토니와 잉센은 전보다 더 열심히 작업했고, 몇 시간 만에 슈트를 작동시킬 수 있었다. 잉센은 토니가 투박한 슈트를 얼른 입도록 도와주었다. 그것은 마치 중세 시대 양식의 가면과 임시 군수품이 붙은 커다란 철제 탱크 같았다. 토니는 슈트를 입자마자, 의심을 사지 않도록 감시 카메라의 시야에서 벗어났다.

arousing suspicion. It worked, with the captors noticing that Tony was missing right away. They rushed down to the cell to **investigate**.

The guards called through the door to Yinsen, asking where Tony was. But they were speaking a language that Yinsen wasn't familiar with. Yinsen called out to them using the few words he knew in order to **hold off** the men, but they threw open the door to storm in.

A huge blast rocked the entrance to the cell the moment the door **clicked** open. Yinsen and Tony had **rigged** it to **buy** themselves **time** in the event that they were interrupted while assembling the armor. The blast rocked the **compound**, and the remaining enemy troops stormed down to the cell. Tony and Yinsen could hear the approach of their **stomping** feet and **rattling ammunition** as the two men anxiously finished preparing the suit.

As the soldiers **marched** closer, Yinsen realized that he and Tony would not be able to **power up** the suit before the men arrived. "We need more time," he said. ❶ "I will

성공이었다. 납치범들이 토니가 없어진 걸 알아차렸다. 그들은 감방을 살피기 위해 서둘러 내려갔다.

경비병들이 문 너머로 잉센을 불러 토니가 어디에 있는지 물었다. 하지만 그들은 잉센이 잘 모르는 언어로 말을 했다. 잉센은 그들이 들어오는 것을 미루기 위해 자신이 아는 몇 단어로 얘기했지만, 그들은 문을 확 열고 들이닥쳤다.

문이 열리는 순간, 커다란 폭발이 감방 입구를 뒤흔들었다.
슈트를 조립할 동안 침입당할 것을 예상한 잉센과 토니가 시간을 벌기 위해 미리 설치해 둔 폭탄이었다. 폭발은 적군 기지 전체를 흔들었고, 나머지 적군들이 감방으로 서둘러 들이닥쳤다. 토니와 잉센은 쿵쾅거리는 발걸음 소리와 달그락거리는 탄약 소리를 들으며 초조하게 슈트 준비를 마무리했다.

군인들이 더 가까이 다가오자, 잉센은 적들이 도착하기 전에 슈트에 동력을 넣을 수 없다는 사실을 깨달았다. "우리에겐 시간이 더 필요해요." 그가 말했다. "내가 시간을 벌어 줄게요…."

buy you more time...."

He grabbed a machine gun from one of the fallen guards and stormed out of the cell, **hollering**. The soldiers were taken aback and held off approaching the cell. But they soon located Yinsen and **surrounded** him. Every one of the soldiers' guns was pointed at him. A chorus of clicks sounded. Just before they were about to shoot, the lights in the compound **cut out**.

Tony's suit had powered up, and in doing so had **drained** all the electricity in the complex. The soldiers **scouted** the area, not sure how or if to proceed. They carefully made their way down the **corridor**, feeling their way as they went. Some **eventually** arrived at the cell. They entered **apprehensively**, unsure of what awaited them.

And that's when Iron Man attacked.

Tony stepped from the darkness into the few shafts of light that made their way into the cell. **Glimpses** of the suit were visible, but the soldiers couldn't **make out** exactly what they were up against. As Tony stepped from

잉센이 이미 쓰러진 병사에게서 기관총 하나를 빼낸 뒤, 소리를 지르며 감방 밖으로 뛰쳐나갔다. 군인들은 깜짝 놀라 감방으로 들어가기를 멈췄다. 하지만 그들은 곧 잉센의 위치를 파악해 잉센을 포위했다. 모든 군인의 총이 그를 겨누었다. 여기저기서 철컥하는 소리가 들렸다. 그들이 총을 쏘기 직전, 기지 전체에 불이 꺼졌다.

토니의 슈트에 동력이 공급되면서 그로 인해 기지 안에 있는 모든 전기를 소모시킨 것이다. 군인들은 어떻게 전진해야 할지 혹은 전진해도 되는 건지 확신하지 못해 그곳을 이리저리 돌아다녔다. 그들은 통로를 따라 내려가는 길을 손으로 짚으며 조심히 걸어갔다. 마침내 몇 명이 감방에 도착했다. 그들은 무엇이 기다리고 있는지도 모른 채 걱정스레 안으로 들어갔다.

바로 그때, 아이언맨이 공격했다.

토니는 어둠 속에서 감방에 들어온 몇 가닥의 희미한 빛줄기로 걸어 나왔다. 슈트를 얼핏 볼 수는 있었지만, 군인들은 자신들이 무엇을 상대하는지 정확히 알 수 없었다. 토니가 방에서 나오자 모든 것이 달라졌다.

the room, that all changed.

Tony's armor was a **monolithic** suit of metal, fitted with special devices. The enemy soldiers fired **relentlessly**, but their bullets couldn't **penetrate** Tony's suit. They **ricocheted off** and boomeranged back toward his attackers. Tony walked, **undeterred**, toward the open air, and as he did more and more soldiers **descended upon** him. But no matter their number, they couldn't stop Iron Man from moving forward. The heavy suit caused Tony to walk in a **lumbering** way, but that didn't prevent him from getting where he needed to go.

When he was almost at the exit, he found Yinsen. But he was **badly wounded** and laying on the ground.

"Yinsen!" Tony called out. "Come on! We've got to go! We have a plan, we've got to **stick to** it."

"This was always the plan, Stark," Yinsen said with the little bit of life he had left in him. "Don't waste... Don't waste your life, Stark...." This **plea** was the last that Yinsen **uttered**.

토니의 슈트는 특수 장치가 장착된 하나의 철제 갑옷이었다. 적군들이 사정없이 총을 쏘아 댔지만, 총알은 토니의 슈트를 뚫지 못했다. 총알은 모두 튕겨 나가 공격한 자들에게 부메랑처럼 되돌아갔다. 토니는 거침없이 걸어 나갔고, 가면 갈수록 더 많은 군인들이 그에게 달려들었다. 하지만 그게 몇 명이든, 아이언맨이 전진하는 것을 막을 순 없었다. 무거운 슈트가 그를 느릿느릿 걷게 했지만, 그가 가야 할 곳으로 가는 것을 막지는 못했다.

출구에 거의 다 도착했을 때 그가 잉센을 찾았다. 하지만 잉센은 심하게 다쳐 바닥에 누워있었다.

"잉센!" 토니가 소리쳤다. "어서 일어나요! 갑시다! 계획이 있잖아요. 계획대로 움직여야 해요!"

"이게 내 계획이었소, 스타크." 잉센은 겨우 붙어있는 숨으로 말했다. "낭비… 인생을 낭비하지 말아요, 스타크….." 이 간청이 잉센이 입 밖으로 뱉은 마지막 말이었다.

Tony turned angrily toward the exit of the cave that housed the compound. He lumbered forward and stepped outside. As soon as he did, the enemy **unleashed** all their fire on him. He must have been hit with hundreds—or thousands—of rounds of ammunition, but nothing penetrated his armor. When the enemy **paused** their fire, Tony challenged, "*My* turn," and lifted his giant metal arms.

Streams of fire flowed from his suit, **igniting** the air around him and forcing back his **opponents**. Tony turned his streams of fire toward the Stark Industries **stockpile** that the enemy army had **amassed** outside the cave. The weapons began to burn, and Tony knew it wasn't long before they would **detonate**. He lifted a **flap** under the **cuff** of his armor and pressed a red button. The suit began to rattle, and then it shot like a rocket high into the air, arcing away from the site. Tony could hear the ammunition exploding below him. He was a few hundred feet in the air when he felt the suit begin to **sputter**.

토니는 화가 나 적군의 기지인 동굴의 입구로 향했다. 그는 천천히 걸어 나가 밖으로 나왔다. 그가 나오자마자, 적군들은 그들이 가진 모든 총을 그에게 쏘아댔다. 그는 수백 개, 아니 수천 개의 총알을 맞았지만, 어떤 것도 그의 슈트를 뚫지 못했다. 적군이 사격을 잠시 중지하자, 토니는 "내 차례군."이라고 도전하듯 말하고는 거대한 금속 팔을 들어 올렸다.

그의 슈트에서 불줄기가 뿜어져 나왔고, 주위에 불을 붙이며 적군을 뒷걸음치게 했다. 토니는 그들이 동굴 밖에 모아둔 스타크 인더스트리의 무기 더미에 불을 붙였다. 무기가 타기 시작했고, 토니는 무기가 곧 폭발할 것을 알았다. 그는 슈트 소매 끝에 있는 덮개를 하나를 열어 빨간 버튼을 눌렀다. 슈트가 흔들거리더니 하늘 높이 로켓처럼 발사돼 현장으로부터 호를 그리며 멀리 날아갔다. 토니의 아래로 무기가 폭발하는 소리가 들렸다. 몇백 피트 상공에 있을 때 그는 슈트가 털털거리는 소리를 들었다.

Tony **flailed** his arms and legs, struggling to find some way to stay **aloft**. Then the power cut out **altogether** and Tony **plummeted** down into the **vacant expanse** of the Afghan desert, far from where anyone might find him.

토니는 팔다리를 마구 흔들어대며 하늘에 계속 떠 있을 방법을 찾으려 애썼다. 하지만 동력이 완전히 끊어졌고 토니는 아무도 찾을수 없는 광활한 아프간 사막에 떨어졌다.

CHAPTER 5

📖 워크북 p29

TONY **WANDERED** the desert under the **oppressive** heat of the Afghan sun for weeks. Or was it hours? Perhaps it was days, or years… Minutes, seconds, hours— everything was running together. The desert wind **whipped** at his feet and blew him every which way, like sand in a **jostled hourglass**.

사막에 떨어진 토니는 죽음의 문턱에서 가까스로 구조됩니다. 살아 돌아온 토니는 곧장 스타크 인더스트리로 향하고, 그를 기다린 많은 직원들과 기자들 앞에서 누구도 예상하지 못한 발표를 합니다.

토니는 숨 막힐 듯한 아프간의 태양 아래에서 몇 주 동안 사막을 헤맸다. 아니, 몇 시간밖에 안됐던 걸까? 며칠이었을 수도, 몇 년이었을 수도… 몇 분, 몇 초 혹은 몇 시간… 모든 것이 뒤죽박죽 흐르고 있었다. 사막에서 부는 바람이 토니의 발을 세차게 쳤고, 흔들리는 모래시계 안 모래처럼 사방에서 바람이 몰아쳤다.

He needed water. He needed food. He needed rest. But if he closed his eyes for a second, he might never open them again.

Tony **ambled** about as he attempted to keep his footing. But it was becoming more difficult to control his muscles, and the **dunes' uneven** surfaces were complicating matters.

Tony began to lose his focus. In his **disorientated** state, the whole world seemed to be turning white. He couldn't tell where the sand ended and the sky began, or if the **shimmering** he observed on the **horizon** was a **forgiving** pool of water or a cruel **mirage**. Above him, sound seemed to **swirl** like the **amplified** beating of **vulture** wings, or the hungry moan of **an angel of death**. As the sound grew louder, Tony could feel the wind **pick up**. He looked up and was sure that he saw huge dark figures soaring overhead.

Tony **squinted**, then he filled with hope. These were no birds or **supernatural** beings, they were US military **choppers**! Tony felt a burst of adrenaline. He began to

그는 물이 필요했다. 음식이 필요했다. 휴식이 필요했다. 하지만 그가 한순간이라도 눈을 감는다면, 다시는 눈을 뜨지 못할 수도 있었다.

토니는 똑바로 서 있으려 노력하며 느릿느릿 걸었다. 하지만 근육을 통제하기가 점점 더 어려워졌고, 모래 언덕의 울퉁불퉁한 표면은 상황을 더 어렵게 만들었다.

토니는 초점을 잃어 갔다. 방향 감각을 잃은 상태에서 온 세상이 하얗게 변하는 것 같았다. 모래가 어디까지 있고 하늘이 어디서 시작하는지 구분할 수 없었고, 그가 본 지평선 위로 일렁이는 것이 갈증을 해소해 줄 물웅덩이인지 혹은 잔인한 신기루인지 알 수 없었다. 그의 머리 위로, 독수리 날개가 크게 퍼덕거리는 소리인지 혹은 죽음의 사자가 굶주린 듯 신음하는 소리가 소용돌이치는 듯했다. 그 소리가 커질수록 토니는 바람이 더 거세지는 것을 느낄 수 있었다. 그는 위를 올려다보고는 크고 어두운 물체가 머리 위로 날아오르는 것을 봤다고 확신했다.

토니가 눈을 가늘게 뜨고 보았고, 이후 희망으로 가득 찼다. 그 물체는 새나 초자연적인 생물체가 아니라 미군의 헬리콥터였다! 토니는 아드레날린이 몸 안에서 폭발하는 것을 느꼈다. 그는 자신

jump up and down, waving his arms furiously, **acutely** aware that this could be his only chance to be rescued.

The **whirlybirds banked** and swooped back toward Tony, who **broke down** in **hysterical** laughter, **delirious** from the heat and fatigue. The copters landed and a dozen soldiers rushed out. They held their weapons **at the ready**, but they began to drop them as they drew closer to Tony. He **collapsed** onto his knees at the sight of his close friend James "Rhodey" Rhodes, who was an officer with **the US Air Force**.

"Next time, you ride with me, okay?" Rhodey said.

Tony grinned, only half conscious, and Rhodey pulled him close, happy to see his friend alive.

It was a long ride back. On the way, Rhodey helped Tony **rehydrate** and cleaned him up a bit. Once they arrived at base, Tony was fully examined and **sutured up**. Rhodey had known well enough to have one of Tony's tailored suits ready for him, and Tony shaved and made himself look as **dapper** as he could.

이 구조될 수 있는 유일한 기회라는 것을 절실히 느끼며 위 아래로 뛰고, 미친듯이 두 팔을 흔들었다.

헬리콥터는 비스듬히 날아와 열기와 피로로 의식이 혼미해진, 이성을 잃은 듯한 웃음을 터뜨리며 허물어진 토니가 있는 쪽으로 급강하했다. 헬리콥터가 착륙했고, 열두 명 정도의 군인이 서둘러 내렸다. 그들은 혹시 몰라 총을 겨누며 왔지만, 토니에게 가까워지자 총을 내리기 시작했다. 토니는 미국 공군 장교이자 가장 친한 친구 제임스 '로디' 로즈를 보고는 무릎을 꿇고 주저 앉았다.

"다음부턴 나랑 타! 알겠지?" 로디가 말했다.

토니는 의식이 반쯤 있는 상태에서 웃었고, 로디는 친구가 살아 있음에 기뻐하며 토니를 끌어안았다.

돌아가는 여정은 길었다. 가는 길에 로디는 토니가 다시 수분을 섭취하도록 도와주고 조금 씻겨 주었다. 군사기지에 도착하자마자 토니는 몸 전체를 진찰받고 상처를 봉합했다. 로디는 친구를 너무나도 잘 알기에 토니의 맞춤 정장 한 벌을 준비해 두었고, 토니는 수염을 깎아 최대한 단정하게 보이도록 했다.

Even **beat up** and bruised, Tony looked every bit the billionaire playboy he was. It was just his way.

Rhodey helped him into a wheelchair and they boarded an Air Force jet for their long journey home. Tony mostly slept on the flight. After months **in captivity** and who-knows-how-long wandering the desert, the voyage didn't seem all that terrible. When the jet landed and the **gangplank descended**, Tony was even able to step up from his chair, supported by Rhodey. As the two men walked slowly down the **gangway**, a **medic** approached them with a **stretcher**.

"Are you kidding me with this? Get rid of it," Tony said **dismissively**.

Crowds of military personnel below were awaiting his arrival, but Tony locked eyes on the one person besides Rhodey that he had actually been concerned about never seeing again.

"Hm. Your eyes are red," he said as he approached the woman, who with her suit, pulled-back hair, and **made-up**

얻어맞아 멍이 들었지만, 토니는 여전히 억만장자 플레이보이처럼 보였다. 그저 그게 그의 방식이었다.

로디는 친구가 휠체어에 타는 것을 도왔고 그들은 집으로 돌아가는 긴 여정을 위해 공군 제트기에 탔다. 토니는 비행 내내 거의 잠만 잤다. 몇 달 동안 감금되어 있었고, 얼마인지 모를 시간을 사막에서 헤맸지만, 이 여정은 그렇게 힘들게 느껴지지 않았다. 제트기가 착륙하고 트랩이 내려오자, 토니는 로디의 부축을 받으며 휠체어에서 일어섰다. 두 남자가 트랩을 천천히 걸어 내려오자, 간호병이 들것을 들고 다가왔다.

"지금 나랑 장난해? 저리 치워." 토니가 거만하게 말했다.

수많은 군 관계자들이 그가 도착하기를 기다리고 있었지만, 토니는 로디가 아닌, 다신 못 볼까 봐 진심으로 걱정했던 한 사람에게 시선을 고정했다.

"흠, 눈이 빨갛군." 그가 말하며 정장 차림에 뒤로 묶은 머리 그리고 화장한 얼굴이 토니만큼이나 공군기지와 어울리지 않는 여자

face looked as out of place as Tony on the airfield. "A few tears for your **long-lost** boss?"

"Tears of joy," Pepper Potts joked. "I hate job-hunting."

"Yeah, vacation's over," Tony said.

The two of them entered a waiting car.

"Where to, sir?" The driver asked.

"Take us to the hospital please," Pepper responded to Tony's driver, "Happy" Hogan.

"No." Tony **cut** her **off**.

"No? You have to go to the hospital; you have to see a doctor; the doctor needs to look at you…."

"'No' is a complete answer. I don't have to do anything…. I've been in captivity for three months, there are a few things I *want*. Two. One, I want an American cheeseburger, and the other is I want you to call for a **press conference** now."

"Call for a press conference? **What on earth** for?" Pepper asked, still arguing with her boss.

"Hogan, drive. Cheeseburger first," Tony demanded.

에게 다가갔다. "오랫동안 실종된 상사를 위한 눈물인가?"

"기쁨의 눈물이죠." 페퍼 포츠가 농담을 했다. "직장 알아보는 게 정말 싫어서요." "맞아. 휴가는 끝났어." 토니가 말했다.

둘은 기다리고 있던 차에 올라탔다.

"어디로 모실까요?" 운전자가 말했다.

"병원으로 가 주세요." 페퍼가 토니의 운전자 '해피' 호건에게 대답했다.

"아니." 토니가 그녀의 말을 잘랐다.

"아니라고요? 병원에 가야 해요. 의사를 만나야죠. 의사가 당신 상태를 확인해야 한다고요…."

"싫다면 싫은 거야. 난 아무것도 안 해도 돼…. 세 달 동안 잡혀 있었다고. 내가 원하는 게 몇 개 있어. 두 개야. 하나는 미국식 치즈 버거 그리고 다른 건 지금 당장 기자 회견을 열어줘."

"기자 회견을 열라고요? 도대체 왜요?" 페퍼가 여전히 상사와 다투며 말했다.

"호건, 출발해. 치즈버거 먼저." 토니가 요구했다.

* * *

After a quick stop at a **burger joint**, Tony's car wheeled up to Stark Industries headquarters. The roar of applause from his staff was **deafening** as Tony stepped from his vehicle. And one man, Tony's **second-in-command**, Obadiah Stane, ran to Tony and **embraced** him.

"Hey, hey! Look who's here!" Obadiah said joyfully, hugging Tony tight. He **ushered** Tony past cheering crowds of Stark employees and hordes of media and press.

Pepper Potts looked on, **relieved** to have Tony back **in** mostly **one piece**. She smiled as camera bulbs flashed and members of the press **swarmed** around her boss.

Almost unseen, a suited man approached and stepped up beside her.

"Ms. Potts?"

"Yes," Pepper replied.

"Can I speak to you for a moment?"

"I'm not part of the press conference, but it's about to begin right now."

* * *

햄버거 가게에 잠시 들른 뒤, 토니가 탄 차는 스타크 인더스트리 본사 앞에 섰다. 토니가 차에서 내리자 그의 직원들이 귀청이 터질 듯한 박수갈채를 보냈다. 그리고 스타크사의 2인자, 오베디아 스탠이 토니를 맞이하기 위해 달려와 그를 끌어안았다.

"이것 봐! 이게 누구야!" 오베디아가 토니를 껴안으며 기쁘게 말했다. 그는 환호하는 스타크 직원 무리와 많은 미디어, 기자들을 지나 토니를 안내했다.

페퍼 포츠는 토니가 거의 상처 없이 다시 돌아온 것에 안심하며 그를 바라보았다. 그녀는 보스 주위로 카메라 플래시가 터지고 기자들이 달려드는 모습에 웃음이 절로 나왔다.

정장을 입은 한 남자가 아무도 눈치채지 못하게 그녀의 옆에 다가와 섰다.

"포츠 씨?"

"네." 페퍼가 대답했다.

"잠시 얘기 좀 할 수 있을까요?"

"저는 기자회견과 관련이 없는 사람이지만, 이제 막 시작하는 것 같네요."

He handed her his **credentials**. "I'm not a reporter. I'm agent Phil Coulson with the Strategic Homeland **Intervention**, **Enforcement**, and Logistics Division."

"That's quite a **mouthful**."

"I know, we're working on it…."

"You know, we've been approached already by the DOD, the FBI, the CIA…"

"We're a **separate** division with a more specific focus. We need to **debrief** Mr. Stark about the **circumstances** of his escape."

"I'll put something on the books, shall I?"

"Thank you," Agent Coulson said, then he stepped away as Obadiah Stane took the podium.

Tony sat with his back against the front of the **podium**. He unwrapped his cheeseburger.

"Hey, would it be all right if everyone sat down?"

The gathered crowd looked around at the **chairless** room.

그가 그녀에게 자신의 신분증을 보여주었다. "저는 기자가 아니에요. 저는 대테러 국토안보국 집행국의 필 콜슨 요원입니다."

"이름 참 기네요."

"네, 바꾸려고 하고 있어요…."

"국방부, FBI, CIA가… 벌써 다녀갔어요."

"저희는 더 구체적인 것에 초점을 맞춘 분리된 부서입니다. 스타크 씨의 탈출 과정에 관해 물어봐야 할 게 있어서요."

"스케줄을 잡아볼게요."

"감사합니다." 콜슨 요원이 말했다. 그리고 오베디아 스탠이 연설을 시작하자 그곳을 떠났다.

토니는 연단 앞에 기대고 앉았다. 그리고 치즈버거 포장지를 뜯었다.

"모두 좀 앉아 주시겠어요?"

모여 있는 사람들이 의자가 없는 방을 둘러보았다.

"Just sit down. That way, you can see me and I can …
It's a little less formal…."

Obadiah stepped out from behind the podium and sat
down on the stage next to Tony.

"Good to see you," Tony said to Stane, who smiled
back broadly.

❶ "What's up with the love-in?" Rhodey whispered to
Pepper.

"Don't ask me, I don't know what he's up to," Pepper
responded.

Tony turned to the audience and began his press
conference.

"I never got to say good-bye to my father. I never got
to ask him about what this company did. If he was ever
conflicted, if he ever **had doubts**. Or maybe he was every
inch the man we all remember from the **newsreels**. I saw
young Americans killed by the very weapons I created
to defend them and protect them. And I saw that I had
become part of a system that is comfortable with zero

"그냥 앉으세요. 그래야 여러분이 저를 보실 수 있고 저도 여러 분을 보죠…. 분위기도 부드러워지고…."

오베디아는 연단에서 내려와 토니 옆에 와서 앉았다.

"반갑네요." 토니가 스탠에게 말했고, 그는 환한 웃음으로 대답을 대신했다.

"왜 저렇게 다정하대?" 로디가 페퍼에게 속삭였다.

"저도 몰라요. 도대체 무슨 속셈인지 모르겠어요." 페퍼가 대답했다.

토니는 관중에게 시선을 돌려 기자회견을 시작했다.

"저는 아버지에게 작별 인사를 못 했어요. 이 회사가 어떤 회사인지 묻지도 못했죠. 아버지도 갈등을 겪었는지, 회의를 느낀 적이 있었는지. 아니면 뉴스 영화를 통해 기억하는 모습이 아버지의 전부였는지도 모르죠. 저는 젊은 병사들을 방어하고 보호하려고 만든, 바로 그 무기에 오히려 그들이 죽는 걸 봤어요. 그리고 제가 책임감 하나 없는 그런 시스템의 일부가 됐다는 걸 알게 됐죠."

accountability."

Obadiah **glared at** Tony, and the audience, which Tony had clearly made uncomfortable with his frankness, began to cautiously ask questions.

"What happened over there?" a young reporter asked.

"I had my eyes opened. I came to realize that I have more to offer this world than just making things to **blow up**, and that is why, **effective immediately**, I am **shutting down** the weapons-manufacturing division of Stark Industries…"

The room **exploded** in an **uproar** of **gasps** and questions. Obadiah stepped up to the podium, smiling as **broadly** as he had since Tony arrived home. Pepper and Rhodey looked on **slack-jawed** as Tony, now standing as well, was **swarmed** by reporters.

Obadiah attempted to usher Tony off the stage, but Tony **persisted**. "Until such a time as I can decide what the future of this company should be, what direction it should take, one that I'm comfortable with and **is consistent with**

오베디아가 토니를 쏘아보았고, 토니의 솔직함에 불편해진 기자들은 조심스레 질문하기 시작했다.

"그곳에서 무슨 일이 있었던 거죠?" 젊은 기자가 물었다.

"눈을 뜬겁니다. 무기를 제조하는 것보다 세상에 기여할 수 있는 게 더 많다는 걸 깨달았죠. 그래서 지금 당장 스타크 인더스트리의 무기 제조부의 문을 닫겠습니다⋯."

장내는 헉하는 숨소리와 질문의 소란으로 가득 찼다. 오베디아는 토니가 돌아온 순간부터 그랬던 것처럼 환하게 웃으며 연단에 다시 올라갔다. 페퍼와 로디 역시 일어나 입을 벌린 채 기자들로부터 질문 공세를 받는 토니를 바라보았다.

오베디아는 토니를 무대에서 내려오게 하려 했지만, 토니는 고집을 부렸다. "당분간은 그럴 겁니다. 이 회사의 미래가 어디로 가야 할지, 어떤 방향을 잡아야 할지, 그러니까 제가 편안하면서도 이 나라의 최고선과 일치하는 것이 무엇인지 모색할 것입니다."

the highest good for this country as well."

Tony stepped off the stage and out of the room, and Obadiah quickly grabbed the microphone, still wearing his broad smile but **scrambling** for a way to manage the situation.

"Okay!" Obadiah began. "What we should take from this is that Tony's back! And he's healthier than ever. We're going to have a little, um, **internal discussion**, and we'll get back to you with a **follow-up**."

토니는 무대에서 내려와 방에서 나갔고, 오베디아는 재빨리 마이크를 잡고는 여전히 웃으며 상황을 수습하려 부단히 노력했다.

"네!" 오베디아가 말을 시작했다. "여기서 우리가 중요하게 생각해야 할 건 토니가 돌아왔다는 거예요! 더 건강해져서 왔죠. 저희는, 음, 내부 회의를 거쳐서 다시 발표하겠습니다."

CHAPTER 6

📖 워크북 p33

OVER THE NEXT few weeks, things got very interesting for Tony. Obadiah Stane was not in the least happy with Tony's decision to close down Stark's weapons-manufacturing division. But Tony didn't care what Obadiah or anyone else thought about it. It was Tony's company, built by his father, and no one could tell him

토니는 사람을 다치게 하는 무기가 아닌, 세상에 도움을 주는 새로운 슈트를 제작하기 위해 노력합니다. 한편, 무기 제조부를 닫겠다는 토니의 결정에 크게 반발한 오베디아는 무서운 계획을 실행에 옮깁니다.

그 후 몇 주 동안 토니에게는 정말 흥미로운 일이 많이 생겼다. 오베디아 스탠은 무기 제조부를 닫기로 한 토니의 결정이 탐탁지 않았다. 하지만 토니는 오베디아나 다른 사람들이 어떻게 생각하든 신경 쓰지 않았다. 그의 아버지가 일궈낸 토니의 회사였고, 그 누구도 이래라저래라 할 수 없었다.

what to do with it.

Even after shares of Stark Industries' stock **plummeted** 57percent, Tony refused to **budge**. He'd had a change of heart in Afghanistan, both **figuratively** and **literally**. Yinsen's struggle and sacrifice had opened Tony's eyes. He had talent and money and a fantastic scientific brain. Why, then, shouldn't he be helping the world **as opposed to** hurting it?

Tony spent most of his time rebuilding the suit he had developed in Afghanistan. Only this time it wouldn't be big and **clunky**, but as **sleek** and stylish as Tony himself. He was **tireless** in his efforts to get the jet **propulsion** just right so he could fly effectively. He **strengthened** the Arc Reactor that powered his heart and the suit. And he developed repulsor disks—much like the ones he'd used on the Jericho missiles—that would be affixed to his palms and could be used to fight off **adversaries**.

Ultimately, Tony created the perfect tech suit. After a test flight, Tony's **virtual** butler, J.A.R.V.I.S.—who had

스타크 인더스트리의 주식이 57퍼센트 급락한 후에도 토니는 전혀 동요하지 않았다. 아프가니스탄에서 비유적으로 그리고 말 그대로 마음(심장)의 변화가 생긴 것이다. 잉센의 투쟁과 희생이 토니의 눈을 뜨게 했다. 토니는 재능, 돈 그리고 엄청나게 과학적인 두뇌를 갖고 있었다. 그렇다면 그는 이 세상을 아프게 할 것이 아니라 도와야 하는 것 아닌가?

토니는 아프가니스탄에서 만든 슈트를 다시 만드는 데 대부분의 시간을 보냈다. 하지만 이번에는 크고 투박하지 않게, 토니 자신처럼 매끈하고 멋지게 만들려고 했다. 그는 효과적으로 날 수 있게 하는 제대로 된 제트 추진체를 만들기 위해 지치지 않고 노력했다. 그의 심장과 슈트의 동력이 되는 아크 원자로를 더욱 강하게 만들었다. 그리고 손바닥에 장착해 상대를 격퇴하는, 지난번 제리코 미사일에 사용한 것과 비슷한 리펄서 디스크를 만들었다.

마침내 토니는 완벽한 기술을 갖춘 슈트를 완성했다. 시험 비행 이후, 토니의 인생에서 가장 중요한 존재인 페퍼와 우열을 다투는

the run of Tony's house and **vied with** Pepper for the most important position in Tony's life—suggested making the armor gold. Tony felt it was too **flashy**. He suggested adding **splashes** of red—and with that, Tony's suit's trademark red and gold colors were decided.

Now one of Tony's inventions wouldn't be used to hurt people, but to help them. Tony stepped into his **newly refined** suit and decided to take it for a ride. J.A.R.V.I.S. warned Tony that he might want to test the suit further before flying around the skies over California, but Tony was never one to **shy away from** adventure.

❶Tossing caution to the wind, he zoomed out of his house and into the night sky—shaky at first, but very quickly **getting the hang of** it. He **swooped** over the city, over the sea, and around office towers—it was the most amazing feeling Tony had ever experienced.

Once he became comfortable in his suit, he quickly **put** it **to good use**. His first mission would be the most **obvious**—he planned to return to Afghanistan, to the

그리고 토니의 집을 자유롭게 돌아다니는 가상 집사 자비스가 슈트를 금색으로 만들 것을 제안했다. 토니는 너무 화려하다고 생각했다. 그래서 부분적으로 빨간색을 더하자고 제안했고, 그렇게 해서 토니의 슈트의 트레이드마크인 빨간색과 금색이 결정되었다.

토니의 발명품은 이제 사람을 다치게 하지 않고, 도와주기 위해 사용될 것이다. 토니는 새로 만든 세련된 슈트를 입고 비행을 하러 나가기로 했다. 자비스는 캘리포니아 상공을 날기 전에 조금 더 시험해봐야 한다고 경고했지만, 토니는 모험을 두려워하는 성격이 못 됐다.

우려하는 마음을 뒤로 한 채, 그는 엄청난 속도로 집에서 밤하늘로 재빨리 날아올랐다. 처음엔 조금 흔들렸지만, 곧 익숙해졌다. 도시와 바다 위 그리고 회사 건물 주변을 뱅뱅 돌았다. 토니는 이제껏 느꼈던 것과는 비교도 안되는 황홀한 기분을 느꼈다.

슈트에 익숙해지자, 그는 곧 슈트를 좋은 용도로 사용하기로 했다. 그의 첫 임무는 뻔했다. 그가 잡혀 있었던 아프가니스탄에 돌아가 잉센의 마을 사람들을 도와줄 계획이었다.

area where he'd been held **captive**, and help the people in Yinsen's village. Tony was successful on this first mission, but unfortunately he **caught the eye** of the US Air Force— and his friend Rhodey. The military wasn't happy about the idea of a **maverick** fighting **unauthorized** on **war-torn** foreign soil.

Worse, his actions caught the attention of Obadiah Stane, who **was fed up with** Tony and, it **came to light**, had been for some time now. Tony discovered that Obadiah was the person who had set up his **kidnapping** in Afghanistan. Obadiah wanted Tony out of the way so he could **take control of** Stark Industries. And he would stop at nothing to achieve that goal. Obadiah flew back to Afghanistan to **retrieve** Tony's original armor, improve on it, and create an armor bigger, more powerful, and fitted with **an** unimaginable **array of** weapons.

Obadiah soon had his suit. It was the very thing he needed to **finish off** Tony. It was three times as large as the Iron Man suit. Obadiah attacked Tony at Stark Industries.

토니의 첫 임무는 성공적이었지만, 안타깝게도 미국 공군과 그의 친구 로디의 이목을 끌었다. 군대는 전쟁으로 황폐해진 외국 땅에서 이단아가 허가 없이 싸우는 것을 달가워하지 않았다.

더 심각한 문제는 그의 행동이 오베디아 스탠의 관심을 끌었다는 것이다. 그는 토니에게 진절머리가 났는데, 꽤 오랫동안 그런 감정이었다는 것이 최근에 드러났다. 토니는 아프가니스탄에서 자신이 납치되도록 조장한 사람이 오베디아라는 것을 알게 되었다. 오베디아는 토니를 없애고 스타크 인더스트리의 주도권을 자신이 잡으려 했다. 그리고 그 목표를 달성하기 위해 그 무엇도 그를 막을 수 없었다. 오베디아는 토니의 원래 슈트를 가져오기 위해 아프가니스탄에 다시 갔고, 기능을 개선해 더 크고, 더 강력한, 상상도 할 수 없는 무기들이 장착된 슈트를 만들었다.

오베디아는 곧 자신만의 슈트를 갖게 됐다. 그 슈트는 토니를 없애기 위해 필요한 물건이었다. 그것은 아이언맨 슈트보다 세 배나 더 컸다. 오베디아는 스타크 인더스트리에서 토니를 공격했다.

After a long battle, where Obadiah often had the upper hand, Tony, with the help of Pepper, overloaded the building's **tremendous** Arc Reactor and blasted Obadiah off the roof.

The **power surge** caused **blackouts** all over the city and sent a stream of light into the sky over LA so bright that it lit up the night like a noontime sun. This one was not going to go unnoticed.

Tony had won his battle, but he sure had some explaining to do.

오베디아가 종종 우세였던 긴 싸움 끝에, 토니는 페퍼의 도움으로 건물에 있는 거대한 아크 원자로를 과부하시켜 오베디아를 옥상에서 날려버렸다.

갑작스러운 전류 급증은 도시 전체를 정전시켰고, 강한 빛줄기를 LA 하늘로 쏘아 마치 정오에 해가 뜬 듯 밤을 밝혔다. 아무도 모르게 지나갈 수 없는 사건이었다.

토니는 전투에서 이겼지만, 설명해야 할 것이 많아졌다.

CHAPTER 7

📖 워크북 p35

TONY STEPPED UP to the podium. He had been **briefed** by Pepper, his PR team, Rhodey, and Agent Coulson of S.H.I.E.L.D. The story reported to the public was to be that there had been an **electronic malfunction** at Stark Labs the night before and a robotic **prototype** malfunctioned and caused **damage** to the Arc Reactor.

스타크 인더스트리에서 발생한 사고에 대해 설명하기 위해 토니는 기자회견을 가집니다. 토니는 사람들이 자신을 '아이언맨'이라 부르는 것이 꽤 마음에 들었지만, 아이언맨의 정체를 밝힐 생각은 없습니다. 준비된 대본을 읽던 토니에게 한 기자가 돌발 질문을 합니다.

토니가 연단에 올라섰다. 그는 페퍼와 토니의 홍보팀, 로디 그리고 쉴드의 콜슨 요원에게 보고를 받았다. 대중에게 보도된 이야기는 전날 스타크 실험실에서 전자 회로 기능에 문제가 있었고, 시험용 로봇이 오작동해 아크 원자로가 고장 났다는 것이었다.

With all of the fantastic **innovations** that Stark Industries had produced, the hope was that this story would fly.

S.H.I.E.L.D. had **covered up** Obadiah's **demise**, writing it off as a **small-craft** accident while Stane vacationed. With Rhodey setting the stage for Tony's press conference, Mr. Stark, as smooth as ever, **was set to** explain away the events of the previous night. The newspapers were calling the armored figure "Iron Man," and the name was **taking hold**. Tony liked it, and thought it was **catchy**—if a little **inaccurate**, since the suit was not iron, but a powerful **alloy**. Still, Tony was prepared to **brush off** "Iron Man" and **preserve** his secret identity.

"Uh, it's been a while since I've been in front of you; I figured I'll stick to the cards this time," Tony began.

The audience, many of them reporters who had attended Tony's previous press conference, **rippled** with laughter. Tony **cleared his throat**.

"There's been **speculation** that I was involved in the events that occurred on the **freeway** and the rooftop...."

스타크 인더스트리가 이제껏 제조한 환상적인 발명품이 많았기에 이 이야기가 먹히길 바랐다.

쉴드는 오베디아의 사망 요인을 휴가 중 일어난 경비행기 사고로 덮으려 했다. 로디가 토니의 기자 회견 준비를 했고, 토니 스타크는 지난밤에 있었던 일을 여느 때처럼 순조롭게 설명할 예정이었다. 신문에서는 슈트 입은 인물을 '아이언맨'이라고 불렀고, 그 이름이 호응을 얻기 시작했다. 토니도 그 이름이 마음에 들었고, 꽤 멋지다고 생각했다. 물론 조금 부정확한 이름이긴 했다. 왜냐면 슈트는 아이언(철)이 아니라 강한 합금으로 만든 것이기 때문이다. 여전히 토니는 '아이언맨'을 무시하고 자신의 비밀스러운 정체를 드러내지 않을 준비를 했다.

"음, 제가 여러분 앞에 선지 꽤 오래됐네요. 이번에는 준비한 내용 그대로 읽을게요." 토니가 말을 시작했다.

지난번 토니의 기자 회견에 참석했던 기자가 대부분인 관중들이 웃었다. 토니는 목소리를 가다듬었다.

"제가 고속도로와 옥상에서 일어났던 일련의 사건과 관련이 있다는 추측이 있습니다…."

"I'm sorry, Mr. Stark," a female reporter cut him off, "but do you honestly expect us to believe that was a bodyguard in a suit that **conveniently** appeared *despite* that fact that you…"

❶"I know that it's confusing; it is one thing to question the official story and another thing entirely to make wild **accusations** or **insinuate** that I'm a Super Hero."

"I never said you're a Super Hero."

"You didn't?"

"Uh-uh."

"Well, good, because that would be **outlandish** and, uh, fantastic. I-I'm just not the hero type. Clearly. With this **laundry list** of character **defects**, all the mistakes I've made, largely, um, public."

Rhodey whispered to Tony to stick to the script and Tony nodded.

"The truth is," Tony continued, then paused, with his eyes locked on his cue cards for an **eternal instant**.

"I am Iron Man."

"죄송합니다, 스타크 씨." 한 여기자가 말을 잘랐다. "저희보고 슈트를 입은 경호원이 딱 맞춰 나타났다는 걸 믿으라는 건가요? 당신이 비록….."

"혼란스럽다는 걸 압니다. 공식적인 보도에 질문을 하는 것과 제가 슈퍼히어로라는 말도 안 되는 혐의를 만들거나 의심을 하는 건 완전히 다른 이야기입니다."

"전 당신보고 슈퍼히어로라고 한 적 없는데요."

"그래요?"

"네."

"뭐, 그럼 다행이네요. 만약 그랬다면 정말 황당하고 재미있었을 텐데. 저, 저는 영웅하곤 거리가 멀죠. 명백히 그래요. 무수한 성격 결함과 지금까지 저지른 수많은 잘못들, 특히 공식 석상에서 범한 잘못들을 생각하면 말이에요."

로디는 토니에게 대본 그대로 읽으라며 귓속말을 했고 토니는 고개를 끄덕였다.

"진실을 말하자면." 토니가 이어 말하고는, 영원 같은 순간 동안 큐 카드에 눈을 고정시킨 채 잠시 뜸을 들였다.

"내가 아이언맨입니다."

ASGARD

📖 워크북 p37

One could say that the **Realm** of Asgard is far from Earth,
but that would not be entirely **accurate**. For the distance
between Asgard and Earth is measured not in meters or
miles. The journey from one point to the other cannot be
traveled by placing one foot before the other, or by flying
an aircraft. The two **exist** on **opposite** sides of the Bifrost

아스가르드의 왕위 즉위식이 거행되던 날, 아스가르드는 정체 모를 침입자들의 공격을 받습니다. 휴전 협정을 깨고 아스가르드를 침략한 자들에게 화가 난 토르는 복수를 결심하지만, 아스가르드의 왕 오딘은 이를 허락하지 않습니다.

아스가르드 왕국이 지구로부터 멀다고 할 수도 있지만, 그 말이 전적으로 맞는 건 아니다. 왜냐하면 아스가르드와 지구 사이의 거리는 미터나 마일로 계산하지 않기 때문이다. 아스가르드에서 지구로 또 지구에서 아스가르드로 갈 때는 걷거나 혹은 비행체를 타고 갈 수 없다. 이 두 곳은 바이프로스트 웜홀의 양 끝에 존재한다.

wormhole.

It is much easier for Asgardians to travel to Midgard, which is what Earth is called on Asgard, then it is for Earthlings to travel to Asgard. Asgardians can travel **relatively** easily between Realms. And if Asgardians can do something, you can be certain they will. So, to put it **plainly**, the people of Asgard have, and still do, travel to Midgard. They do this by journeying over the Bifrost, the Rainbow Bridge that can **transport** them to any of the Nine Realms.

With the long history of **intimate** contact between Asgardians and humans came some **misunderstandings**. Humans have called the beings of Asgard everything from **demons** and monsters to angels and gods for the abilities they **possess**. Asgard has found a place in human literature, history, culture, and **lore**. Thursday, to take one example, is named for Thor, son of Odin, **Allfather** of Asgard.

Like any father and son, Odin and Thor enjoyed a

아스가르드에서는 지구를 미드가르드라고 부르는데, 아스가르드 종족들이 미드가르드로 가는 것이 지구인들이 아스가르드로 가는 것보다 훨씬 수월하다. 아스가르드인들은 꽤 쉽게 왕국과 왕국을 여행한다. 아스가르드인들이 뭔가를 할 수 있는 능력이 있다면 그들은 반드시 한다. 이해하기 쉽게 말하자면, 아스가르드인들은 과거에도 그리고 아직도 미드가르드로 여행을 간다. 아홉 왕국 중 어느 왕국이든 넘나들게 해주는 무지개다리, 바이프로스트를 이용해 가능한 일이다.

아주 오랜 시간 동안 아스가르드인들과 인간이 친밀하게 접촉하며 약간의 오해도 생겼다. 인간은 아스가르드인들이 가진 능력 때문에 그들을 악마, 괴물, 천사 혹은 신이라고 불렀다. 그래서 아스가르드는 인간의 문학, 역사, 문화 그리고 설화의 한 부분을 차지하게 되었다. 예를 들어 목요일(Thursday)은 아스가르드의 절대신이자 오딘의 아들 토르(Thor)의 이름을 딴 것이다.

여느 아버지와 아들처럼 오딘과 토르는 아주 복잡한 관계를 갖

complex relationship. Odin loved his son and wanted what was best for him. But Thor was **stubborn**, proud, and **arrogant**. On the day that Odin was to **bequeath** the **throne** to Thor, a great **banquet** was held with all Asgardian **royalty** present—including Thor's mother, Frigga, and his younger brother, Loki. The kingdom was at peace with its neighbors, and all were set to celebrate with a great **feast**. Thor's closest companions **were in attendance** as well: Fandrall, Volstagg, and Hogun— together called the Warriors Three—and the Lady Sif, a proud and **skilled** warrior.

At the very moment that Odin was to bestow the crown unto Thor, a **chill frosted** the throne room's very air. The Asgardians looked about them. A chill like this—one that **stabbed** at your bones—was not common in Asgard, and it could only mean one thing. Frost Giants must be near. The icy blue **inhabitants** of Asgard's oldest enemy, the land of Jotunheim, must have somehow entered the Realm despite the **truce** between the kingdoms.

고 있었다. 오딘은 아들을 사랑했고 아들이 잘되기를 바랐다. 하지만 토르는 고집이 세고 자신감으로 가득 찼으며 오만했다. 오딘이 토르에게 왕위를 물려주려고 한 날, 큰 연회가 열렸고, 그곳에 토르의 어머니인 프리가와 남동생 로키를 포함한 왕족이 모두 모였다. 아스가르드는 주변 왕국들과 평화를 유지하고 있었고, 모두가 축하하기 위해 큰 잔치를 열었다. 워리어즈 쓰리라고 불리는 판드랄, 볼스타그와 호군 그리고 위풍당당하고 숙련된 전사 레이디 시프까지, 토르의 가장 친한 친구들도 그곳에 참석했다.

오딘이 토르에게 왕관을 씌워주려던 순간, 냉기가 왕의 방 공기를 얼렸다. 아스가르드인들은 서로를 쳐다보았다. 뼛속까지 찌르는 듯한 이런 냉기는 아스가르드에서 흔한 것이 아니었으며 이것은 딱 한 가지를 의미했다. 프로스트 자이언트가 가까이에 있다는 것이다. 아스가르드의 가장 오래된 적, 요툰헤임의 얼음같이 파란 부족들이 두 왕국의 휴전 협정에도 불구하고 아스가르드에 침입했다.

Odin, Thor, and Sif rushed from the throne room to the **Vault**, where all the greatest treasures of Asgard were kept. Sheets of ice covered the walls, and the Vault's **sentries** had **fallen prey to** an **onslaught** of ice. A giant suit of armor known as the Destroyer, powered by Odin's very life force, stood at the far end of the Vault. The Destroyer's only **directive** was to protect Asgard and its people. When a threat was posed, the Odinforce within the Destroyer would burn bright and lay waste to the threat. It had done that now—and recovered what the Frost Giants had **intended to** take: the **Casket** of Ancient Winters. Laufey, king of Jotunheim, once tried to use the casket to cover all Nine Realms with ice, so that he might rule over them. Odin and the Asgardian armies had battled for the Casket and won, then secured it in the Vault so that it might never again be misused.

Thor was furious about the Frost Giants' attack. To him, this was clearly an act of war.

Odin reminded his son that Asgard and Jotunheim

오딘과 토르, 시프는 방에서 서둘러 나가 아스가르드 최고의 보물들이 보관된 금고로 달려갔다. 벽은 얼음으로 뒤덮여 있었고, 보초병들은 얼음 공격의 희생양이 되어 있었다. 오딘의 생명력으로 움직이는 거대한 갑옷인 디스트로이어가 금고의 안쪽에 서 있었다. 디스트로이어의 유일한 임무는 아스가르드와 아스가르드인을 보호하는 것이다. 위협이 될만한 일이 생기면 디스트로이어 안에 있는 오딘의 힘이 밝게 빛났고 위협이 되는 대상을 초토화시켰다. 디스트로이어는 그 임무를 수행했고 프로스트 자이언트가 가져가려고 했던 고대 겨울의 함을 지켜냈다. 요툰헤임의 왕 로피는 한때 이 함을 이용해 아홉 왕국을 얼음으로 뒤덮어 자신이 모든 것을 통치하려 했다. 오딘과 아스가르드의 군대는 그들과의 전쟁에서 이겨 함을 빼앗는 데 성공했고, 다시는 악용되지 않도록 함을 금고에 넣었다.

토르는 프로스트 자이언트들의 공격에 몹시 화가 났다. 그에게 이것은 명백한 전쟁 행위였다.

오딘은 아들에게 아스가르드와 요툰헤임의 휴전에 대해 다시금

had a truce. Who was to say that Laufey ordered this attack? How could Thor know that these Frost Giants were not acting **of their own accord**? How would Thor have Asgard respond? Odin asked.

Thor replied that he would march to Jotunheim and teach them a lesson, just as Odin had once done.

Odin **fiercely forbid** it. No Asgardian would travel to Jotunheim and jeopardize the peace that both Realms had recently enjoyed.

Thor was **enraged**. His nostrils **flared**—along with his famous temper. He shouted, overturned banquet tables in the now-empty hall, and smashed anything in his way.

His friends had seen him like this before—it was not **atypical** behavior for him. Thor grabbed his **fabled** hammer, Mjolnir, which was cast from the heart of a dying star. He studied the incredibly powerful weapon and told his friends and his brother, Loki, that they were going to Jotunheim.

His friends **pleaded with** him. Of all the laws of

상기시켜주었다. 로피가 공격하라는 명령을 내렸다고 누가 말할 수 있는가? 이 프로스트 자이언트들이 독자적으로 움직인 게 아닌지 토르가 어떻게 알 수 있는가? 토르는 아스가르드가 어떻게 반응해야 옳다고 생각하는가? 오딘이 물었다.

토르는 이전에 오딘이 그랬던 것처럼 요툰헤임에 진격해 쓴맛을 보여줘야 한다고 대답했다.

오딘은 무섭게 화를 내며 이를 허락하지 않았다. 그 어떤 아스가르드인도 요툰헤임에 가서 두 왕국이 지금까지 누린 평화를 위태롭게 해선 안 됐다.

토르는 격분했다. 이미 유명한 그의 성질머리에 콧구멍이 벌름거렸다. 그는 이제 모두가 떠난 연회실의 연회 식탁을 뒤엎으며 소리질렀고, 보이는 모든 것을 박살 냈다.

그의 친구들은 그의 이런 모습을 전에도 본 적이 있었다. 이례적인 행동이 아니었다. 토르는 죽어가는 별의 심장에서 나온 전설의 망치 묠니르를 들었다. 그는 그 강력한 무기를 살피며 친구들과 동생 로키에게 함께 요툰헤임으로 가자고 말했다.

친구들은 그에게 간곡히 부탁했다. 이것은 아스가르드의 법 중

Asgard, this was the one he must not break.

But Thor's mind had been made up. He asked for his friends' trust. This was something they must do.

The Warriors Three and Lady Sif **reluctantly** agreed, and Loki joined them. As they **headed out** toward the Bifost, they feared they would live to regret this action and **trembled at the thought of** Odin's rage coming down upon them.

All of them **quaked** with fright, except for Thor: Thor the **mighty**. Thor the arrogant. Thor the **foolish**.

절대로 깨서는 안 되는 것이었다.

하지만 토르는 이미 마음을 굳혔다. 그는 친구들에게 자신을 믿어달라고 부탁했다. 이건 그들이 꼭 해야만 하는 것이었다.

워리어즈 쓰리와 레이디 시프는 마지못해 동의했고, 로키도 합류했다. 그들은 바이프로스트로 향하며 이 행동이 나중에 후회로 남을까 두려웠고 오딘이 그들에게 분노할 것이란 생각에 몸이 떨렸다.

모두 두려움에 떨었지만, 토르, 위대한 토르, 오만한 토르, 바보 같은 토르만은 예외였다.

CHAPTER 8

📖 워크북 p39

TONY TOOK THE ELEVATOR to this penthouse apartment and **punched in** his **security code**.

"J.A.R.V.I.S.?"

"Welcome home, sir."

Strange. J.A.R.V.I.S. didn't turn on the lights for Tony upon his arrival, as he normally would. Tony knew

집에 돌아온 토니는 평상시와는 다른 자비스의 행동에 뭔가 이상하다는 것을 느낍니다. 어둠 속에서 한 남자가 모습을 드러내고, 그는 토니에게 자신이 찾아온 목적을 말해줍니다.

토니는 펜트하우스로 올라가는 엘리베이터를 타고 보안 코드를 입력했다.

"자비스?"

"집에 오신 걸 환영합니다."

이상했다. 자비스는 토니가 집에 도착했는데도 평상시처럼 불을 켜지 않았다. 토니는 뭔가 잘못됐다는 것을 느꼈다.

something was wrong.

"I am Iron Man," a **flat** and **sardonic** voice came from the shadows on the far side of the room. "You think you're the only Super Hero in the world? Mr. Stark, you've become part of a bigger universe. You just don't know it yet."

Tony noticed the shadows shifting near the area where the voice was coming from. He balled his fists and readied himself for a fight.

"And exactly who are you?" Tony asked as the **figure** moved closer.

"Nick Fury, director of S.H.I.E.L.D.," the voice said as its owner **stepped out of** the shadows. He was a tall, **formidable** looking man, who wore a **patch** over his left eye—an eye that was **scarred** by what looked like the **claws** of a **ferocious** animal.

"Huh..." Tony said, still **on guard**.

"I'm here to talk to you about the Avenger **Initiative**."

"내가 아이언맨입니다?" 방 한쪽 구석에 있는 그림자에서 비웃는 듯한 낮은 목소리가 들려왔다. "세상에 슈퍼히어로가 자네뿐인 것 같나? 스타크, 당신은 이제 더 거대한 세상의 일원이 된 거야. 아직 그 사실을 모르고 있는 것뿐이지."

목소리가 들려오는 곳에서 그림자가 움직이는 것이 보였다. 그는 주먹을 쥐고 싸울 태세를 갖췄다.

"그러니까, 정확히 누구죠?" 토니가 가까이 다가오는 그 사람에게 물었다.

"닉 퓨리, 쉴드의 국장이지." 그림자에서 걸어 나오며 목소리의 주인이 대답했다. 그는 키가 크고 무섭게 생긴 사람이었다. 왼쪽 눈에는 안대를 쓰고 있었는데, 마치 사나운 동물의 발톱에 긁힌 듯한 상처가 나 있었다.

"허…." 토니는 여전히 경계하며 말했다.

"어벤져스 계획에 대해 말해주려고 찾아왔네."

JOTUNHEIM

📖 워크북 p40

Five great warriors of Asgard **traversed** the frozen landscape of Jotunheim. Thor led them toward Laufey, king of the Realm's Frost Giants. The son of Odin was determined, filled with a **euphoria** he only experienced on adventures such as these.

The party **accompanying** Thor was not quite as

다섯 명의 아스가르드 전사들은 얼어붙은 요툰헤임에 도착합니다. 뼛속까지 파고드는 추위 속에서 그들은 무시무시한 프로스트 자이언트들을 마주하게 됩니다.

아스가르드의 위대한 전사 다섯 명은 요툰헤임의 얼어붙은 지역을 가로질렀다. 토르는 친구들을 이끌고 프로스트 자이언트 왕국의 왕 로피에게 갔다. 오딘의 아들은 마음을 단단히 먹었고, 이런 모험에서만 경험할 수 있는 희열을 느꼈다.

하지만 토르와 함께 온 이들은 이 경험이 썩 좋지만은 않았다.

thrilled with the experience. Most did not agree with Thor's decision to **defy** Odin's orders, but joined him because they were **loyal** friends. As they **trudged** over the ice-covered **soil** of Jotunheim, they learned that even the fiercest warriors of Asgard could fall prey to a chill so **painful** as to **burrow into** their bones and make it seem as though their limbs might **snap** from their bodies.

The warriors knew nothing of their course. They **anticipated** the battle would come to them once the Frost Giants **discerned** that Asgardians had entered Jotunheim. From what they could **observe** through a **blizzard**, they were journeying through an endless, **barren landscape** of ice. Not a soul was to be seen.

But then the giants began to **emerge, seemingly** from the landscape itself. They surrounded the Asgardians and **squinted** their glowing **amber** eyes as they asked what business they had in Jotunheim. Thor raised his head arrogantly and told them he would speak only to their king. And with that, Laufey, king of Jotunheim, appeared.

그들 대부분은 오딘의 명령을 어긴 토르의 결정에 동의하지 않았지만, 의리 있는 친구들이기에 합류했다. 얼어붙은 땅을 느릿느릿 걸으며 그들은 뼛속까지 파고드는, 팔다리가 떨어져 나갈 듯한 고통스러운 냉기에 아스가르드에서 가장 용맹한 전사들조차 질 수 있다는 것을 깨달았다.

전사들은 계획에 대해 아무것도 알지 못했다. 아스가르드인들이 요툰헤임에 침입했다는 것을 프로스트 자이언트들이 알게되면 그들이 공격할 것이라 예상했다. 눈보라 사이로 보이는 것들로 미루어보아, 그들은 끝없이 황량한 얼음 지역을 걷고 있었다. 파리 한 마리도 보이지 않았다.

그런데 그때, 마치 땅속에서 나오는 것처럼 거인들이 나타나기 시작했다. 그들은 아스가르드인들을 둘러쌌고, 요툰헤임에는 무슨 일로 왔는지 묻는 듯 반짝이는 호박색 눈을 가늘게 떴다. 토르는 거만하게 머리를 치켜들고는 그들의 왕과 이야기하겠다고 했다. 그러자, 요툰헤임의 왕인 로피가 나타났다.

His skin was a pale blue, like that of the other Frost Giants, but he towered over even the other Jotuns.

Thor asked Laufey how it was that Frost Giants came to enter Asgard. Laufey replied that Odin's house was full of **traitors**. This **disparaging** comment angered Thor, and he **threateningly** raised Mjolnir. Loki **urged** his brother to calm down. They were **outnumbered**. They should return home.

The Frost Giants extended their arms, which became **encased** in swordlike shapes of **rock-hard** ice. The Asgardians **rallied around** Thor, readying their own weapons.

For a moment time became still, **palpable**. And then a **brutal** battle erupted between the two parties. Ice **splintered** and **shattered** as it was smashed by Asgardian and Jotun weaponry. As the battle continued, it also **escalated**. The scene was more horrible than any battlefield on which the warriors had ever fought before. It seemed that nothing would end this **confrontation** save the totally

피부는 다른 프로스트 자이언트들처럼 창백한 파란색이었지만, 다른 요툰족들보다 훨씬 컸다.

토르는 로피에게 프로스트 자이언트들이 어떻게 아스가르드에 침입했는지 물었다. 로피는 오딘의 궁에 반역자가 가득하다고 대답했다. 이 모욕적인 말은 토르를 화나게 했고, 토르는 위협적으로 묠니르를 치켜들었다. 로키는 형에게 침착하라고 충고했다. 그들은 수적으로 열세했다. 다시 돌아가는 게 맞았다.

프로스트 자이언트들이 팔을 쭉 뻗자 팔이 바위처럼 단단한 얼음 칼 모양으로 변했다. 아스가르드인들은 토르 주위로 모여 무기를 들고 싸울 준비를 했다.

잠시 시간이 멈춘 듯 뚜렷이 느껴졌다. 그리고 양쪽의 잔혹한 싸움이 시작됐다. 아스가르드와 요툰의 무기로 박살난 얼음이 쪼개지고 산산이 부서졌다. 싸움이 계속되자 이는 더 심해졌다. 여태까지 전사들이 싸운 그 어떤 전쟁보다 더 끔찍한 광경이었다. 이 싸움을 끝낼 수 있는 것은 오직 싸우는 모든 이들이 전멸하는 것뿐이었다.

annihilation of every living being fighting in it.

And then, the sky became **charged** with energy, as Odin rode his eight-legged horse, Sleipnir, down from the **telltale** Bifrost portal onto Jotunheim. He was fitted in golden battle gear and carried his all-powerful **staff,** Gungnir. He urged Laufey to join him in **condemning** the battle, but Laufey refused. All of Odin's efforts—his wise leadership, his **diplomacy**—had been **in vain**. The truce he'd worked so hard to secure was broken. And his son, Thor, next in line for the throne of Asgard, was to blame.

Odin slammed his staff on the ground, sending the Frost Giants **toppling**. At the same time, he commanded the Asgardians back over the Bifrost and home to Asgard.

그리고 그때, 하늘이 에너지로 가득 차더니 오딘이 다리 8개가 달린 말 슬레이프니르를 타고, 엄청난 존재감을 지닌 바이프로스트 포털에서 요툰헤임으로 내려왔다. 그는 금으로 된 전투복을 입고 전능한 창 궁니르를 들고 있었다. 그는 로피에게 전투를 끝내자고 제안했지만, 로피는 거절했다. 오딘의 현명한 리더십과 외교, 그 모든 노력이 수포로 돌아갔다. 그가 그렇게 지키고자 한 휴전이 깨지고야 말았다. 왕위를 물려받을 그의 아들 토르 때문이었다.

오딘이 창을 땅에 세게 내리치자 프로스트 자이언트가 모두 쓰러졌다. 동시에 그는 아스가르드인들에게 바이프로스트로 가서 아스가르드로 돌아가라고 명령했다.

CHAPTER 9

📖 워크북 p42

HIGH ABOVE THE SEA in his cliff-side Malibu **residence** with beautiful views, Tony was **sparring with** his pal and **chauffeur**, Hogan. Though at the current time, Hogan was feeling more like a punching bag than a **pal**.

"What the heck was that?" he barked at Tony, who had just **walloped** him upside the head.

페퍼의 새로운 법률 고문이 서류를 들고 찾아옵니다. 스타크 인더스트리의 경영을 페퍼에게 넘긴다는 내용의 서류에 토니가 서명을 하고, 페퍼는 공식적으로 스타크 인더스트리의 최고경영자가 됩니다.

바다 위 절벽에 위치해 아름다운 경치가 보이는 말리부 저택에서 토니는 친구이자 운전기사인 호건과 스파링을 하고 있었다. 비록 지금은 호건을 친구보단 샌드백이라고 생각했지만 말이다.

"대체 이게 뭐야?" 방금 자신의 머리에 강한 펀치를 날린 토니에게 호건이 외쳤다.

"It's called **mixed martial arts**. It's been around for three … weeks … now."

"It's *called* 'dirty boxing', and there's nothing *new* about it!" Hogan replied.

Before Hogan could throw another punch, a **stunningly** beautiful woman with deep red hair and dressed in business **attire** entered the room with a portfolio. She **glanced expressionless** toward Tony and Hogan and **strode over** to Pepper, opening the portfolio and presenting her with the papers inside.

"I promise you this is the only time I will ask you to sign over your company," Pepper said to Tony as she began to sign the papers. She loved **teasing** him now that Tony had decided to **put** her **in charge** of Stark Industries. He figured he **had enough on his plate** to begin with, and had to face the fact that Pepper had sort of been running the place all along.

"I need you to **initial** each box and sign on the *X*'s," the woman told Pepper.

"종합 격투기라는 거야. 이제 한 3… 주… 정도 된 신종 스포츠야."

"이건 '더티 복싱'이야. 새로울 게 하나도 없어!" 호건이 대답했다.

호건이 펀치를 날리기도 전에, 진한 붉은 머리에 정장을 입은 굉장히 아름다운 여자가 포트폴리오를 가지고 들어왔다. 그녀는 토니와 호건을 무표정하게 쳐다보곤 페퍼에게 성큼성큼 걸어가 포트폴리오를 열어 그 안에 든 문서를 보여주었다.

"약속하는데, 회사를 넘기라는 말은 이번 한 번만 할게요." 페퍼가 문서에 서명하며 토니에게 말했다. 토니가 스타크 인더스트리를 그녀에게 맡기기로 한 후, 페퍼는 토니를 놀리는 것을 즐겼다. 그는 자신이 시작해야 할 일이 이미 많다는 것과 사실상 페퍼가 이제껏 회사를 운영한 것이나 다름없다는 사실을 인정해야 했다.

"각 칸에 이름의 초성 글자를 쓰시고 X 표시 된 곳엔 서명해주세요." 여자가 페퍼에게 말했다.

As Pepper signed, the woman looked over toward Tony and Hogan's exercise. Tony clearly had the upper hand due to his amazing **flexibility** and natural **agility**.

Tony noticed the woman staring. Never shy, Tony pointed at her.

"What's your name, lady?"

"Rushman. Natalie Rushman," she responded.

"Front and center, enter the church," Tony said, inviting her into the ring.

"No, you're not going to …" Pepper **protested**.

"It's fine," Natalie said, as she folded the portfolio **neatly** and carried it with her to the ring.

"I'm sorry … he's just … very … **eccentric** …" Pepper said.

Tony lifted the ring's ropes and Natalie stepped in. The two stared at each other for an **awkward**, silent moment. Then Tony turned to Hogan and asked him to **give** her **a lesson**.

With Natalie **otherwise** occupied, Tony left the ring

페퍼가 서명하는 동안 그 여자는 토니와 호건이 운동하는 쪽을 쳐다봤다. 토니는 놀라운 유연성과 타고난 민첩성 덕에 확실히 우세했다.

토니는 여자가 쳐다보고 있는 것을 느꼈다. 언제나 부끄러움이 없는 토니는 그녀를 손으로 가리켰다.

"자기, 이름이?"

"러쉬맨이요. 나탈리 러쉬맨." 그녀가 대답했다.

"어서 링에 올라와요." 토니가 그녀에게 링에 올라오라고 말했다.

"설마, 당신…." 페퍼가 막으려 했다.

"괜찮아요." 나탈리는 포트폴리오를 반듯이 접어서 링으로 가져가며 말했다.

"미안해요… 좀… 별난 사람이라…." 페퍼가 말했다.

토니가 링의 로프를 들어줬고, 나탈리가 링 안으로 들어갔다. 둘은 어색한 침묵 속에서 서로를 쳐다봤다. 이후 토니는 호건에게 몸을 돌려 그녀에게 한 수 가르쳐주라고 했다.

나탈리를 다른 사람이 맡기로 했으니, 토니는 링에서 나와 페퍼

and sat down next to Pepper.

"Who is she?" he asked Pepper.

"She is from **legal**."

"I need an assistant, boss."

"Yes, I have three excellent **candidates** lined up for you."

"I don't have time to meet them," Tony said, wiping sweat from his brow. "I need someone now. I feel like it's her."

"No it's not," Pepper replied.

While Tony **executed** a web search on Ms. Rushman and argued the many reasons she **was qualified** to be his assistant, an unexpected crash sounded from the direction of the ring.

Tony and Pepper looked up. Natalie had **flipped** Hogan **down**, rolled on top of him, twisted her legs into a position that looked nearly physically impossible, and **pinned** him to the ring in a powerful leg-lock.

Pepper screamed and Tony **yelped, rushing over** to

옆에 와서 앉았다.

"누구야?" 그가 페퍼에게 물었다.

"법무팀에서 왔어요."

"나 비서 필요하잖아."

"네, 아주 좋은 후보 세 명이 기다리고 있어요."

"그 사람들을 만날 시간이 없어." 눈썹에 맺힌 땀을 닦으며 토니가 말했다. "지금 당장 필요해. 저 여자가 딱인 것 같아."

"아니에요." 페퍼가 대답했다.

그녀가 최고의 비서가 될 조건을 갖추고 있다는 증거를 대기 위해 토니가 러쉬맨에 대한 인터넷 검색을 시작했을 때 링 쪽에서 갑자기 쿵 소리가 났다.

토니와 페퍼가 고개를 들었다. 나탈리는 호건을 뒤집어 넘어뜨리고 그 위로 굴러 올라가 다리를 비트는, 물리적으로 거의 불가능해 보이는 자세를 취했다. 그리고 강력한 레그 로크를 걸어 호건을 링에서 꼼짝 못하게 만들었다.

페퍼가 소리 질렀고 토니도 소리치며 링으로 달려갔다.

the ring.

"I … just, uh, slipped," Hogan said to **cover for** himself as Natalie slid out of the ring.

❶"I need your **impression**," Natalie told Tony.

"Quiet **reserve**, I don't know, you have an old soul …"

"I *meant* your **fingerprint**…."

"Right."

She handed Tony the forms that Pepper had signed and Tony pressed his finger down to **seal the deal**. He turned to Pepper.

"You're the boss," he said.

"Will that be all, Mr. Stark?" Natalie asked.

"Yes, that will be all, Ms. Rushman. Thank you very much," Pepper answered for her **former** boss—who was now her employee. Then she smiled at Tony as he watched Natalie walk **gracefully** from the room.

"저는… 그냥, 어, 미끄러졌어요." 나탈리가 링에서 빠져나오는 동안 호건이 핑계를 대며 말했다.

"찍으세요." 나탈리가 토니에게 말했다.

"신중하고, 음, 깊이 있는…."

"지문을 찍으시라고요…."

"아, 그렇죠."

그녀는 페퍼가 서명한 문서를 토니에게 건넸고, 토니는 계약을 마치기 위해 손가락을 꾹 눌러 지문을 찍었다. 그가 페퍼에게 돌아섰다.

"이젠 당신이 보스야." 그가 말했다.

"끝난 건가요, 스타크 씨?" 나탈리가 물었다.

"네, 끝이네요, 러쉬맨 씨. 고마워요." 페퍼가 자신의 상사였지만 이제는 직원이 된 토니를 대신해 대답했다. 그리고 나탈리가 우아하게 방에서 나가는 모습을 지켜보는 토니를 보며 미소를 지었다.

ASGARD

📖 워크북 p44

Odin could not **contain his anger** at his son. The Allfather was enraged. He told Thor that he was a **vain**, **greedy**, **cruel** boy. Thor **retorted** that his father was an old man and a **fool**. Odin agreed that he had been a fool—to think Thor was ready for the **throne** of Asgard. He told Thor that he was **unworthy** of the **Realm** of Asgard, unworthy

토르의 우발적인 행동에 화가 난 오딘은 토르가 아스가르드의 왕위를 차지할 준비가 되지 않았다고 생각합니다. 분노를 삭이지 못한 오딘은 토르의 망치를 빼앗고 그를 아스가르드에서 추방시킵니다.

오딘은 아들을 향한 분노를 삭이지 못했다. 오딘 폐하는 몹시 화가 나 있었다. 그는 토르가 허영과 탐욕에 눈먼 잔혹한 녀석이라고 말했다. 토르는 아버지가 늙고 어리석다고 응수했다. 오딘은 토르가 아스가르드의 왕위를 차지할 준비가 됐다고 생각한 자신이 어리석었다는 것을 인정했다. 그는 토르가 아스가르드 왕국을 가질 자격이 없으며 왕이라는 지위를 받을 자격도 없다고 말했다.

of his **title**. Odin **stripped** Thor of his armor, his title, and his hammer, all of which would be returned to Thor if he **proved himself worthy**.

And then Odin, **in** all **his rage** screamed, "In the name of my father and of his father before, I **cast** you **out**!" He then **uttered** an **incantation** that would forever change not only his son, but Asgard and Midgard as well: "Whosoever holds this hammer, if he be worthy, shall **possess** the power of Thor."

오딘은 토르의 갑옷과 지위, 그의 망치를 그에게서 박탈했고 만약 그가 자격이 있다는 것을 스스로 증명하면 모두 돌려주기로 했다.

그러고 나서 오딘은 화가 머리끝까지 나 소리를 질렀다. "내 아버지의 이름과 또 그 아버지의 이름으로, 너를 추방한다!" 그리고 그의 아들뿐 아니라 아스가르드와 미드가르드의 운명까지 영원히 바꿔 놓을 주문을 외웠다. "이 망치를 잡는 자 중 누구든 자격이 된다면, 토르의 힘을 갖게 될 것이다."

CHAPTER 10

📖 워크북 p45

TONY WAS TIRED and **weary**. Ever since his first mission in Afghanistan, the government had been **on his case** about the Iron Man suit. They felt strongly it should be theirs, not Tony's, to own. It all **culminated** in a party-gone-bad the night before, when Rhodey had taken one of the Iron Man suits to deliver it to the military.

닉 퓨리의 요청으로 토니와 닉 퓨리가 만납니다. 그리고 그때 스타크 인더스트리에서 법률 고문을 하던 나탈리가 둘 앞에 나타나 자신의 정체를 밝힙니다.

토니는 몹시 지치고 피곤했다. 아프가니스탄에서의 첫 번째 미션 이후, 정부는 아이언맨 슈트에 대해 계속 간섭했다. 그들은 토니가 아닌 정부가 슈트를 소유해야 한다고 주장했다. 전날 밤 토니가 망친 파티에서 로디가 아이언맨 슈트 중 하나를 군대에 가져다줬을 때 모든 것이 끝났다.

This was, of course, **against Tony's wishes**, and the whole thing had turned into a pretty **big mess**, especially when Rhodey put on the armor and battled Tony—who was wearing his. Two Iron Men **blasting** each other with repulsors did not a pleasant scene make!

To make matters worse, Tony had received a call from Colonel Fury saying he'd like to meet with him. Tony, still wearing his Iron Man suit from the night before, chose a place as good as any other: enjoying a box of freshly baked doughnuts on top of a doughnut shop, **reclining** comfortably inside the huge hole of the **tremendous plaster** doughnut that sat on the roof.

"Sir," Fury called out to him, "I'm going to have to ask you to exit the doughnut."

Tony sighed, then rocketed down and entered through the back door, meeting Fury at his table.

"I told you, I don't want to join your supersecret boy band," Tony said.

물론 이는 토니의 의사에 반하는 것이었으며 특히 로디가 아이언맨 슈트를 입고 슈트를 입은 토니와 싸웠을 때 아주 엉망이 되었다. 서로에게 리펄서를 쏴 대는 두 아이언맨이란 그리 보기 좋은 장면은 아니었다.

설상가상으로 토니는 퓨리 대령에게 전화를 받았는데, 토니를 만나고 싶다는 내용이었다. 토니는 여전히 전날 밤의 아이언맨 슈트를 입고 있었고, 이보다 더 좋을 수 없는 접선 장소를 골랐다. 토니는 지붕 위에 설치된 대형 도넛의 큰 구멍에 편히 기대 누워 갓 구운 도넛 한 박스를 즐겼다.

"선생님." 퓨리가 그에게 소리쳤다. "도넛 안에서 나오시죠."

토니는 한숨을 쉬곤 날아 내려와 뒷문으로 들어갔고 퓨리가 있는 자리에 앉았다.

"말했잖아요. 당신의 비밀 보이밴드에 들어갈 생각 없어요." 토니가 말했다.

Fury laughed **condescendingly**.

"No, no, no. You see, I remember—you do everything yourself…. How's that **working out** for you?"

"It's, it's… I'm sorry, I don't want to **get off on the wrong foot**. Do I look you in the **patch**, or the eye?"

Fury didn't entertain Tony with a response.

"Honestly, I'm really tired, and I'm not sure if you're real, if you're just some sort of a…"

"I. Am. Very. Real," Fury said. "I'm the realest person you're ever going to meet."

"Just my luck. Where's the staff here?"

A woman **strode** up to the table, but she wasn't a waitress.

"We've **secured** the **perimeter**, but I don't think we can hold it too much longer."

Tony was **stunned**, which did not happen often. The woman who had approached them was a S.H.I.E.L.D. agent. But she was also Stark's **legal counsel**—Natalie Rushman.

퓨리는 무시하듯 웃었다.

"그래그래. 혼자서 모든 걸 한다고 했지. 그래서 잘돼 가나?"

"그게… 죄송하지만, 초면에 실례지만, 안대를 보고 말해야 하나
요. 아니면 이쪽 눈을 보고 말해야 하나요?"

퓨리는 토니의 반응이 재미있지 않았다.

"솔직히, 제가 피곤해서 당신이 진짜인지, 헛것이라면…."

"난. 정말. 진짜야." 퓨리가 말했다. "자네가 만나게 될 사람 중 가
장 필요한 사람이지."

"운도 없지. 여기 직원들은 다 어디 있죠?"

한 여자가 테이블로 다가왔지만, 그녀는 서빙 직원이 아니었다.

"경계망을 확보했지만, 오래 버티진 못할 것 같아요."

토니는 놀랐다. 그건 토니에게 자주 일어나는 일이 아니었다. 그
들에게 다가온 여자는 쉴드 요원이었다. 하지만 그녀는 스타크의
법률 고문이기도 한 나탈리 러쉬맨이었다.

Colonel Fury smiled, enjoying the shock on Tony's face and **relishing** in seeing him **speechless** for once.

"Huh," Tony said after examining Natalie. "You're fired."

"That's not up to you," she said, taking a seat at the table along with Fury and Tony.

"Tony," Colonel Fury said, "I want you to meet Agent Natasha Romanoff."

"Hi," Tony said, with **mock enthusiasm**.

"I'm a S.H.I.E.L.D. shadow. I was tasked to you by Director Fury," Natalie—or, rather, Natasha—explained.

"I suggest you apologize," Tony said.

Natasha just **sneered** in response.

"You've been very busy," Fury piped up. "You made your girl your CEO; you're giving away all your stuff; you let your friend fly off with your suit. Now, if I didn't know better..."

"You *don't* know better," Tony **protested**. "I didn't give it to him, he took it."

퓨리 대령은 미소를 지으며 충격을 받은 토니의 표정을 감상했고, 아무 말도 못 하고 있는 그를 보며 즐거워했다.

"허!" 토니는 나탈리를 본 후 말했다. "당신 해고야."

"당신이 결정할 일이 아니죠." 그녀가 말하며 퓨리와 토니가 있는 테이블에 앉았다.

"토니." 퓨리 대령이 말했다. "나타샤 로마노프 요원과 인사해."

"안녕하세요." 토니가 열정을 다해 조롱하듯 말했다.

"저는 쉴드의 그림자예요. 퓨리 국장님께서 당신을 임무로 주셨죠." 나탈리, 아니 나타샤가 설명했다.

"속인 거 사과해." 토니가 말했다.

나타샤는 대답으로 비웃었다.

"자네 매우 바빴더군." 퓨리가 말하기 시작했다. "비서를 CEO로 만들고 재산을 다 넘기더니 친구가 슈트를 입고 날아가 버리게 하고. 만약 내가 다 몰랐다면…."

"다 모르시네요." 토니가 반박했다. "슈트를 준 게 아니라 그냥 가져간 거죠."

"Whoa, whoa, whoa. What? No. He *took* it? You're *Iron Man*, and he just *took* it?" Fury said. "Is that possible?" he asked, turning to Agent Romanoff.

❶"Well, according to Mr. Stark's database-security guidelines, there are **redundancies** to prevent unauthorized usage," Natasha reported.

Fury **shrugged** at Tony, indicating that he had some explaining to do.

"What do you want from me?" Tony asked.

"What do we want from you? Nuh-uh-uh," Fury said. "What do *you* want from *me*? *You* have become a problem, a problem *I* have to deal with."

Tony had tried a few times to **get a word in edgewise**. But he eventually gave up. Fury would always have the last one.

"**Contrary to** your belief, you are *not* the center of my universe," Fury continued his **tirade**. "I've got bigger problems than you in the Southwest region to deal with."

"워, 워, 워. 뭐라고? 그냥 가져갔다고? 자네가 아이언맨인데 그냥 가져갔다고?" 퓨리가 말했다. "그게 가능한가?" 그가 나타샤 로마노프 요원에게 고개를 돌려 물었다.

"스타크 씨의 데이터베이스 보안 규정에 따르면 허가 없는 사용을 막기 위한 이중 보안 시스템이 있죠." 나타샤가 보고했다.

퓨리는 토니에게 설명해보라며 어깨를 으쓱했다.

"나한테 원하는 게 뭐예요?" 토니가 물었다.

"우리가 자네에게 원하는 거? 그게 아니지." 퓨리가 말했다. "자네가 나한테서 원하는 게 뭐지? 자넨 나한테 큰 골칫거리가 됐어. 내가 처리해야 할 골칫거리."

토니는 퓨리 대령이 말하는 데 몇 번 끼어들려 했다. 하지만 결국 포기했다. 퓨리가 항상 이겼다.

"자네가 믿는 것과 달리, 자네는 내 세계의 중심이 아니야." 퓨리가 긴 연설을 계속했다. "남서부 지역에 자네보다 더 큰 골칫거리가 있어."

CHAPTER 11

📖 워크북 p47

THE GOD OF THUNDER, son of Odin, was **propelled** through space and time to a dark and **rocky** landscape worlds away from his home in both **grandeur** and **dimension**. As he rocketed to Midgard—to *Earth*—he saw ahead of him the dim lights of a **motorized** vehicle, the likes of which was unfamiliar to him.

아스가르드에서 추방당한 토르는 미드가르드에 도착하자마자 차에 치이는 사고를 당합
니다. 갑작스러운 충돌에 차에 있던 제인과 동료들은 당황하고, 토르의 행동을 오해한 달
시가 토르에게 테이저 총을 쏩니다.

오딘의 아들, 천둥의 신은 시공간을 뚫고 날아 장엄함과 규모가
고향과는 너무나도 다른 어둡고 바위투성이인 곳에 도착했다. 로켓
처럼 미드가르드, 즉 지구로 날아온 그의 눈앞에 그에겐 익숙하지
않은 자동차 같은 것의 희미한 불빛이 보였다.

Disoriented from his journey, there was no way to prevent a **collision**. He was soon hit hard and laid out on the **dusty** ground.

Erik Selvig, who had been a passenger, **sprung** out, along with the driver, Jane Foster, and Darcy Lewis, who **assisted** them. Jane rushed to Thor's side.

"Do me a favor and don't be dead," Jane said as Thor **breathed heavily**, attempting to **recover** from both the vehicle's **impact** and his **exile** to Midgard.

The son of Odin raised himself on his **elbows** and stared into Jane's face. ❶She **resembled** those who lived on Asgard, but there was a look in her eyes that **betrayed** fear and concern—a look Thor knew was unique to **mortals**.

Finally, Jane sighed **in relief**. The man she'd hit didn't look very hurt at all.

"Where did he come from?" she asked her colleagues.

At the same time, Thor regained much of his strength and fully **picked himself up**. He **spun around**, attempting to **regain** his bearings. Where was Mjolnir? He began to

먼 이동으로 정신이 혼미해진 그가 충돌을 피할 방법은 없었다. 그는 곧 세게 부딪혔고 흙 바닥에 널브러졌다.

차에 타고 있던 에릭 셀빅은 운전자인 제인 포스터와 그들을 돕는 달시 루이스와 함께 재빨리 차에서 뛰어나갔다. 제인은 토르에게 달려갔다.

"제발 부탁인데, 죽지 마세요." 제인이 말했고 토르는 차에 부딪힌 충격과 미드가르드로 추방당한 충격으로부터 회복하기 위해 숨을 가쁘게 몰아쉬었다.

오딘의 아들은 팔꿈치로 몸을 일으키며 제인의 얼굴을 쳐다봤다. 그녀는 아스가르드인들과 비슷하게 생겼지만, 공포와 걱정이 드러난 눈빛, 토르가 인간에게만 있다고 알고 있는 그런 눈빛을 갖고 있었다.

드디어 제인이 안도의 한숨을 쉬었다. 그녀가 친 사람은 별로 크게 다친 것 같지 않았다.

"도대체 어디서 나타난 거죠?" 그녀가 동료들에게 물었다.

동시에 토르는 힘을 거의 회복해 벌떡 일어났다. 그는 주위를 살피기 위해 한 바퀴 돌았다. 그런데 묠니르는 어디로 간 걸까? 그가 망치를 부르기 시작했다.

call out for his hammer. Then he called out for Heimdall, guardian of the Bifrost. Finally, he began to question the group about the Realm on which he'd landed.

"Ohmygosh," Jane said, examining the sky above the spot where Thor had landed. "Look at this. We need to take a record of it before it all changes."

"Jane, we have to take him to the hospital," Erik replied.

"Oh, he's fine! Look at him," Jane said, motioning to Thor who now appeared to be fully recovered.

"Heimdall! I know you can hear me! Open the Bifrost!" Thor shouted to the sky.

Jane **winced**. "Right. Hospital. You go. I'll stay."

But before Erik could take Thor anywhere, the **mighty** son of Odin spun around.

"You," he pointed at Darcy. "What Realm is this? Alfheim? Nornheim?"

"New Mexico...?" Darcy replied. **Instinctively**, she lifted her Taser toward Thor and trained its red target

그리고 바이프로스트의 수호자인 헤임달을 불렀다. 마지막으로, 그는 옆에 있는 사람들에게 그가 도착한 이 왕국이 어디인지 묻기 시작했다.

"세상에." 토르가 떨어진 곳에서 하늘을 살피며 제인이 말했다. "이것 좀 봐요. 모든 게 바뀌기 전에 기록해야 해요."

"제인, 저 남자를 병원에 데려가야 해." 에릭이 대답했다.

"아, 남자는 멀쩡해요. 보세요." 완전히 회복된 것처럼 보이는 토르를 가리키며 제인이 말했다.

"헤임달! 내 말 들리는 거 알아! 바이프로스트를 열어!" 토르가 하늘을 향해 소리쳤다.

제인은 움찔하며 놀랐다. "맞네요. 병원. 데려가세요. 전 남을게요."

하지만 에릭이 토르를 데려가기 전, 오딘의 강한 아들이 몸을 휙 돌렸다.

"여보시오." 그가 달시를 가리켰다. "여기가 어느 왕국이오? 알프헤임? 노른헤임?"

"뉴멕시코…?" 달시가 대답했다. 그녀는 본능적으로 토르를 향해 테이저 총을 들었고 붉은 타겟 광선이 그를 향했다.

beam on him.

Thor **puffed out his chest**.

"You *dare* threaten me, *Thor*, with so *puny* a weapon?"

With that, Darcy **pulled** her **trigger** and **zapped** Thor, who **quivered** from the electrical pulses that coursed through him before finally collapsing.

Erik and Jane looked at Darcy **in disbelief**.

"What?" she asked. "He was **freaking** me **out**!"

The three struggled to lift Thor, whose weight was **considerable**.

"Darcy, next time you Taser somebody, make sure he's already in the car, okay?" Erik said.

Before long, the three had arrived at the hospital. As the **medics** took Thor to the ER, Jane, Darcy, and Erik **registered** him.

"Name?" the **receptionist** requested.

"He said it was … Thor?" Jane responded, **skeptically**.

"And your **relationship** to him?"

"I've never met him before."

토르는 가슴을 폈다.

"감히 나, 토르를 그 가소로운 무기로 위협해?"

그 말에 달시가 방아쇠를 당겨 토르를 제압했고, 토르는 몸속으로 빠르게 흐르는 전류 때문에 몸을 몇 번 떨고는 완전히 쓰러졌다.

에릭과 제인은 믿기지 않는다는 듯 달시를 쳐다봤다.

"왜요?" 달시가 물었다. "저 남자가 겁을 줬단 말이에요!"

셋은 몸무게가 상당한 토르를 일으켜 세우려 애썼다.

"달시, 다음번에 누군가에게 테이저 총을 쏘려거든 이미 차에 탄 사람한테만 쏴. 알겠지?" 에릭이 말했다.

얼마 후 셋은 병원에 도착했다. 의사들이 토르를 응급실로 데려갔고 제인과 달시, 에릭은 진료 접수를 하러 갔다.

"이름이요?" 접수처 담당자가 물었다.

"토르… 라고 한 것 같아요." 제인이 확신 없이 대답했다.

"환자와 어떤 관계죠?"

"오늘 처음 만났어요."

"Until she hit him with a car," Darcy added.

"I *grazed* him," Jane **interjected**, "but *she* **Tasered** him."

"Yes, I did," Darcy proudly **admitted**.

Shouts and **commotion** were then heard in the direction of Thor's examining room.

"How dare you attack the son of Odin?"

Glass was breaking, metal was **clanging**, and medical **instruments** could be heard crashing to the ground. Thor made his way out of the examining room and toward reception, followed by a great number of hospital workers. Two workers were able to **steady** Thor and push him up against a wall.

"You are no match for the Mighty..."

But before Thor could finish his sentence, he was **pricked** in the back with a needle and collapsed to the ground.

"차로 치기 전까지는 말이죠." 달시가 덧붙였다.

"전 살짝 스치기만 했어요." 제인이 끼어들었다. "하지만 잰 테이져 총을 쐈어요."

"네, 맞아요." 달시가 자랑스럽게 인정했다.

토르가 있는 검사실 쪽에서 고함이 들렸고 소란스러웠다.

"감히 오딘의 아들을 공격하다니?"

유리가 깨지고, 쇠가 부딪히고, 의료기구들이 땅에 떨어지는 요란한 소리가 들렸다. 토르는 검사실에서 나와 접수처로 돌진했고, 수많은 병원 직원들이 그를 뒤따랐다. 두 직원이 토르를 잡아 벽 쪽으로 미는 데 성공했다.

"넌 위대한 나에게 상대가 안…."

하지만 토르가 말을 마치기도 전에 누군가 토르의 등에 주사기를 찔렀고 토르는 바닥에 쓰러졌다.

CHAPTER 12

📖 워크북 p50

AGENT COULSON **pulled up** to on the side of a desert **cliff** and parked his car near the edge. He stepped up to the rocky **ledge** and looked out over the desert. Before him was a huge **crater**, similar to the kind a dangerously sized **meteor** might cause. The crater was filled with people drinking, laughing, partying, and lining up around an

제인과 그녀의 동료들은 그들의 연구에 토르가 중요한 증거가 될 수 있다는 것을 깨닫고, 토르를 찾기 위해 다시 병원으로 향합니다. 하지만 토르는 이미 병원을 떠나고 없고, 병원은 엉망진창이 되어 있습니다.

콜슨 요원은 사막 절벽 쪽에 차를 세우고 가장자리 근처에 주차했다. 그는 절벽의 튀어나온 바위에 서서 사막을 내려다봤다. 그의 앞에는 위험할 정도로 큰 유성이 떨어진 자국과 비슷한 큰 분화구가 있었다. 분화구에는 술을 마시고, 웃고, 파티를 하는 사람들로 가득 차 있었는데, 그들은 분화구 중앙에 있는 한 물건 앞에 줄지어서 있었다.

object at the center of the impact.

He removed his sunglasses to get a better look. Then he took out his smart phone and called Director Fury.

"Sir, we found it," he said.

Meanwhile, back at Jane's **makeshift** lab, which was set up in a **former automobile dealership** in the small New Mexican town of Puente Antiguo, Erik, Jane, and Darcy were examining the data that Jane had collected the night they'd met Thor.

"What do you see?" she asked Erik.

"Stars," Erik replied.

"Yeah, but not *our* stars."

She held up a **celestial** map. "See? ❶ *This* is the star **alignment** for our **quadrant** this time of year. And unless **Ursa Minor** decided to take a day off, these are someone else's **constellations**."

"Hey, check this out!" Darcy called from across the room.

그는 더 제대로 보기 위해 선글라스를 벗었다. 그리고 스마트폰을 꺼내 퓨리 국장에게 전화를 걸었다.

"국장님, 찾았습니다." 그가 말했다.

한편, 뉴멕시코의 푸엔테 안티구오라는 작은 도시에 있는, 원래는 자동차 대리점이었던 건물에 설치된 제인의 임시 실험실로 돌아간 에릭과 제인, 달시는 토르를 만난 저녁에 수집한 자료를 확인하고 있었다.

"뭐가 보여요?" 그녀가 에릭에게 물었다.

"별들." 에릭이 대답했다.

"맞아요. 하지만 우리의 별이 아니에요."

그녀가 천체 지도를 하나 들었다. "봐요! 이게 이 시기 우리 성운 사분면*에 있는 별들이에요. 작은 곰자리가 휴가를 간 게 아니라면 분명 다른 별자리라고요."

"이것 좀 보세요!" 달시가 방의 맞은편에서 소리쳤다.

★ **사분면** : 은하계를 4등분으로 나눈 것

Jane and Erik ran over to another wall of photos. In one of the pictures, the **unmistakable** figure of a man could be seen spinning amid the **swirl** of electrical clouds.

"No, it can't be!" Erik said.

"I think I left something at the hospital," Jane said, and then she quickly left the lab, with Erik and Darcy **trailing** not far behind.

They soon arrived at the hospital, but when they got there they discovered Thor had broken out without their help— **trashing** the place in the process.

❷"We just lost our most important piece of **evidence**. Typical!" Jane said.

"Now what?" asked Darcy.

"We find him," Jane said.

"Did you see what he did in there?" asked Erik. "I'm not sure if finding him is the best idea."

"Well, our data can't tell us what it was like to be inside that event, and he can. So, we're going to find him."

사진으로 덮인 또 다른 벽으로 제인과 에릭이 달려갔다. 사진들 중 한 장에서 전자구름의 소용돌이 속에서 돌고 있는 너무나도 정확한 사람의 형체가 보였다.

"아냐, 말도 안 돼." 에릭이 말했다.

"중요한 걸 병원에 놓고 온 것 같네요." 제인이 말했다. 그녀는 재빨리 실험실을 떠났고, 곧 에릭과 달시도 뒤쫓아 나갔다.

그들은 곧 병원에 도착했지만, 토르가 그들의 도움 없이 이미 탈출했다는 것을 알게 되었다. 그 과정에서 병원은 엉망진창이 되었다.

"가장 중요한 증거를 놓치다니! 나답지 뭐!" 제인이 말했다.

"이제 어쩌죠?" 달시가 물었다.

"우리가 찾아야지." 제인이 말했다.

"그자가 병원에서 한 짓을 봤잖아." 에릭이 말했다. "그를 찾는 게 좋은 생각은 아닌 것 같아."

"우리가 가진 자료는 그 소용돌이 안이 어땠는지 알려주지 않지만, 그 사람은 할 수 있어요. 그러니까 그를 꼭 찾아야 해요."

As Jane backed her car out of its parking spot, she slammed into something big, solid, and **blond**. She put her truck in park, threw open the door, and jumped out. She rushed to Thor's side.

"I'm so sorry! I **swear** I'm not doing this **on purpose!**"

Apology accepted, Thor expressed how hungry he was.

"This mortal form is weak," he said. "I need **sustenance**."

They **ducked** into a **diner** and continued their conversation there.

"How did you get inside that cloud?" Jane asked as Thor **polished off** an entire box of breakfast pastries, followed by a plate of pancakes, then two orders of eggs and another of waffles. He'd also discovered a taste for coffee.

"This drink…" he said. "I like it. Another!" he shouted, smashing the mug on the floor.

Jane apologized to the staff, scurrying to clean up the mess.

제인이 주차장에서 빠져나가기 위해 차를 후진했을 때 크고 딱딱하고 금발인 무언가와 부딪혔다. 그녀는 트럭을 주차 상태로 놓고 문을 활짝 열어 뛰어내렸다. 그녀가 토르 옆으로 달려갔다.

"정말 죄송해요! 맹세하는데 고의로 그런 거 아니에요!"
사과는 받아들여졌고, 토르는 자신이 얼마나 배고픈지 말했다.
"이 몸이 매우 약해졌으니" 그가 말했다. "영양 보충을 해야겠소."

그들은 한 식당에 들어가 대화를 이어나갔다.

"구름 속에는 어떻게 들어갔어요?" 제인이 물었다. 토르는 아침식사용 페이스트리 한 박스를 다 먹어 치우고, 팬케이크 한 접시와 달걀을 두 번 더 시킨 뒤 와플도 먹었다. 거기다 커피의 맛까지 알게 되었다.

"이 음료…." 그가 말했다. "맛있군! 하나 더!" 그가 머그잔을 바닥에 던지며 소리쳤다.
제인은 종업원에게 사과를 하고, 얼른 파편을 치웠다.

"What was that?" she asked.

"It was delicious, I want another."

"Well, you could have just said that."

"I just did!"

"I mean, asked nicely."

"I meant no **disrespect**."

"All right, well, no more smashing, deal?"

Thor agreed **begrudgingly**. "You have my word."

Just then, a group of men walked in and sat at the counter. They were talking about a **satellite** that had crashed in the desert. They said it looked "like a hammer or something." Nobody could lift it. People had a lot of fun trying though—until federal agents stepped in and secured the area.

Overhearing this, Thor stepped over to the men at the counter.

"Which way?" he asked.

"Fifty miles west of here," one responded. "But I wouldn't waste my time. It looked like the whole army was

"왜 그런 거예요?" 그녀가 물었다.

"너무 맛있어서, 하나 더 마시고 싶었소."

"그냥 말로 해도 됐잖아요."

"했잖소!"

"내 말은, 고운 말로 정중하게요."

"무례하게 굴려고 한 건 아니오."

"그럼 다신 깨지 마세요. 알겠죠?"

토르는 마지못해 동의했다. "약속하리다."

바로 그때, 남자들 무리가 걸어 들어왔고 카운터 쪽에 앉았다. 그들은 사막에 떨어진 인공위성에 관해 이야기하고 있었다. 그들은 그것이 '망치'와 비슷하게 생겼다고 말했다. 아무도 들 수 있는 사람이 없었다고 했다. 연방 요원들이 와서 그 지역을 지키기 전까지 사람들은 망치를 들어보려 시도하며 즐거워했다고 했다.

이 이야기를 들은 토르가 카운터에 앉은 남자들에게 걸어갔다.

"어디였소?" 그가 물었다.

"여기서 서쪽으로 50마일(80km)쯤." 한 남자가 대답했다. "하지만 나라면 시간 낭비 안 할 거요. 우리가 떠날 때쯤 군대 전체가 오

coming when we left."

Thor rushed out of the diner, and Jane, Erik, and Darcy followed him.

"Where are you going?" Jane asked.

"Fifty miles west of here."

"Why?"

"To get what belongs to me."

"Oh, so you own a satellite now?"

"It's not what they say it is."

"Well, whatever it is, the **government** seems to think it's theirs—so, you just intend to go in there and take it?"

"Yes." Thor smiled, and with that he **was off**.

는 것 같았거든."

토르가 식당에서 서둘러 나갔고, 제인과 에릭, 달시도 쫓아갔다.

"어디 가는 거예요?" 제인이 물었다.

"여기서 서쪽으로 50마일."

"왜죠?"

"내 물건을 찾아야겠소."

"아, 그 인공위성이 당신 거라는 거예요?"

"저 사람들이 생각하는 그런 게 아니라오."

"그게 뭐든 간에 정부는 자기네들 소유라고 우길 텐데, 그럼 그냥 가서 빼앗겠다고요?"

"그렇소." 토르가 미소를 짓더니 그러고는 바로 떠났다.

CHAPTER 13

📖 워크북 p52

WHILE THOR WAS journeying to **retrieve** Mjolnir, Jane, Erik, and Darcy, were returning to the lab. But when they arrived, they were thrown by the scene there—Coulson and a number of other S.H.I.E.L.D. agents had identified the lab as **a wellspring of** data **pertaining to** the event, and they were removing all of its contents.

제인과 동료들이 실험실에 도착했을 때, 낯선 사람들이 연구 자료를 모두 압수해가고 있
습니다. 연구 자료를 모두 빼앗긴 제인은 자신의 물건을 되찾을 방법을 궁리하다 토르를
찾으러 떠납니다.

토르가 묠니르를 되찾기 위해 떠났을 때 제인과 에릭, 달시는 실
험실로 돌아갔다. 그들이 도착했을 때, 그들은 실험실에서 벌어진
광경에 충격을 받았다. 콜슨 요원과 다른 쉴드 요원 여러 명이 이
사건과 관련된 자료의 근원지를 이 실험실로 보고, 모든 자료를 가
져가고 있었다.

"What is going on here?" Jane said, as she rushed in.

"Ms. Foster, I'm Agent Coulson with S.H.I.E.L.D."

"Is that supposed to *mean* something to me? You can't do this!"

"Jane," Erik said, pulling her aside. "Jane, this is a lot more serious than you realize. Let it go."

"Let it go? This is my *life*."

"We're **investigating** a security threat," Agent Coulson explained. "We need to **appropriate** your records and all your **atmospheric** data."

"By 'appropriate' do you mean 'steal'?"

Jane walked over to a S.H.I.E.L.D. van, into which the agents were loading all of her equipment. Agent Coulson followed close behind her.

"Here," he said, handing her a check. "This should more than **compensate** you for your trouble."

"I can't just *buy* **replacements**! I made most of this equipment myself!" Jane **pleaded**.

"Then I'm sure you can do it again," Coulson retorted.

"지금 뭐 하시는 거죠?" 제인이 서둘러 들어가며 말했다.

"포스터 씨, 저는 쉴드의 콜슨 요원입니다."

"그래서요? 그게 뭐 대단한 건가요? 이러시면 안 되죠!"

"제인." 에릭이 제인을 옆으로 밀며 말했다. "제인, 생각보다 더 심각해. 그냥 놔둬."

"놔두라고요? 이건 제 인생 전부라고요!"

"저희는 보안 위협 문제를 조사하고 있습니다." 콜슨 요원이 설명했다. "기록한 내용과 대기에 관련된 자료를 전부 가져가겠습니다."

"'가져가는' 게 아니라 '훔쳐가는' 거 겠죠?"

제인은 몇몇 요원들이 그녀의 모든 장비를 싣고 있는 쉴드의 밴 쪽으로 걸어갔다. 콜슨 요원이 곧바로 뒤쫓아갔다.

"여기요." 그가 그녀에게 수표 한 장을 건넸다. "이 정도면 이 문제에 대한 배상이 되고도 남을 겁니다."

"대체품을 다시 살 수 있는 게 아니에요! 이 장비들 대부분은 제가 직접 만든 거라고요!" 제인이 애원했다.

"그럼 다시 만들면 되겠네요." 콜슨이 쏘아붙였다.

"And I'm sure I can **sue** you for **violating** my **constitutional rights!**"

"I'm sorry, Ms. Foster, but we're the good guys."

"So are *we*," Jane said passionately. "I'm **on the verge of** understanding something extraordinary, and everything I know about this **phenomenon** is either in this lab or in this book in my hand, and you can't just take it away...."

Before Jane could complete her thought, another S.H.I.E.L.D. agent stepped up from behind and grabbed the journal from her hand.

"Hey!" Jane protested.

With that, the S.H.I.E.L.D. agents **brushed** Jane **aside** and locked her research in their van.

"Thank you for your cooperation," said Agent Coulson. Then he jumped in the van and drove off.

"Who are these people?" Jane asked as the van pulled away.

"I knew this scientist—a **pioneer** in gamma radiation. S.H.I.E.L.D. showed up and—well—he wasn't heard from

"그럼 전 당신이 헌법상 제 권리를 침해한 걸 고소해도 되겠네요!"

"포스터 씨, 유감이지만 저희는 좋은 사람들이에요."

"우리도 그래요." 제인이 격노하여 대답했다. "엄청나게 놀라운 걸 알아내기 직전이고, 제가 이 현상에 대해 아는 모든 것이 이 실험실 아니면 제 손에 쥔 이 책 안에 있는데 당신이 그냥 가져가게 놔둘 수는…."

제인이 말을 끝내기도 전에, 다른 쉴드 요원 한 명이 뒤에서 불쑥 나타나 그녀의 손에 있는 책을 낚아챘다.

"이봐요!" 제인이 항의했다.

그러고는 쉴드 요원들은 제인을 무시한 채 밴 속에 그녀의 연구 자료들을 넣고 잠가 버렸다.

"협조해 주셔서 감사합니다." 콜슨 요원이 말했다. 그리고 밴에 올라탄 뒤 사라졌다.

"저 사람들 도대체 누구예요?" 밴이 떠나는 모습을 바라보며 제인이 물었다.

"내가 아는 과학자는 감마선 분야의 선구자였는데, 어느 날 쉴드가 나타난 뒤로, 음, 다시는 그의 소식을 들은 적이 없어."

again."

Jane looked stunned for a moment, then **defiantly** declared, "They're not going to do that to us. I'm going to get everything back."

"Come on, please," Erik said. "Let me contact one of my colleagues. He's had some dealings with these people before. I'll e-mail him, and maybe he can help…."

"They took *your* laptop, too," Darcy reminded him.

Jane had other, more practical solutions. She was going to find Thor, and they'd travel to the site together. He would help her retrieve her data. And, if he really was who he said he was and not some crazy **lunatic**, she'd help him get back what he was looking for.

She drove around the town until she found him— which wasn't too difficult given his **height and heft**.

"Still need a lift?" she asked him.

Thor hopped in without hesitation.

By the time they arrived at the site, night had fallen. Jane

제인이 잠시 놀란 얼굴로 하고는 이내 도전적으로 선포했다. "우리한테는 그렇게 할 수 없어요. 모든 걸 다시 찾아올 거예요."

"제발." 에릭이 말했다. "동료한테 연락해 볼게. 이전에 이 사람들을 상대해본 사람이야. 이메일을 보내면 그가 도와줄지도 몰라…."

"교수님 노트북도 가져간 걸요." 달시가 그에게 상기시켜주었다.

제인은 다른, 좀 더 현실적인 방안을 생각해냈다. 토르를 찾으면 함께 그 현장에 갈 수 있을 것이다. 그는 그녀가 자료를 되찾도록 도와줄 것이다. 그리고 그가 정신 나간 미친 사람이 아니라 스스로 말한 그런 사람이라면, 그녀 역시 그가 원하는 것을 되찾도록 도와줄 것이다.

그녀는 그를 찾을 때까지 도시를 누비고 다녔고 큰 키와 몸집 덕분에 그를 찾는 건 그다지 어렵지 않았다.

"아직도 데려다줄 사람 필요해요?" 그녀가 그에게 물었다.

토르는 주저 없이 차에 올라탔다.

그들이 현장에 도착했을 때는 이미 밤이었다. 제인은 분화구 가

pulled up to a dark area at the **rim** of the crater, and she and Thor jumped out of the truck and looked down at the scene. S.H.I.E.L.D. had built an incredibly **elaborate** structure within the crater's pit. It was brightly lit, with high-tech tubing creating **passageways** to and from the center, which was **sectioned off** in a huge glass-walled cube.

"That's no satellite crash," Jane observed. "They would have **hauled** the **wreckage** away. They wouldn't have built a city around it."

"You're going to need this," Thor said, wrapping a jacket around Jane.

"Huh? Wait, why?"

Thor smiled **broadly** and laughed.

"Stay here," he said. "Once I have Mjolnir, I will return the items they stole from you."

"Look what's down there. You think you're just going to walk in, grab our stuff, and walk out?"

"No. I'm going to fly out."

장자리의 어두운 곳에 차를 세웠다. 그리고 그녀와 토르는 트럭에서 내려와 현장을 내려다보았다. 쉴드는 분화구의 중심에 매우 정교한 구조물을 세워놨다. 불이 밝게 켜져 있었고, 육사면체 모양의 아주 큰 유리 벽으로 된 중심부에는 그곳으로 오고 가는 최첨단 통로가 연결되어 있었다.

"저건 위성 충돌이 아니에요." 제인이 관찰했다. "그랬다면 잔해물을 끌어냈겠죠. 저렇게 주위에 도시를 만들지는 않았을 거예요."

"이게 필요할 거요." 토르가 제인에게 자신의 재킷을 입혀주며 말했다.

"네? 잠시만요. 왜요?"

토르는 크게 미소를 지으며 웃었다.

"여기 있으시오." 그가 말했다. "묠니르를 내 손에 쥐면 그들이 당신에게서 빼앗아간 것들을 돌려 드리겠소."

"저 밑에 뭐가 있는지 좀 보세요. 그냥 걸어 들어가서 물건을 들고 나올 수 있을 거라 생각해요?"

"아니. 날아서 올 거요."

And with that, Thor headed toward the **encampment**.

As he approached Mjolnir, clouds rolled in and lightning flashed all over the area, **interfering with** S.H.I.E.L.D.'s equipment. Thor took advantage of this, and sneaked past some guards, easily taking out those that he could not get by. Slipping in and out of shadows, Thor made his way toward his hammer. The lightning and thunder **intensified**. Soon, rain poured down on the site, muddying the desert sands and pounding on everyone from Thor to Jane, who finally understood why Thor had given her the coat.

Thor soon arrived near Mjolnir, which was heavily guarded. S.H.I.E.L.D. had its top agents keeping watch over the hammer, including its **ace archer**, Clint Barton, whose aim was so **accurate** he'd earned the **codename** Hawkeye. Clint was trained on Thor and waiting for orders to shoot, but Coulson—who was calling the shots—asked him to hold off. He wanted to see if Thor could lift the hammer.

그렇게 말하고, 토르는 진영을 향해 나아갔다.

토르가 묠니르를 향해 걸어가자, 구름이 끼기 시작하더니 그 지역 전체에 번개가 치기 시작했고, 쉴드의 장비는 먹통이 되었다. 이 점을 이용해 토르는 파수병들을 피해 잠입했고, 그가 지나갈 수 없게 지키고 있던 이들을 쉽게 물리쳤다. 어둠 속으로 숨었다 나오기를 반복하며 토르는 망치를 향해 나아갔다. 번개와 천둥이 더 심해졌다. 곧 그곳에 비가 내리자 사막 모래가 진흙으로 변했고, 토르가 있는 곳에서 제인이 있는 곳까지 모든 사람 위로 비가 세차게 내리쳤다. 그제서야 제인은 토르가 왜 자신에게 겉옷을 건네주었는지 이해했다.

토르는 곧 경비가 삼엄한 묠니르 근처에 도착했다. 쉴드는 최고의 요원들에게 망치를 지키게 했는데, 그들 중에는 목표물을 아주 정확히 조준해 호크아이라는 암호명을 얻은 쉴드의 에이스 궁수, 클린트 바튼도 포함되어 있었다. 클린트는 토르를 상대하기 위해 훈련을 받았고 활을 쏘라는 명령을 기다리고 있었다. 하지만 상황을 통제하고 있던 콜슨이 호크아이에게 아직 활을 쏘지 말라고 했다. 그는 토르가 망치를 들 수 있는지 확인하고 싶었다.

Thor looked down at his old friend, Mjolnir. He smiled and reached down **in triumph**. He and his hammer were reunited. He would now **reclaim** it and then get Jane's data back. He reached down and gripped Mjolnir by the handle, enjoying the comfort of its familiar **grip**.

But when he moved to raise it, the hammer would not **relent**. It proved **immovable**. Thor looked up at the heavens and **howled** up at Odin, the Bifrost, and all of Asgard. He dropped to his knees in defeat. Agent Barton dropped his bow, and S.H.I.E.L.D. agents moved in to **detain** the god of thunder.

토르는 자신의 오랜 친구, 묠니르를 내려다보았다. 그는 미소를 지으며 망치를 향해 의기양양하게 손을 뻗었다. 그와 그의 망치가 재회한 것이다. 그는 이제 망치를 되찾고 제인의 자료를 돌려받을 것이다. 그가 손을 뻗어 묠니르의 손잡이를 움켜쥐고는 익숙한 손잡이의 느낌을 만끽했다.

그가 망치를 들려고 했지만, 망치가 그를 따라주지 않았다. 망치를 움직일 수 없다는 것이 증명되었다. 토르는 하늘을 올려다보곤 오딘과 바이프로스트, 아스가르드 전체를 향해 울부짖었다. 그가 패배감에 무릎을 꿇었다. 바튼 요원은 활을 내렸고, 쉴드 요원들은 천둥의 신을 붙잡기 위해 사방에서 움직였다.

MIDGARD

📖 워크북 p54

Unbeknownst to Heimdall, the **sentry** who guarded the Bifrost, Loki traveled to Midgard, where his brother was **banished**. Loki had learned that he was **adopted**, but decided not to share that information until the time was right. Instead, the adopoted brother of the Mighty Thor would speak to his **sibling**, who was **in captivity** on

토르의 동생 로키가 미드가르드에 있는 형을 찾아옵니다. 로키는 토르를 추방하는 조건으로 아스가르드와 요툰헤임이 휴전했다고 말하며 충격적인 소식을 전한 뒤 사라집니다.

바이프로스트를 지키는 보초병인 헤임달 모르게 로키는 형이 추방당한 미드가르드로 갔다. 로키는 본인이 입양됐다는 사실을 알게 되었지만, 적절한 시기가 오기 전까지는 그 사실을 알리지 않기로 했다. 대신 위대한 토르의 입양된 동생은 미드가르드에서 포로가 된 형과 이야기를 나누기로 했다.

Midgard.

Their father—Odin—was dead, Loki told Thor, lying. Thor's **banishment**, the threat of a new war—these things were too much for him to **bear**. Odin had **perished** from the **loss** and **disappointment**, and the **burden** of the Asgardian throne had now fallen to Loki.

Thor, stunned and stricken with **grief**, asked if he could return home, and Loki **spun** more lies.

The truce with Jotunheim was **conditional** upon Thor's exile, Loki told his brother. Frigga, Thor's mother, had **forbidden** her son's return, Loki said, completing his **deceitful** tale.

With that, Loki **bade** his brother **good-bye** with a word of **condolence**.

Thor, with a heavy heart, said that he was the one who was sorry. He thanked his brother for coming to him to deliver the message, and, with a final **farewell**, the vision of Loki was gone.

로키는 토르에게 아버지 오딘이 죽었다고 거짓말을 했다. 토르의 추방과 새로운 전쟁의 위협은 그가 감당하기에 너무 큰 일이었다고 했다. 오딘은 상실감과 실망감으로 인해 죽었고, 이제 아스가르드의 왕위는 로키 자신에게 넘겨졌다고 말했다.

충격을 받아 비통함에 사무친 토르는 로키에게 고향에 돌아가도 되냐고 물어봤지만, 로키는 거짓말을 더 만들어냈다.

로키는 토르를 추방하는 조건으로 요툰헤임과 휴전했다고 형에게 말했다. 로키는 토르의 어머니 프리가가 아들이 돌아오는 것을 금했다는 말로 거짓말을 마무리 지었다.

그렇게 말하고 로키는 형에게 위로의 말을 건네며 작별인사를 했다.

토르는 무거운 마음으로 미안해야 할 사람은 자신이라고 말했다. 소식을 전해주러 온 동생에게 고맙다고 말하고, 마지막 작별인사를 하자 더 이상 로키의 모습은 보이지 않았다.

CHAPTER 14

📖 워크북 p55

FROM THE OUTSIDE, it looked like an **abandoned** factory **tucked away amid vacant lots** beneath a Los Angeles freeway. Two town cars and an unbelievably **slick** sports car were parked in the shadows, well hidden from any **wandering** eyes that might find their way to the space. Long-**defunct** railroad tracks surrounded it, and **puddles**

관심 없는 척 했지만 사실 토니는 어벤져스 계획에 관심이 많습니다. 닉 퓨리를 다시 만난 토니는 나타샤 로마노프 요원이 자신을 평가한 문서를 보게 됩니다.

밖에서 보기엔 로스앤젤레스의 한 고속도로 아래에 있는 공터 한구석에 버려진 공장 같아 보였다. 두 대의 타운 카와 말도 안 되게 멋진 스포츠카 한 대가 행여나 주차할 곳을 찾는 사람들의 눈에 띌까 그늘 짙은 곳에 모습을 숨긴 채 주차되어 있었다. 오래 사용되지 않은 철로가 주변을 둘러싸고 있었고, 기름 웅덩이가 갈라진 콘크리트를 손상시키고 있었다.

of oil **marred** the cracked concrete.

Inside sat one of the world's richest and smartest men. He was seated at a table, facing an empty chair and surrounded by fantastically high-tech screens. One was lit up with the S.H.I.E.L.D. **insignia**. Another **kept track of** current news events with a constant feed of international newscasts. Still another showed stock **quotes**, weather reports from around the world, and **hotspots** of what could only be **classified** as strange activity.

After a few minutes of **perusing** the various displays, Tony grew bored and turned his attention to the desk. On it was a small stack of printed files. Curious, Tony grabbed the top one and checked out the cover, which read: AVENGERS INITIATIVE: **PRELIMINARY** REPORT

Intrigued, Tony opened it up to take a look.

But before he could **digest** any information, a powerful hand **swept down** and grabbed the folder from him. Tony looked up into the familiar face of Colonel Nick Fury. ❶Although Tony repeatedly said he didn't want any

건물 안에는 세계 최고의 부자이자 가장 똑똑한 사람 중 하나가 앉아있었다. 기상천외한 최첨단 스크린에 둘러싸인 그는 빈 의자를 마주 보며 테이블에 앉아있었다. 한 스크린에서 쉴드의 휘장이 빛나고 있었다. 다른 스크린에서는 국제 방송사의 뉴스와 시사 소식이 계속 업데이트되고 있었다. 다른 하나는 전 세계의 주식 시세, 날씨 예보 그리고 이상 현상이라고만 분류될 수 있는 분쟁 지대를 보여주고 있었다.

각양각색의 스크린을 몇 분 동안 훑어보고 나자, 토니는 지루해져 책상으로 눈길을 돌렸다. 책상 위에는 작은 프린트 파일 무더기가 있었다. 토니는 호기심에 맨 위에 있는 파일을 집어 들고 표지를 확인했다. '어벤져스 계획: 예비 보고서'라고 쓰여 있었다.

관심이 생긴 토니는 파일을 열어 읽어 보았다.

하지만 정보를 얻기도 전에 거친 손이 내려와 그의 손에서 폴더를 낚아챘다. 토니는 익숙한 닉 퓨리 대령의 얼굴을 쳐다보았다. 비록 토니는 어벤져스 계획에 전혀 관여하고 싶지 않다고 꾸준히 말했지만, 왠지 모르게 관심이 갔고 돌아오기를 반복했다.

part of the Avengers Initiative, there was something about it that interested him, so he kept coming back.

"I don't think I want you looking at that," Fury said as he sat down at the table. "I'm not sure it pertains to you anymore."

Colonel Fury held up a similar file. "Now *this* on the other hand, is Agent Romanoff's **assessment** of *you*. Read it."

He **tossed** the file to Tony, who opened it and began to read.

"Aaaaaaaaah… '*Personality overview: Mister Stark displays* **compulsive behavior**.' … In my own defense, that *was* last week."

Colonel Fury shot Tony a warning glance.

"'**Prone to self-destructive tendencies**…' I mean, please. And aren't we all?"

The colonel kept Tony locked under his **stern** gaze.

"'*Textbook … narcissism*'? … Agreed."

Despite the fact that Fury's expression had not changed at all, his anger was becoming more and more **palpable**.

"난 자네가 그걸 안 봤으면 좋겠는데." 퓨리가 자리에 앉으며 말했다. "이제 자네와 상관없는 일이지 않나."

퓨리 대령은 비슷하게 생긴 파일을 들었다. "그리고 이건 로마노프 요원이 자네에 대해 쓴 평가서야. 읽어 봐."

그가 토니에게 파일을 건넸고, 토니는 파일을 열어 읽기 시작했다.

"아… '성격 평가: 스타크는 강박적인 행동을 보인다.' 변명을 좀 하자면, 지난주엔 그랬죠."

퓨리 대령이 토니에게 경고의 눈길을 보냈다.

"'자기 파괴적인 경향이 있고….' 참나, 다 그렇지 않나?"

대령은 토니에게 근엄한 시선을 고정했다.

"'전형적인… 자아도취형'?… 그건 인정."

퓨리의 표정이 하나도 변하지 않았음에도 그의 분노가 점점 뚜렷하게 드러났다.

"Okay, here it is… '*Recruitment Assessment for Avenger Initiative—Iron Man: Yes.*'"

Tony flung the file back at Fury, **gloating**.

"I've got to think about it."

"Read on," Fury replied **flatly**.

Tony again picked up the file. "'*Tony Stark: Not …Not? … Recommended*'?"

Colonel Fury leaned back in his chair and raised an eyebrow at Tony.

"That doesn't make any sense," Tony protested. "How can you approve *me*, but not approve me? I've got a new **ticker**; I'm trying to do right by Pepper; I'm in a stable-ish relationship…"

"Which leads us to believe that at this **juncture** we'd only like to use you as a consultant," Fury explained.

Tony looked a little bit **bummed**. He nodded, then stood up and extended his hand to Fury. Fury took it, and as they shook Tony smiled and said to him, "You can't **afford** me."

"아, 여기 있군요…. '어벤져스 계획에 대한 스카우트 평가 - 아이언맨: 긍정적.'"

토니는 흡족해하며 퓨리에게 파일을 다시 던졌다.

"생각해 봐야겠어요."

"계속 읽어." 퓨리가 단호히 대답했다.

토니는 다시 파일을 들었다. "'토니 스타크: 추천하지 않… 않음? 추천하지 않는다고'?"

퓨리 대령은 의자에 등을 기대며 토니에게 눈썹을 추켜세웠다.

"그건 말도 안 돼요." 토니가 항의했다. "어떻게 아이언맨은 되고 나는 안될 수 있죠? 심장을 새로 달았고, 페퍼한테도 제대로 하려고 노력하고 있어요. 이제 안정'적'인 연애를 시작했으니까….'

"그래서 당분간은 자네를 컨설턴트로 쓰고 싶어." 퓨리가 설명했다.

토니는 좀 상심한 듯 했다. 그가 고개를 끄덕였고, 일어서서 퓨리를 향해 손을 뻗었다. 퓨리는 그 손을 잡았고, 그들이 악수할 때 토니가 웃으며 말했다. "날 고용할 형편이 안 될 걸요."

CHAPTER 15

📖 워크북 p57

AGENT COULSON WAS hard at work dealing with the situation in New Mexico. He had spent the **previous** night **interrogating** the powerful man who had broken into the complex where the hammer that had fallen to Earth was being held. Coulson had **pressed** him **on** where he came from and how it was that he found himself in a S.H.I.E.L.D.

콜슨 요원은 보안을 뚫고 쉴드의 시설에 들어온 토르를 밤새 심문하지만, 토르에 대한 정보를 하나도 얻지 못합니다. 그리고 그때 토르를 안다는 사람이 콜슨 요원을 찾아옵니다.

콜슨 요원은 뉴멕시코 주에서 일어난 일을 해결하는 데 열중하고 있었다. 그는 전날 밤 지구에 떨어진 망치를 보관하던 곳에 침입한 건장한 남자를 심문했다. 콜슨은 그가 어디서 왔는지, 쉴드의 시설을 어떻게 찾아냈는지 대답하라고 압박했다.

facility. The man was clearly highly trained, and Coulson wanted to know where he received that training. Pakistan? Chechnya? Afghanistan?

The man remained silent. Coulson was going to find out who this **mercenary** was and what he wanted. He spent the whole night trying, though, and had gotten nothing.

Now, he'd received a call that someone had arrived with information.

* * *

"His name's Donald Blake?" Coulson asked skeptically, as he met Dr. Selvig at the heavily armed entrance to the site.

"*Dr.* Donald Blake," Selvig replied.

"You have dangerous coworkers, Dr. Selvig."

"He was destroyed when he found out you'd taken all of our research. That was years of his life. Gone. I can understand how a man might **go off** like that. The big face of an organization like yours coming in with **jack-booted thugs** … Well, that's how he put it anyway."

남자는 고도의 훈련을 받은 게 분명했고, 콜슨은 그 훈련을 어디서 받았는지 알고 싶었다. 파키스탄? 체첸 공화국? 아니면 아프가니스탄?

남자는 침묵을 지켰다. 콜슨 요원은 이 용병이 어디에서 왔는지, 또 무엇을 원하는지 알아내야만 했다. 그는 밤새 알아내려 애썼지만, 건진 것은 아무것도 없었다.

그때 정보를 가진 누군가가 도착했다는 전화를 그가 받았다.

* * *

"그 남자 이름이 도널드 블레이크라고요?" 삼엄한 경비가 있는 기지 입구에서 셀빅 박사를 만난 콜슨이 의심스럽게 물었다.

"도널드 블레이크 박사요." 셀빅이 대답했다.

"위험한 동료더군요, 셀빅 박사님."

"당신들이 우리 연구자료를 모조리 가져갔다는 걸 알고는 완전히 망가졌어요. 인생을 바친 연구였는데 전부 사라진 거죠. 그가 왜 그렇게 화가 났는지 전 이해할 수 있어요. 당신들처럼 거대한 조직이 군화를 신은 폭력배를 동원해서 압수해가니…. 뭐, 그가 그렇게 설명했다더군요."

"That still doesn't explain how he managed to **tear through** our security."

"Steroids!" Erik lied, but he said it as if it were the most **obvious** explanation in the world.

After **engaging** Dr. Coulson some more, Dr. Selvig was allowed in to collect the **detainee**.

"Donnie, Donnie, Donnie, there you are. Gonna be all right. I'm taking you home now!"

Thor and Erik walked silently from the camp. As they **departed**, Thor managed to **swipe** Jane's notebook from an agent, completely **unnoticed**.

❶It seemed they were free and clear.

"그걸로는 그가 어떻게 우리의 보안을 뚫고 들어왔는지 설명이 안 돼요."

"스테로이드요!" 에릭이 거짓말했다. 하지만 그보다 더 명확한 설명이 없다는 듯 말했다.

콜슨과 좀 더 대화를 나눈 후 셀빅 박사는 잡혀있는 그를 데려가도 된다는 허락을 받았다.

"도니, 도니, 도니, 거기 있었군요. 이제 괜찮아질 거예요. 내가 잘 데려다 줄게요!"

토르와 에릭은 캠프장에서 조용히 걸어 나왔다. 그곳을 떠나면서 토르는 아무도 눈치채지 못하게 한 요원에게서 제인의 공책을 슬쩍 훔쳤다.

그들은 자유의 몸이 되었고 더 이상 돌려받을 것도 없어 보였다.

CHAPTER 16

📖 워크북 p58

THE FOLLOWING morning, Thor received a visit from four heavily armored friends who erased any **lingering** doubt in Erik's, Jane's, and Darcy's minds that Thor truly was from Asgard. Thor's closest **companions**, Lady Sif and the Warriors Three—Hogun, Volstagg, and Fandral—had arrived via the Bifrost.

토르의 친구들이 아스가르드에서 지구로 찾아옵니다. 그들은 토르를 아스가르드로 데려 가려 하지만 곧 디스트로이어가 등장해 그들을 공격하고, 살벌한 전투가 시작됩니다.

다음 날 아침, 중무장을 한 네 명의 친구들이 토르를 찾아왔고, 이들은 에릭과 제인, 달시의 마음속에 남아있던, 토르가 아스가르 드에서 왔다는 사실에 대한 의심을 완전히 없애주었다. 토르의 가 장 친한 친구들인 레이디 시프와 워리워즈 쓰리, 호건과 볼스타그, 판드랄은 바이프로스트를 통해 지구에 도착했다.

Their **spectacular** Asgardian battle armor attracted the notice of everyone in the town, including **a duo of** S.H.I.E.L.D. agents that Coulson had sent to shadow Thor and Selvig after he let Thor go.

Thor **embraced** his **longtime** companions, **overjoyed** to see their familiar, brave faces.

"Oh, my friends!" he shouted. "This is good! This is good! My friends, I have never been happier to see anyone. But you should not have come."

"We have come to take you home," Fandral said.

"You know I can't go home. My father is dead because of me and I must remain in **exile**."

Lady Sif shook her head. "Thor, your father still lives."

Thor looked stunned.

Before anyone else could respond, a **funnel** formed in the otherwise-cloudless desert sky, and with it a **whipping** sandstorm that shook cars and cut anything in its path appeared as if from nowhere—just as Thor had when he first arrived on Earth.

그들이 입은 아스가르드의 화려한 갑옷은 마을 전체의 주목을 받았고, 토르를 풀어준 뒤 토르와 셀빅 박사를 감시하도록 콜슨이 보낸 두 요원의 눈에도 띄었다.

  토르는 오랜 친구들을 껴안았고, 친숙하고 용맹스러운 그들의 얼굴을 볼 수 있어 매우 기뻤다.

  "오! 나의 친구들!" 그가 소리쳤다. "반갑네! 정말 반가워! 친구들, 자네들을 보게 돼서 이렇게 기쁜 적이 없었네. 하지만 오지 말아야 했어."

  "널 데려가려고 온 거야." 판드랄이 말했다.

  "난 돌아갈 수 없어. 나 때문에 아버지께서 돌아가셨고 난 영원히 추방되어 살아야 해."

  레이디 시프가 고개를 저었다. "토르, 아버지는 살아계셔."

  토르는 놀란 듯 보였다.

  누가 그 말에 대답하기도 전에, 갑자기 구름 한 점 없는 사막 하늘에 구름 굴뚝이 나타났고, 마치 토르가 지구에 왔을 때처럼 모래 폭풍이 자동차를 흔들더니 그 길목에 있는 모든 것을 잘라버렸다.

"Was somebody else coming?" Darcy asked, not sure what to make of any of this.

As if **on cue**, the dust **lifted** and **revealed** a huge, **otherworldly**, humanlike figure covered in metal. It was the Destroyer.

"Is that one of Stark's?" Agent Sitwell asked Coulson.

"I don't know, that guy never tells me anything," Coulson replied.

Coulson stepped up to the twenty-foot being, held up a megaphone to it, and announced, "Hello. You are using **unregistered** weapons technology. Identify yourself."

In response, the Destroyer revealed its face—a **fiery furnace**—and began to shoot energy from it, **vaporizing** anything it came into contact with.

"Jane, you have to leave," Thor said.

"What are you going to do?" Jane asked.

"I'm staying here," Thor replied.

"Thor's going to fight with us!" Volstagg **pronounced**.

"My friends, I am just a man. I'll only be in the way,

"또 올 사람이 있나?" 이 모든 상황을 어떻게 받아들여야 할지 알 수 없는 달시가 물었다.

그때 마침 짜기라도 한 듯 먼지가 걷히며 매우 크고 비현실적인, 금속으로 덮인 거대한 사람 형상이 나타났다. 디스트로이어였다.

"스타크사 무기입니까?" 시트웰 요원이 콜슨에게 물었다.

"모르겠어. 그자는 나에게 알려주는 게 없어." 콜슨이 대답했다.

콜슨은 20피트(6m)나 되는 생물체 앞에 서서 메가폰에 입을 대고 크게 외쳤다. "이봐. 당신은 미등록 무기 기술을 사용하고 있다. 정체를 밝혀라."

그에 대한 대답으로 디스트로이어가 불타는 용광로 같은 얼굴을 드러냈다. 그리고 얼굴에서 에너지를 방출하기 시작했고, 그것에 닿은 모든 것이 증발해 사라져버렸다.

"제인, 여기를 떠나시오." 토르가 말했다.

"당신은 어떻게 할 건데요?" 제인이 물었다.

"난 여기 남겠소." 토르가 대답했다.

"토르는 우리와 싸울 것이오!" 볼스타그가 외쳤다.

"친구들, 난 그저 인간에 불과해. 방해만 되고 최악의 경우 너희

and at worst get one of you killed. But I can help get these people to safety."

"Well, if you're staying, then so am I," Jane said.

Thor helped Jane clear the town, loading people into trucks, helping people find their way in the **chaos**. And while Thor, Jane, Erik, and Darcy did their part, the four Asgardians faced the Destroyer, which they knew the jealous and bitter Loki had sent to Midgard to **vanquish** his brother.

But one after another, the Asgardians found it impossible to **fend off** the Destroyer. ❶While Thor's friends—**mortal** and **immortal**—**took cover**, Thor knew what he must do. As Odin's son, as a prince of Asgard, he must **combat** the Destroyer.

He spoke to Loki from across the Realms.

"Brother, whatever I have done to wrong you, whatever I have done to lead you to do this, I am truly sorry. But these people are **innocent. Taking their lives** will gain you nothing."

들이 죽을 수도 있어. 하지만 이곳 사람들을 안전한 곳에 데려다 주는 건 할 수 있다네."

"당신이 남는다면 나도 남겠어요." 제인이 말했다.

토르는 제인을 도와 마을 사람들을 트럭에 태우고 혼돈 속에서 길을 찾을 수 있게 도우며 마을에 사람들이 남지 않게 했다. 토르와 제인, 에릭, 달시가 각자 맡은 역할을 하고 있을 때, 네 명의 아스가르드 전사들은 디스트로이어와 싸웠고, 그들은 질투심에 눈이 먼 잔혹한 로키가 형을 죽이려고 디스트로이어를 미드가르드에 보냈다는 것을 알고 있었다.

하지만 한 명 한 명, 아스가르드 전사들은 디스트로이어를 막아 내는 것이 불가능하다는 것을 깨달았다. 필멸의 그리고 불멸의 친구들이 피할 동안 토르는 자신이 무엇을 해야 하는지 알았다. 오딘의 아들, 아스가르드의 왕자로서 그는 디스트로이어와 맞서 싸워야만 했다.

그가 여러 왕국을 건너 로키에게 말했다.

"아우야, 내가 너에게 어떤 잘못을 했든, 이렇게 하게 만든 내 행동이 무엇이었든 진심으로 미안하다. 하지만 이 사람들은 잘못이 없다. 그들의 목숨을 앗아가도 넌 얻을 게 없어."

He stepped up to the Destroyer, whose entire body was **blazing beneath** its armor.

"So take mine," Thor said, "and end this."

With that, the Destroyer closed its **faceplate** and turned to walk away. Thor was smiling, comforted that his words had reached his brother. But as it was leaving, the Destroyer **backhanded** Thor and sent him flying hundreds of yards across the dusty town.

"No!" Jane yelled, running over to him.

Thor **heaved**, bloody and beaten, not able to withstand the blow without his powers.

"It's over," he said to Jane. "You're safe."

Thor closed his eyes. A mighty hero had fallen. His stunned friends looked on as the Destroyer **walked off** into the horizon.

At that very moment, fifty miles away, Mjolnir began to rattle, **shake**, and finally break free from its stone **encasement**. It shot across the desert and landed right in the hand of Thor. Lightning struck, sending a blast of sand

그가 온몸이 갑옷 안에서 불타오르고 있는 디스트로이어의 앞에 섰다.

"그러니 내 목숨을 가져가라." 토르가 말했다. "그리고 끝내자."

그러자 디스트로이어가 얼굴 덮개를 닫고 돌아서 떠나갔다. 토르는 자신의 말이 동생에게 전달됐다고 안심하며 미소를 지었다. 하지만 돌아가던 디스트로이어가 손등으로 토르를 강하게 쳤고, 그는 먼지로 뒤덮인 도시를 수백 야드 날아갔다.

"안 돼!" 제인이 토르에게 뛰어가며 말했다.

토르는 피투성이가 된 상처 입은 몸을 겨우 일으켰지만, 그의 능력 없이는 충격을 견뎌낼 수 없었다.

"끝났소." 그가 제인에게 말했다. "당신은 안전하오."

토르가 눈을 감았다. 위대한 영웅이 전사했다. 충격을 받은 그의 친구들이 수평선 쪽으로 걸어가는 디스트로이어를 바라보았다.

바로 그 순간, 50마일 떨어진 곳에서 묠니르가 달가닥거리며 흔들렸고, 마침내 묠니르를 감싸고 있던 돌 상자를 뚫고 날아갔다. 묠니르는 사막을 가로질러 토르의 손에 정확히 안착했다. 번개가 쳤고 모래바람과 연기가 사막 하늘을 향해 불었다.

and smoke into the desert sky. When the dust cleared, Thor stood, **outfitted** in his armor and **cape**. He had proven himself worthy of Mjolnir by his **selfless deeds** and actions.

Thor **twirled** Mjolnir **victoriously** over his head, **whipping up** a **twister** that sucked up the Destroyer. Thor battled it in the heart of the storm, easily **defeating** the being and sending it crashing to the ground before making his own **triumphant** return.

Now he needed to journey over the Bifrost and return to Asgard to **confront** his brother. But before he could move to do so, Agent Coulson approached him.

"Excuse me, Donald?" he said. "I don't think you've been completely honest with us."

"You and I fight for the same cause—the protection of this world," Thor said. "From this day forward, you can **count** me **as** your **ally**. If you return the items you have taken from Jane."

"Stolen," Jane **clarified**.

먼지가 사라지자 갑옷과 망토를 입은 토르가 서 있었다. 그의 이타적 행동이 그가 묠니르를 가질 자격이 있다는 사실을 증명한 것이다.

토르는 의기양양하게 묠니르를 머리 위로 회전시켰고, 소용돌이가 일어나며 디스트로이어를 빨아들였다. 토르는 폭풍의 중심에서 디스트로이어와 싸워 그를 쉽게 물리쳤고 디스트로이어를 땅에 내동댕이친 뒤 득의양양한 모습으로 다시 나타났다.

이제 그는 바이프로스트를 통해 아스가르드로 돌아가 동생을 마주해야 했다. 하지만 그가 움직이기 직전, 콜슨 요원이 다가왔다.

"죄송한데요, 도널드 씨?" 그가 말했다. "우리에게 솔직하게 얘기하지 않은 게 있는 것 같은데요."

"당신과 나는 같은 목적으로 싸우고 있소. 지구를 지키려는 거요." 토르가 말했다. "오늘부터 난 당신들 편이오. 제인에게서 가져간 걸 돌려준다면 말이오."

"훔쳐간 거요." 제인이 분명히 말했다.

"Borrowed," Coulson protested. "Of course you can have your **equipment** back. You're going to need it to continue your research."

Jane **beamed**.

Heimdall opened the Bifrost.

"I must return to Asgard," Thor said to Jane. "But I give you my word, I will return for you."

And with that, Thor and his Asgardian companions **were sucked into** a **prismatic** portal and away from Earth.

"빌린 거요." 콜슨이 이의를 제기했다. "물론 모든 장비를 돌려드 릴게요. 앞으로 연구하는 데 필요할 거예요."

제인이 활짝 웃었다.

헤임달은 바이프로스트를 열었다.

"나는 아스가르드로 돌아가야 하오." 토르가 제인에게 말했다. "하지만 약속하리다. 당신을 위해 다시 돌아오겠소."

그 후 토르와 아스가르드 친구들은 오색 찬란한 포털로 빨려 들 어갔고 지구를 떠났다.

BIFROST

📖 워크북 p61

Whilst Thor was **banished** to Midgard, Loki used his time in Asgard to **dominate** the Realm. The Bifrost, being the key to travel between Realms and also a powerful force of energy in itself, was an **integral** part of his plan. ❶Loki approached the Rainbow Bridge, used the Casket of Ancient Winters to freeze Heimdall, and traveled over the

토르가 추방당한 이후 로키는 아스가르드의 영웅이 되기 위해 은밀한 계획을 세웁니다.
그리고 로키는 바이프로스트를 통해 요툰헤임으로 넘어가 요툰 왕인 로피를 찾습니다.

토르가 미드가르드로 추방당한 동안 로키는 아스가르드에서 왕국을 지배하는 데 시간을 쏟았다. 각 왕국을 오갈 수 있는 열쇠이자, 그 자체에도 강력한 에너지의 힘이 있는 바이프로스트는 로키의 계획 중 아주 중요한 부분이었다. 로키는 무지개다리에 가서 고대 겨울의 함을 이용해 헤임달을 얼렸고, 무지갯빛 통로를 통해 요툰헤임으로 넘어갔다.

prismlike road to Jotunheim.

Once in the enemy kingdom, Loki set out to seek Laufey. Upon finding the Jotun king, Loki **disclosed** how he had **sneaked in** the Frost Giants during Thor's **coronation** and offered Laufey the opportunity to re-enter Asgard—this time to **murder** Odin, who was in the **mystical** Odinsleep. Loki would then see to it that the Casket of Ancient Winters be returned to its **rightful** place in Jotunheim, and Laufey and Loki would part in peace.

Laufey, no fool, agreed to Loki's plan. Soon, Frost Giants were marching into Asgard. As the Jotuns **invaded**, Laufey approached Odin's **bedchamber** and, smiling, prepared to kill the Allfather. But just before the deed was about to be done, Loki murdered Laufey. Now he would be **hailed** as a hero. And with Thor banished to Midgard, he would be the rightful ruler of Asgard!

Before Loki could flee Odin's chamber, in order to complete the final phase of his plan—to destroy Jotunheim in order to **cement** his place in the **annals** of Asgardian

적의 왕국에 도착한 로키는 로피를 찾아갔다. 요튠 왕을 찾은 그는 토르의 대관식 때 프로스트 자이언트를 몰래 들어오게 한 장본인이 자신이라는 걸 밝히고 로피에게 아스가르드에 다시 침입할 기회를 주겠다고 제안했다. 이번에는 신비한 오딘의 잠에 빠진 오딘을 죽이기 위해서였다. 로키는 그렇게 해서 고대 겨울의 함을 다시 마땅히 있어야 할 자리인 요튠헤임에 돌려주고, 로피와 로키는 평화롭게 갈 길을 갈 것이라고 했다.

로피는 바보가 아니었기에 로키의 계획에 동의했다. 곧 프로스트 자이언트들이 아스가르드로 전진해왔다. 요튠들이 침입했고, 로피는 오딘의 침실에 잠입해 미소를 지으며 오딘 폐하를 죽일 준비를 했다. 하지만 그 일이 일어나기 직전, 로키가 로피를 죽였다. 이제 그는 영웅으로 추앙될 것이다. 그리고 토르가 미드가르드로 추방당했기에 로키는 아스가르드의 합법적 통치자가 될 수 있을 것이다!

요튠헤임을 파멸시켜 아스가르드 역사에 국민들의 구원자로 기록되어 자신의 입지를 굳히려는 계획 마지막 단계를 완성하기 위해 로키가 오딘의 침실에서 달아나기 전, 그는 남은 프로스트 자이

history as the great **savior** of his people—he noticed that the other Frost Giants had been driven back. Only one warrior in all of Asgard **possessed** such power—his brother, Thor. But Thor was exiled to Midgard …

Thor confronted his brother, and a fierce battle began. It started in Odin's chambers, and soon the two brothers found themselves fighting inside Heimdell's **Observatory**. Loki planned to **steer** all the energy of the Rainbow Bridge toward Jotunheim and destroy the Realm.

Thor flew toward Loki and began to struggle with him again. But Loki did not betray his **reputation** for quickness and **trickery**. Thor found the battle complicated and difficult, and eventually he realized that the only way to prevent the **full-on** destruction of Jotunheim was to destroy the Bifrost. He thought about his **adventure** on Midgard and all that he'd learned—and learned to love—there. He might never be able to return if the Bifrost was destroyed.

He raised Mjolnir and began to hammer away more

언트들이 격퇴당하는 모습을 발견했다. 아스가르드에 그런 힘을 가진 자는 오직 한 사람뿐이었다. 그의 형, 토르. 하지만 토르는 미드가르드로 추방당했다….

토르는 동생과 맞섰고, 격렬한 싸움이 시작됐다. 싸움은 오딘의 침실에서 시작돼 곧 헤임달의 천문대까지 이어졌다. 로키는 무지개다리의 모든 에너지를 요툰헤임으로 발사해 그 왕국을 파괴할 계획이었다.

토르는 로키 쪽으로 날아가 다시 싸웠다. 하지만 로키는 민첩성과 술수로 유명한 그의 명성을 저버리지 않았다. 토르는 싸움이 복잡하고 어려워졌다는 것을 알았고, 결국 요툰헤임의 완전한 파괴를 막는 유일한 방법은 바이프로스트를 파괴하는 것임을 깨달았다. 그는 미드가르드에서의 모험을 생각했고 그곳에서 배운 모든 것과 그가 배운 사랑을 떠올렸다. 바이프로스트가 파괴되면 다시는 돌아가지 못할 수도 있다.

그가 묠니르를 들어 다리의 반짝이는 크리스털 조각들이 우주의

and more **furiously** until **dazzling** crystal pieces of the bridge **drifted** into the sea of space surrounding it. As the bridge exploded, the two brothers were blasted off the ruined bridge and **dangled** on the edge of space. But their father, having emerged from his sleep, grabbed hold of Thor, who in turn held on to Loki. Thor did everything he could to save his brother. But Loki allowed himself to slip from Thor's **grasp** and fell, screaming, into the **void** of space.

바다로 떨어질 때까지 격하게 내리치기 시작했다. 다리가 폭발하자 두 형제는 부서진 다리에서 날아가 우주의 가장자리에 매달렸다. 하지만 잠에서 깨어난 그들의 아버지가 토르를 잡았고, 토르는 로키를 잡았다. 토르는 동생을 살리기 위해 안간힘을 썼다. 하지만 로키가 토르의 손에서 자신의 손을 빼냈고, 소리를 지르며 우주의 허공 속으로 떨어졌다.

MARVEL
THE AVENGERS

CHAPTER 17

📖 워크북 p63

IT WAS DIFFICULT to **make out** exactly what was happening in New York City, but a large **blur** of a figure was moving at great speeds, **converging** with vehicles, buildings, and the ground, and generally **wreaking havoc** on 125th Street in Harlem.

The **destruction** was more **widespread** than it had been

흉측한 괴물이 뉴욕에 나타나 도시를 어지럽힙니다. 그리고 그 괴물을 상대하기 위해 또 다른 녹색 괴물이 등장합니다. 사람들은 이들을 '어보미네이션'과 '헐크'라고 부릅니다.

뉴욕에 무슨 일이 일어나고 있는 건지 이해하기 힘들었다. 크고 흐릿한 형체 하나가 엄청난 속도로 움직이며 차량과 건물 그리고 땅에 부딪혔고, 할렘 125번가에 큰 혼란을 일으키고 있었다.

조금 전보다 훨씬 더 많은 곳이 타격을 받았다. 건물의 잔해와 연

earlier. There was more **rubble** and smoke everywhere. And now for the first time, a camera fixed itself on the face of the monster causing the chaos.

An ugly blue-gray … thing—about fifteen feet tall, judging its height compared to the nearby **lampposts**—looked like a **bulging** mass of twisted muscle and **overgrown** bones. Its hands and legs were **enormous**—each about the size of a tree trunk—and though its head was small as **compared** to the rest of it, it had a terrifying reptilianlike quality that made it no less **intimidating** than the rest of the creature. The **spikes** that **protruded** from its spine did nothing to soften the look of this thing.

The creature balled its fists, lifted its head, and let out a **vicious growl**.

Suddenly, a bright green beam shot out of the sky toward the monster followed by a thunderous impact. What was the government doing—**nuking** the thing with gamma rays now?

The green flash was not a nuke—or any other kind

기가 온 곳에 퍼졌다. 그리고 이 혼란을 초래한 괴물의 얼굴이 처음으로 카메라에 비쳤다.

흉측한 회청색의… 물체는 근처 가로등 기둥의 높이와 비교했을 때 대략 15피트(4.5m) 정도였고 뒤틀린 근육과 과하게 큰 뼈대가 울퉁불퉁 튀어나온 것처럼 보였다. 그 괴물의 손과 다리는 거대한 데다 각각이 나무 몸통만 했다. 비록 머리는 나머지 몸에 비해 작았지만 무서운 파충류 같은 모습을 하고 있어 다른 부위만큼이나 두려움을 줬다. 척추를 따라 튀어나온 스파이크가 그 형태를 더 무서워 보이게 했다.

그 생명체는 주먹을 쥐고 머리를 들고는 포악한 으르렁 소리를 냈다.

갑자기 하늘에서 눈부신 녹색 빛줄기가 괴물을 향해 발사됐고 곧 우레와 같은 충격이 가해졌다. 지금 정부가 감마선으로 괴물에게 핵 공격을 하는 건가?

녹색 빛은 핵폭탄이나 다른 종류의 미사일이 아니었다. 그건 또

of missile. It was another big ugly thing. This one was green and had hair, and was in no way as **grotesque** and **distorted** as the one **tearing** up the city.

But the ugly monsters were not fighting together— they were fighting each other. The big green one **pummeled** the ugly one straight down 125th street, and it left a **ditch** in the asphalt where it **skid**. On a television newscast, a **ticker** at the bottom of the screen read: CROWDS DESCRIBE **RAMPAGING** BEAST AS AN **ABOMINATION**.

The Abomination grabbed the green beast and threw him into a building, which **crumbled** around him. The green beast didn't even need a minute to a recover, and burst from the rubble as if from water. It leaped in the air and soared a great distance to land on the Abomination, and the two continued to wrestle.

Now the ticker read: HULK APPEARS TO HAVE UPPER HAND.

The two giants faced each other, hunched in ready

하나의 크고 흉측한 생명체였다. 이 괴물은 녹색이었고 머리카락도 있었으며 도시를 파괴하고 있는 괴물처럼 기괴하지도, 기형적이지도 않았다.

하지만 흉측한 괴물들은 함께 싸우는 게 아니라 서로에게 맞서 싸웠다. 큰 녹색 괴물이 흉측한 괴물을 125번가 아래로 내리쳤고, 그 괴물이 미끄러진 아스팔트는가 움푹 패었다. 스크린 하단의 뉴스 자막에는 '대중이 광분한 괴물을 어보미네이션(혐오스러운 것)이라고 부르다.'라고 쓰여있었다.

어보미네이션은 녹색 괴물을 잡아 건물로 던졌고 건물은 부서져 내렸다. 녹색 괴물이 다시 회복하는 데는 1분도 걸리지 않았고, 마치 물에서 나오듯 건물 잔해에서 튀어나왔다. 녹색 괴물은 하늘 높이 뛰어 먼 거리를 날아가 어보미네이션에게 떨어졌고, 둘은 계속 싸웠다.

이제 뉴스 자막에는 '헐크가 우세해 보이다.'라고 쓰여 있었다.

거대한 두 생명체는 서로를 마주 보았고, 몸을 숙여 준비 자세를

stances, prepared to attack. Both **lunged** at the same time, and they **collided** in midair. The impact created a **disturbance** that **shattered** windows as far as ten blocks away.

The beasts continued to attack each other. Then a helicopter, looking very small compared to the **larger-than-life** scene unfolding below, began to **pelt** the Abomination **with** bullets.

The Abomination jumped on top of a roof, and the copter flew in, attempting to achieve more effective fire at closer range. The Abomination grabbed a ten-foot **girder** from the roof's water tower. He ripped it out, scattering its **rivets** on the ground. Then he launched the girder into the air as easily as an ordinary man might throw a spear. It **clipped** the helicopter's **rear rotor**, and the aircraft started **whirling** out of control and **spiraling** toward Earth.

The Hulk took the opportunity to reengage the Abomination, and the two continued to battle.

The copter crashed into the ground, and the news

갖춘 뒤 공격할 준비를 했다. 둘은 동시에 돌진해 상공에서 부딪쳤다. 그 충격의 여파로 심지어 10블록 멀리 떨어진 창문들이 산산조각이 났다.

괴물들은 서로를 계속 공격했다. 땅에서 펼쳐지는 거대한 생명체들의 싸움과 비교해 매우 작아 보이는 헬리콥터 한 대가 나타나 어보미네이션을 향해 총을 쏘며 공격하기 시작했다.

어보미네이션은 지붕 위로 뛰어 올라갔고, 헬리콥터는 가까운 곳에서 더 효과적으로 총을 발사하기 위해 날아들었다. 하지만 괴물은 지붕 위 급수탑의 10피트(3m)나 되는 거더를 잡았다. 그가 거더를 뜯어냈고, 거더에 붙어 있던 못이 여기저기 떨어졌다. 그리고 마치 평범한 사람이 창을 던지듯 쉽게 거더를 하늘로 던졌다. 거더가 헬리콥터의 뒷날개를 잘라버렸고, 헬리콥터는 통제 불능 상태가 되어 나선으로 돌며 땅에 떨어졌다.

헐크는 그 기회를 틈타 어보미네이션을 다시 공격했고, 둘은 계속해서 싸웠다.

헬리콥터는 땅으로 곤두박질쳤고, 뉴스 카메라는 도망가는 사람

cameras caught people escaping. A woman ran out of the chopper—and *toward* the scene of the fight.

The Hulk roared as the woman approached. The Abomination tore from the ground two marble posts connected by a chain, using them as **bolas**. The woman continued to approach. She seemed to be calling out to the Hulk. She must have been in shock. The Hulk raised his arms, and his veins and muscles bulged and pulsed.

The Hulk smashed his hands into the ground and it opened up, creating a great **chasm** into which his adversary fell. The Hulk moved toward him, and then **finished off** the Abomination. The Hulk saw to it that the woman was safe, and then **bounded** off into the New York City night. The Hulk was gone, and the Abomination had been defeated.

들의 모습을 포착했다. 한 여자가 헬리콥터에서 뛰어나와 괴물들이 싸우는 곳으로 향했다.

여자가 다가오자 헐크는 포효했다. 어보미네이션은 체인으로 연결된 두 개의 대리석 기둥을 뽑아내 올가미로 사용했다. 여자는 점점 더 가까워졌다. 그녀는 헐크에게 무언가를 말하고 있는 것 같았다. 그녀는 충격에 빠진 것이 분명했다. 헐크가 팔을 들자 맥박이 뛰는 울퉁불퉁한 핏줄과 근육이 보였다.

헐크가 땅에 손을 내리쳐 큰 구멍을 만들었고, 그의 적이 그 깊은 구멍 안으로 떨어졌다. 헐크가 어보미네이션에게 다가가 그를 완전히 없애버렸다. 헐크는 여자가 안전하다는 것을 확인한 뒤 뉴욕의 밤 속으로 사라졌다. 헐크는 떠났고, 어보미네이션은 패배했다.

CHAPTER 18

📖 워크북 p65

TONY OPENED THE dark restaurant's **splintered** door, **flooding** it with the bright afternoon sun. Even from outside, he could smell the **reeking barroom**. **Stale** drink, cigar smoke—these were not the kinds of smells Tony was used to surrounding himself with. Though **disgusted**, he **strode in** as comfortably as if he were walking into a

토니는 어두운 술집에서 혼자 술을 마시고 있는 로스 장군을 찾아갑니다. 그리고 그에게 의미심장한 제안을 합니다.

　토니는 어두운 식당의 깨진 문을 열어 밝은 오후의 햇빛으로 식당을 가득 채웠다. 밖에서도 그는 술집의 지독한 악취를 맡을 수 있었다. 오래된 술, 담배 연기에서 나는 냄새는 토니가 주로 맡던 그런 냄새가 아니었다. 그는 역겨웠지만, 월도프 아스토리아 호텔*의 자금 행사에 가는 것처럼 아주 편안하게 식당 안으로 들어갔다.

★ **월도프 아스토리아 호텔** : '뉴욕의 왕궁'이라는 별칭을 가진 미국 최고급 호텔

fundraiser at the Waldorf Astoria. He made his way past chatting couples and drinking buddies, straight to General Ross who sat at the other end of the bar.

❶ "I hate to say I told you so, General," Tony started before General Ross even had a chance to look up at him, "but that Super-Soldier program was **put on ice** for a reason. I've always felt that hardware was more **practical**."

"Stark!" General Ross said, finally facing Tony.

"General."

"You always wear such nice suits," General Ross said, **alluding to** Tony's **alter ego**, who wore the coolest suit of all.

"**Touché**," Tony responded. He paused and then continued, "I hear you have an **unusual** problem."

"*You* should talk," General Ross said again **taking a stab at** Tony's life as Iron Man.

"You should listen."

General Ross took a long **puff** of his **stinking** cigar, and Tony coughed a little. Then his face became **deadly**

수다를 떨고 있는 커플과 술을 마시는 사람들을 지나 술집 안쪽에 앉아 있는 로스 장군을 향해 그가 걸어갔다.

"'제가 뭐랬어요.'라고 말하고 싶진 않지만요, 장군." 토니는 로스 장군이 쳐다볼 틈도 주지 않고 말했다. "슈퍼 솔져 프로그램이 보류된 데엔 그만한 이유가 있죠. 전 항상 무기가 더 실용적이라 생각했어요."

"스타크!" 로스 장군이 마침내 토니를 바라보며 말했다.

"장군."

"자네는 항상 멋진 슈트를 입는군." 로스 장군이 말했고, 이는 항상 가장 멋진 슈트를 입는 토니의 또 다른 자아를 암시하는 말이었다.

"제가 졌네요." 토니가 대답했다. 그는 잠시 멈춘 뒤 다시 말했다. "까다로운 문제가 있다고 들었어요."

"자네가 그런 말을 하다니." 로스 장군이 아이언맨인 토니를 다시 언급하려 했다.

"들어보세요."

로스 장군이 냄새가 구린 시가를 길게 내뿜었고, 토니가 기침을 했다. 그리고 그의 표정이 매우 심각해졌다.

serious.

"What if I told you we were putting a team together?" Tony asked the general.

"Who's 'we'?" The general responded.

Tony looked **pensive**, thoughtful, **brooding**. Then Tony **smirked** the way he always did when he knew something others didn't … which happened quite often.

"우리가 팀을 꾸린다면 어떨까요?" 토니가 장군에게 물었다.

"'우리'가 누구지?" 장군이 대답했다.

토니는 수심에 잠겨 생각하고 고민하는 듯했다. 그러고는 다른 사람들이 모르는 비밀을 알고 있을 때 그가 늘 하는 것처럼 능글맞게 웃었고… 이런 일은 자주 있었다.

CHAPTER 19

📖 워크북 p67

SOMETHING WAS HAPPENING in **the Arctic Circle,** one of the most **inhospitable** regions on Earth. Wind **whipped** up snow and ice so **furiously** that **visibility** was reduced to within **mere** feet. Anyone who could bear to leave their naked eyes open long enough would see only thick sheets of snow and ice blowing before them.

눈바람으로 한 치 앞을 볼 수 없는 북극에서 수색 작업이 이루어집니다. 비행체같이 생긴 정체를 알 수 없는 무언가가 발견되고, 수색대원들은 내부를 살피기 시작합니다.

　지구에서 사람이 살기 가장 힘든 지역 중 하나인 북극권에서 무언가가 일어나고 있었다. 바람이 눈과 얼음을 맹렬하게 휘몰아쳐 가시거리는 고작 1피트(30cm)도 안 됐다. 눈을 뜨고 오래 버틸 수 있는 사람도 눈앞에 날리는 눈과 얼음덩이들만 볼 수 있을 정도였다.

The arctic desert **beat** on the rescue vehicles like a frozen sandstorm. As their bright headlights cut through the thick storm around them, wandering **aimlessly** through the **terrain** for a place to land, they hit upon the figure of a man, dressed in Inuit **garb** and waving a **flare** to signal the vehicle.

The scouts stepped from the **relative** warmth of their vehicle into the solid snow.

"Are you the guys from Washington?" the man with the flare asked.

"You get many other visitors out here?" one of the men answered, speaking loudly to be heard over the wail of the wind.

"How long have you been **on-site**?" His companion asked, straining his voice as well.

"Since this morning. A Russian oil team called it in about eighteen hours ago."

"How come nobody **spotted** it before?"

"It's really not that surprising, This landscape's

북극의 불모지는 마치 얼어붙은 모래 폭풍처럼 구조 차량을 계속 강타했다. 밝은 헤드라이트 불빛이 주변의 맹렬한 눈보라를 가르며 내릴 장소를 찾기 위해 그곳을 정처 없이 헤매고 있을 때 이누이트 복장을 하고 차량을 향해 신호를 보내려 불을 흔드는 남자의 형체와 마주쳤다.

정찰병들은 비교적 따뜻한 차에서 빠져나와 딱딱한 눈에 발을 내디뎠다.

"워싱턴에서 오셨습니까?" 불을 든 남자가 물었다.

"이런 곳에 다른 방문자들이 많은가?" 바람이 울부짖는 소리 너머로 들릴 수 있게 남자들 중 한 명이 크게 대답했다.

"현장엔 얼마나 있었지?" 다른 정찰병이 역시 목소리를 높여 물었다.

"오늘 아침부터요. 러시아 석유 시추팀이 18시간 전쯤 신고했습니다."

"왜 아무도 이곳을 발견하지 못했지?"

"별로 놀라운 일은 아니죠. 여기 지형은 계속 변하고 있거든요."

changing all the time," the man with the flare said as he motioned to the **squalls** of snow whipping up and over snow-dunes. "You got any idea what this thing is exactly?"

"I don't know, it's probably a **weather balloon**," one of the men from Washington replied.

"I don't think so." The guide **chuckled**. "You know, we don't have the equipment for a job like this."

"How long before we can start craning it out?"

"I don't think you quite understand…. You guys are going to need one mighty big crane!"

With that, their guide beamed his flashlight toward a huge ice-covered steel **slab jutting out from** the frozen landscape, like the head of a **mammoth** whale breaking the surface of the ocean. It appeared to be the wing of some sort of **aircraft**, but neither of the men had ever before seen a craft like this. The three men looked up at it in awe, wondering what it could possibly be. The flashlights of a half dozen other workers surveyed the metal, **examining** it for any clues. One of the agents rushed

불을 든 남자가 눈 언덕 위로 휘몰아치는 눈보라를 가리키며 말했다.

"이게 정확히 뭔지는 아십니까?"

"잘 모르겠네. 아마 기상 관측용 기구겠지." 워싱턴에서 온 한 남자가 대답했다.

"아닐걸요." 가이드가 싱긋 웃었다. "저희는 이런 장비를 쓸 일이 없거든요."

"들어 올리려면 얼마나 걸릴까?"

"아직 이해를 못 하신 것 같은데…. 엄청나게 큰 크레인이 있어야 할 겁니다."

그 말을 하고 가이드는 얼어붙은 땅 위로 돌출된, 마치 바닷속에서 거대한 고래의 머리가 땅을 뚫고 올라온 것처럼 보이는 얼음으로 덮인 큰 강철판을 향해 손전등을 비췄다. 비행기 같은 것의 날개처럼 보였지만, 정찰병들은 이런 비행기를 본 적이 없었다. 세 남자는 그것이 도대체 어떤 물체일지 궁금해하며 경외의 눈으로 올려다보았다. 6명의 다른 일꾼들도 손전등을 켜고 어떤 실마리라도 찾기 위해 그 금속을 유심히 살폈다. 요원 중 한 명이 트럭으로 다시 돌아가 드릴과 둥근 톱을 합친 것으로 보이는 장비를 가져왔다.

back to the truck and brought back a device that looked equal parts drill and buzz saw. He called for some of the others to assist him, and soon set it on top of the craft.

He flipped a switch and **activated** the device. The **nozzle** began to spin with a steady **cadence**. A blue stream of bright energy shot from the nozzle and cut right through the craft's **hull**. ❶The cut steel crashed a great distance below, creating a chasm in what now clearly appeared to be some sort of ship.

The agents quickly attached **grapples** to the body of the vessel and lowered themselves into the craft. The softly falling snow **illuminated** by the bluish **floodlight** glowing above the blue **aperture heightened** the feeling that the men were traveling a passageway to another world.

"What *is* this?" one of the men asked as the two scouted the area with their flashlight beams.

The men tried to keep themselves steady as they **traversed** the craft's ice-covered steel and made their way through an area lit only by their flashlights and whatever

그가 다른 사람들에게 와서 도와달라고 외쳤고, 곧 그 장비를 비행체 위에 장착했다.

그가 스위치를 켜 장비를 작동시켰다. 노즐이 규칙적인 흐름으로 회전하기 시작했다. 노즐에서 푸른 빛의 에너지가 발사되어 비행기의 선체를 잘랐다. 잘려나간 강철 조각이 아래로 멀리 떨어져 이제는 큰 비행체로 보이는 물체에 구멍을 만들었다.

요원들이 재빨리 갈고리를 선체에 부착해 비행체 안으로 들어갔다. 조용히 내리는 눈이 파란 틈 위 푸르스름한 투광조명등에 의해 빛났고, 요원들이 다른 세상으로 통하는 길을 지나는 듯한 느낌을 고조시켰다.

"이건 도대체 뭐죠?" 손전등을 들고 주위를 둘러보던 두 남자 중한 명이 물었다.

남자들은 불빛이라곤 들고 있는 손전등과 그들 위로 난 틈새 사이로 들어오는 어둑한 빛뿐인 비행체 안의 얼음으로 덮인 강철을 침착하게 걸으려고 노력했다.

dim radiance could make its way through the **incision** above them.

One of the agents' flashlight beams landed on something covered by a thin **veil** of ice crystals. It looked like a symbol of some sort—a star, circles. There was something familiar about the patterns, but the agent couldn't determine what exactly. He wiped the ice from the object. Whatever he'd found, it should yield some clues to the ship's purpose.

"**Lieutenant**!" the agent called.

The other approached quickly from behind.

"What is it?" the agent asked the lieutenant.

The lieutenant stared down in **dumbfounded** amazement. It was an unmistakable **emblem**—a bold white star set over blue metal—not just any metal, vibranium. And it was ringed with red and white circles. A shield—one that belonged to a hero that some **discounted** as a **myth**, a **hoax**.

"BASE!" the lieutenant called into his monitor. "Give

한 요원의 손전등 빛이 얇은 얼음 막으로 덮인 무언가를 비췄다. 그것은 별과 동그라미로 된 어떤 상징 같았다. 이 문양에는 친숙한 무언가가 있었지만, 요원들은 그게 무엇인지 정확히 알 수 없었다. 그가 물체에서 얼음을 닦아냈다. 그가 찾은 것이 무엇이든, 이 비행체의 용도에 대한 단서를 제공할 것이다.

"중위님!" 요원이 불렀다.

다른 요원이 뒤에서 빨리 다가왔다.

"이게 뭐죠?" 요원이 중위에게 물었다.

중위가 내려다보았고 말문이 막힐 정도로 놀랐다. 그건 틀림없는 표상이었다. 파란 강철 위에 새겨진 커다란 흰색 별. 그냥 강철이 아닌 비브라늄. 그리고 빨간 원과 흰 원이 둘러져 있었다. 방패, 누군가는 신화나 거짓말이라고 무시한 영웅의 방패였다.

"기지!" 중위가 그의 모니터를 향해 소리쳤다. "대령님에게 연결

me a line to the colonel!"

"It's three a.m. for him, sir," the base responded.

"I don't care what time it is," the lieutenant said. "This one's waited long enough."

해 주시오!"

"대령님께서 계시는 곳은 새벽 3시입니다." 본부에서 대답했다.

"몇 시든 상관없어." 중위가 말했다. "기다릴 만큼 오래 기다린 일이야."

CHAPTER 20

📖 워크북 p69

SINCE HIS BATTLE with the Abomination, Bruce had been moving from town to town and country to country, so as not to be **tracked down**. He knew that S.H.I.E.L.D. was looking for him. He also knew Ross wanted to **capture** him, force the Hulk out, then **dissect** it to study and **replicate** it. But Bruce was the only one who understood

브루스는 쉴드의 추적을 피해 여기저기 이동하며 숨어 지냅니다. 그는 헐크를 통제할 방법을 찾기 위해 많은 시간을 보내고, 한 도시에서는 조금 더 오래 머물게 됩니다.

어보미네이션과의 싸움 이후 브루스는 추적당하지 않기 위해 도시에서 도시, 나라에서 나라로 옮겨 다녔다. 그는 쉴드가 자신을 찾고 있다는 것을 알고 있었다. 또한 로스가 자신을 잡아 헐크를 강제로 빼낸 뒤 연구하기 위해 해부하고 복제할 계획이라는 것도 알고 있었다. 하지만 헐크가 얼마나 위험하고 예측할 수 없는 힘을 가졌는지 아는 이는 브루스 밖에 없었다.

just how dangerous and **unpredictable** the Hulk's power was. He'd been living with it inside him for years now and had spent most of his time finding ways to keep the Hulk **locked up**. For long **stretches**, he'd been **successful**. But on the occasions when someone had been able to track him down, things went terribly wrong.

Bruce was becoming encouraged by the fact that he'd finally gotten the Hulk under some sort control and that he could bring some of himself into the Hulk. He did this when he protected Betty and General Ross from the Abomination, and even when he attacked the Abomination itself—he knew what he was doing, knew what was **at stake**. And for all the **injuries** the Hulk caused—and Bruce felt **partly** responsible for each and every one of them—he'd saved **scores of** other people who might have **perished** if the Abomination hadn't been stopped.

What Bruce did not feel great about was S.H.I.E.L.D.'s understanding of what the Hulk was. As he tried to

그는 몇 년간 자신 안에 있는 헐크와 함께 살았고 헐크를 영원히 가둬 놓을 방법을 찾는 데 대부분의 시간을 쏟았다. 꽤 오랫동안은 성공적이었다. 하지만 누군가가 헐크를 추적해 찾았을 때 끔찍한 일들이 일어났다.

브루스는 드디어 헐크를 어느 정도 통제할 수 있다는 사실과 헐크에게 스스로를 조금 투영할 수 있다는 사실에 희망을 얻고 있었다. 그가 어보미네이션으로부터 베티와 로스 장군을 지켰을 때 그리고 심지어 어보미네이션을 공격했을 때에도 그는 자신이 어떤 행동을 하고 있는지, 무엇이 희생될지 정확히 알고 있었다. 또한 헐크로 인해 발생한 모든 부상자들에 대해 브루스는 어느 정도 자신의 책임이 있다고 생각했다. 하지만 그는 어보미네이션을 물리치지 않았다면 영원히 사라졌을 뻔한 수많은 사람들을 구했다.

브루스는 헐크가 어떤 존재인지 쉴드가 제대로 이해하지 못한다고 생각했다. 그가 수차례나 설명하려 한 것처럼 헐크는 잡아서 통

explain on so many occasions, the Hulk was not the kind of thing that could ever be captured, controlled, or studied. S.H.I.E.L.D. seemed to disagree. Keeping himself out of their hands not only protected Bruce himself, but also anyone who would get in the Hulk's way once he'd become **enraged**.

As a result, he returned to his wandering ways, just as he'd done years ago when he was hiding out in Brazil, where he worked in a bottling plant, or **squatting** in Mexico as a beggar. Whenever he could do so, he helped whoever needed it along the way. He **currently** found himself in Calcutta. Bruce had made a life for himself here, and there was really no end to **the number of** people in need. This kept Bruce in the city longer than most places.

제하고 연구할 수 있는 대상이 아니었다. 하지만 쉴드는 여기에 동의하지 않았다. 그들로부터 숨어 지내는 것이 브루스 자신을 보호하고, 화난 헐크로부터 다른 사람들을 보호하는 방법이기도 했다.

그 결과, 그는 음료 공장에서 일하며 브라질에 숨어 살고, 멕시코에서 거지처럼 불법 거주하던 몇 년 전처럼 정처 없이 돌아다니고 있었다. 그 와중에도 그에게 그럴 능력이 있을 때는 언제든 필요한 곳에 도움을 주었다. 그는 지금 캘커타에 있었다. 그는 그곳에서 생활을 시작했고, 그곳에는 진정으로 도움이 필요한 사람들이 끝없이 많았다. 이러한 점이 브루스를 그 도시에 다른 곳보다 더 오래 머물게 했다.

CHAPTER 21

📖 워크북 p70

STEVE ROGERS WOKE in unfamiliar **surroundings**. He felt **refreshed**. His head was clear and he was full of energy, but he couldn't **figure out** where he was or how he'd gotten here.

The institutional-looking room was **spare**. The steel-frame **cot** that Steve slept on looked like government issue.

낯선 병실에서 눈을 뜬 스티브 로저스는 자신이 어떻게 이곳에 오게 되었는지 알지 못합
니다. 방 한구석에 있는 라디오에서 흘러나오는 야구 중계를 듣던 스티브는 이상한 낌새
를 눈치채고, 그 순간 문이 열리며 누군가가 들어옵니다.

　　스티브 로저스는 낯선 환경에서 깨어났다. 개운한 느낌이 들었
다. 머리는 맑고 에너지로 가득했지만, 그는 자신이 어디 있는지,
어떻게 이곳에 오게 됐는지 알 수 없었다.

　　병원처럼 보이는 방은 여분의 방이었다. 스티브가 잠을 잤던 철
제 침대는 관급품처럼 보였다.

❶The mint-green walls were **bare**. At the far corner of the room, a radio played a baseball game. The Brooklyn Dodgers. Something was wrong.

Steve looked over toward the window from his bed. The sun was shining and a pleasant **breeze** was blowing in. By the angle of the sunlight it appeared to be late morning.

Judging by the soaring brick towers, he could tell he was in Manhattan. He was dressed in a T-shirt **emblazoned with** the **insignia** of the SSR—the Special Scientific Reserve organization that had given him strength and **agility** that were the **pinnacle** of human potential.

Steve again considered the game on the radio. The Dodgers had scored another three runs. Yes, something was very wrong.

The steel **knob** of the only door in the room turned, and a pretty nurse walked into Steve's **quarters**.

"Good morning," she said. "Or should I say afternoon?"

"Where am I?" Steve asked.

민트 그린 색의 벽에는 아무것도 걸려 있지 않았다. 방 한구석에 있는 라디오에서는 야구 중계가 흘러나왔다. 브루클린 다저스의 경기. 뭔가 이상했다.

침대에 있던 스티브가 창문 너머로 시선을 옮겼다. 햇살이 빛났고 기분 좋은 바람이 불어 들어왔다. 햇빛이 비치는 각도를 보아서는 늦은 아침인 것 같았다.

고층 벽돌 건물로 보아 그는 자신이 맨해튼에 있다는 것을 알 수 있었다. 그는 자신에게 인간의 잠재력 절정의 힘과 민첩성을 준 특수 과학 예비대, 즉 SSR의 휘장이 새겨진 티셔츠를 입고 있었다.

스티브는 다시 라디오에서 들리는 경기에 집중했다. 다저스가 또 3루타를 쳤다. 그렇다. 뭔가 정말 이상했다.

방에 하나밖에 없는 문에서 쇠 손잡이가 돌아가더니 예쁜 간호사 한 명이 스티브의 방으로 걸어 들어왔다.

"좋은 아침이에요." 그녀가 말했다. "아니면 좋은 오후라고 해야 할까요?"

"여기가 어디죠?" 스티브가 물었다.

"You're in a **recovery room** in New York City."

"Where am I, really?" Steve asked again, more **emphatic** this time.

"I'm afraid I don't understand," the nurse said, smiling.

"The game. It's from May 1941. I know because I was there. Now I'm going to ask you again—where am I?"

"Captain Rogers …" the nurse tried to explain.

"Who are you?" Steve shouted.

Steve noticed the nurse click a **device concealed** in her hand. He sprang up and used all his power to **smash** through a far wall. The **illusion** of the room **fell away** as Steve stepped into what looked like the backstage area of the movie sets he knew from recording newsreel **footage**.

"Backstage," Steve realized that the images of New York skyscrapers and the late morning sky were simply extremely high-tech **projections**. He rushed out of the strange room and found himself outside of the building in an **alien** world that seemed something like the one he'd known, but unbelievably different at the same time.

"뉴욕에 있는 회복실이에요."

"여기가 어딘지 솔직히 말해요." 스티브가 더 단호하게 물었다.

"무슨 말씀인지 잘 모르겠어요." 간호사가 웃으며 말했다.

"이 경기. 1941년 5월 경기잖아요. 내가 거기 있었어요. 그럼 다시 물어보지. 여기가 어디지?"

"캡틴 로저스…." 간호사가 설명하려 했다.

"당신 누구야?" 스티브가 소리쳤다.

스티브는 간호사가 손에 감추고 있던 장치를 누르는 것을 목격했다. 그는 얼른 일어나 온 힘을 다해 멀리 있는 벽을 내리쳤다. 스티브는 뉴스영화를 찍을 때 알게 된 영화 세트장의 백스테이지 같은 곳에 발을 들였고 그러자 그 방의 환영이 사라졌다.

"백스테이지." 스티브는 뉴욕의 고층 건물과 늦은 아침 하늘이 모두 첨단기술로 만든 투사 영상이라는 것을 깨달았다. 그는 그 이상한 방에서 서둘러 나갔고 빌딩 밖에서 그가 알던 것과 비슷하지만 동시에 믿기 어려울 정도로 다른 생경한 세상을 발견했다.

An **imposing** man in a long trench coat stepped forward. He wore a patch over his left eye.

"**At ease**, soldier," the man called out. "Look, I'm sorry about that little show back there, but we thought it best to **break it to** you slowly."

"Break *what*?" Steve asked.

"You've been asleep, Cap. For almost seventy years."

Steve was **speechless**. To the **passersby** in Times Square this was all **ordinary**.

But to Steve, this was the future.

긴 트렌치코트를 입은 거대한 체구의 남자가 다가왔다. 그는 왼쪽 눈에 안대를 하고 있었다.

"편히 쉬어, 장병." 남자가 소리쳤다. "저 안에서 있었던 일은 미안하게 됐네. 천천히 알려주는 게 좋을 것 같았어."

"뭘 알려준다는 거죠?" 스티브가 물었다.

"캡틴, 자넨 잠들어 있었네. 70년 가까이."

스티브는 말문이 막혔다. 타임스퀘어를 지나는 사람들에겐 모두 평범한 것이었다.

하지만 스티브에게 이곳은 미래였다.

CHAPTER 22

📖 워크북 p72

DR. ERIK SELVIG found himself in a **dimly lit** corridor at a S.H.I.E.L.D. research **compound**. Not long ago he was just a scientist, and now he suddenly found himself in the middle of **cross-dimensional** superheroic **struggles**.

"Dr. Selvig," came a voice at the end of the hall.

Selvig turned to see Colonel Fury.

테서랙트를 작동시킬 방법을 찾기 위해 퓨리 대령이 셀빅 박사를 찾습니다. 퓨리는 상자 하나를 열어 셀빅에게 보여주고, 셀빅은 그 속에서 진귀한 물건을 보게 됩니다.

에릭 셀빅 박사는 쉴드 연구동의 어두운 복도에 서 있었다. 얼마 전까지만 해도 그는 평범한 과학자였지만, 이젠 차원을 넘나드는 슈퍼히어로들의 싸움의 중심에 있었다.

"셀빅 박사." 복도 끝에서 목소리가 들렸다.
셀빅이 뒤돌자 퓨리 대령이 보였다.

"So, you're the man behind all of this?" Selvig asked. "It's quite a **labyrinth**. I was thinking you were taking me down here to kill me." He laughed uncomfortably.

Fury did not return his laughter, **paused**, and then walked toward the doctor.

"I've been hearing about the New Mexico situation. Your work has **impressed** a lot of people who are much smarter than I am," Fury said.

"I have a lot to work with. A **gateway** to another dimension—it's **unprecedented**."

Fury looked Selvig in the eye.

"Isn't it?" Selvig asked.

Fury continued down the hall, with Selvig **in tow**.

"Legend tells us one thing, history another," Fury said. "But every now and then we find something that belongs to both."

He opened a secure box. Inside was illuminated red **circuitry**, a security keypad and, in the center, an unusual glittering blue cube, smoother and shinier than anything

"그러니까 당신이 이 모든 일의 배후입니까?" 셀빅이 물었다. "오는 길이 미로 같더군요. 당신이 날 죽이려고 여기 데려오는 줄 알았소." 그가 불편한 듯 웃었다.

퓨리는 웃지 않고 잠시 멈추더니 박사를 향해 걸어갔다.

"뉴멕시코에서 있었던 일에 대해선 들었소. 당신이 한 연구가 나보다 훨씬 더 똑똑한 사람들을 놀라게 했더군." 퓨리가 말했다.

"난 연구해야 할 게 많아요. 다른 차원으로 가는 연결 통로는 전례가 없죠."

퓨리가 셀빅의 눈을 바라보았다.

"아닌가요?" 셀빅이 물었다.

퓨리는 복도를 따라 걸었고, 셀빅이 뒤따랐다.

"신화와 역사가 말하는 건 다르죠." 퓨리가 말했다. "하지만 가끔 양쪽에 다 들어맞는 걸 발견할 때가 있소."

그가 잠겨있는 상자 하나를 열었다. 그 안은 붉은 색 전기 회로와 보안 키패드 그리고 중심에, 셀빅이 이제껏 본 그 어떤 것보다 매끈하고 반짝이는, 진귀하고 찬란한 파란 큐브가 빛나고 있었다.

Selvig had ever seen before. ❶It **crackled** with electricity, and forks of charged current danced around it.

"What is it?" Selvig asked.

"Power, doctor," Fury replied. "If we can figure out how to **tap** it, maybe *unlimited* power."

Selvig stared at the cube in awe. But unseen by Fury or Selvig, the spirit of something else looked on—something far more powerful than either of them. Something from another world—a prince of lies, a power-hungry god: Loki.

"Well, I guess that's worth a look …" Loki **hissed**, **grinning**, unheard by the mortals surrounding him.

"Well, I guess that's worth a look," Selvig repeated, not realizing the words were not his own—that he was simply **captivated** by Loki's **spell**.

Loki was pleased. Thor and Odin thought him dead. He'd tricked them when he fell from the Bifrost. They would not be **interfering with** his plan. He'd find a way to send himself, body and soul, back to Midgard, and once he was there, he would rule these simple mortals, in a way

그 물건은 전기로 인해 치직 소리를 냈고, 포크 모양의 전류가 주위로 춤을 추듯 움직였다.

"이게 뭡니까?" 셀빅이 물었다.

"파워요, 박사." 퓨리가 대답했다. "이걸 작동시킬 방법만 찾아내면 무한한 파워를 만들 수 있소."

셀빅은 경이롭게 큐브를 쳐다보았다. 하지만 퓨리와 셀빅 박사에게는 보이지 않는 어떤 영혼도 큐브를 주시하고 있었다. 그는 그 둘보다 훨씬 강력한 존재였다. 다른 세계에서 온 존재, 거짓의 왕자이자 권력에 굶주린 신, 로키였다.

"음, 볼만한 거였네…." 로키가 미소를 지으며 말했지만, 주위에 있는 인간들은 그 소리를 듣지 못했다.

"음, 볼만한 거였네요." 셀빅이 똑같이 말했지만 그는 그 말이 자신의 말이 아닌 것도, 자신이 로키의 마법에 쉽게 걸려들었다는 것도 깨닫지 못했다.

로키는 만족스러웠다. 토르와 오딘은 그가 죽었다고 생각했다. 그는 바이프로스트에서 떨어질 때 그들을 속였다. 그들은 그의 계획을 방해하지 못할 것이다. 그는 미드가르드에 자신의 몸과 영혼을 모두 보낼 방법을 찾아 그곳에 도착하기만 하면 아스가르드에서는 하지 못했던 방법으로 이 단순한 인간들을 통치할 것이다.

he wasn't able to rule Asgard.

A Realm would be his at last—just as he **deserved**.

그는 한 왕국을 손에 넣을 것이다. 마땅히 그래야 했다.

CHAPTER 23

📖 워크북 p74

IN DR. SELVIG'S research, he **uncovered** the storied history of the cube—or the Tesseract, as it was **officially** known. It was once the jewel of Odin's treasure room. The details of how it came to Earth were unclear, but it **surely** happened when Asgardians traveled over the Bifrost. Ultimately, the Tesseract came to be guarded by

셀빅 박사가 연구를 시작한 지 얼마 되지 않아 테서랙트가 이상 반응을 보이기 시작합니다.
셀빅 박사의 연락을 받은 퓨리 대령은 긴급회의를 소집하지만, 테서랙트는 점점 빠르게
작동하고, 그때 한 남자가 그들 앞에 나타납니다.

셀빅 박사는 연구를 통해 공식적으로 테서랙트라고 알려진 큐브
의 전설적인 역사를 밝혀냈다. 테서랙트는 한때 오딘의 보물 창고
에 있던 보석이다. 이것이 어떻게 지구에 왔는지는 확실하진 않지
만, 아스가르드인들이 바이프로스트를 통해 지구로 이동할 때 들어
온 것이 틀림없었다. 결국 테서랙트는 노르웨이 톤스베르그에 있는
한 비밀 단체에 의해 보호받았다.

a secret society in Tonsberg, Norway. But in March 1942, it was stolen by Johann Schmidt and used as a weapon against HYDRA's enemies—including Captain America. During the Captain's struggle with the Red Skull aboard the HYDRA Valkyrie aircraft—a battle that sent Cap into a frozen deep sleep—the Tesseract was **activated**, burned through the **hull**, and plummeted to Earth, where it was buried near the crash site and later **retrieved** by S.H.I.E.L.D. They knew that, like Thor's hammer, the Tesseract needed to be guarded by their best agent, and so they put Barton on duty **overseeing** it.

Doctor Selvig found the cube amazing. The way light and matter and energy reacted around it was like nothing he had ever seen. But not long into Dr. Selvig's study of the Tesseract, it began to act **oddly**, even for a **mystical object**.

Upon learning from Dr. Selvig that the cube had activated itself, so to speak, Colonel Fury called an emergency meeting with Agents Coulson and Maria Hill.

하지만 1942년 3월, 요한 슈미트가 테서랙트를 훔쳤고, 그것은 캡틴 아메리카를 포함한 히드라의 적을 막기 위한 무기로 사용됐다. 히드라의 발키리 비행기에서 캡틴이 레드 스컬과 싸울 때, 즉 캡을 냉동 상태의 긴 수면에 들게 한 싸움에서 테서랙트가 작동되어 선체를 태웠고, 지구에 떨어진 뒤 충돌 지점 주변에 묻혀 있었지만 나중에서야 쉴드가 테서랙트를 수습했다. 그들은 토르의 망치처럼 테서랙트 또한 최고의 요원이 지켜야 한다는 것을 알았기에, 바튼에게 테서랙트를 감독하는 임무를 맡게 했다.

셀빅 박사는 큐브가 경이로웠다. 빛과 물질과 에너지가 큐브 주위에서 반응을 일으키는 광경은 이제껏 한 번도 보지 못한 것이었다. 하지만 셀빅 박사가 연구를 시작한지 얼마 되지 않아 테서랙트가 이상 행동을 보이기 시작했다. 이것이 신비한 물체임을 감안하고도 말이다.

셀빅 박사로부터 큐브가 저절로 작동했다는 소식을 듣고, 퓨리 대령은 콜슨 요원과 마리아 힐 요원을 긴급회의에 소집했다.

Dr. Selvig told the group that the cube was pulling energy from space and **emitting** low levels of gamma radiation.

In describing the way in which energy was flowing from—or rather *into* the cube—Agent Hill expressed the very real concern that it could be pulling enough dark energy toward it to collapse all matter on Earth and create a black hole.

"Dr. Selvig," Fury said, "I need a report on the Tesseract."

❶ "She's been **misbehaving**," Selvig said, never taking his eyes from the cube.

"Where's Barton?" Fury asked.

"The Hawk is in his nest," Selvig replied.

＊ ＊ ＊

"I thought I told you to stay close, Agent," Fury shouted up to Barton, who was watching the cube from a **crow's nest** above.

"My eyesight is better from up here," Barton replied.

셸빅 박사는 그들에게 큐브가 우주로부터 에너지를 빨아들이고 있으며 낮은 수치의 감마선을 뿜어내고 있다고 말했다.

힐 요원은 에너지가 큐브에서, 더 정확히 말하면 큐브 안으로 흘러 들어가고 있다고 말하며 지구의 모든 물질을 무너뜨릴 만한 암흑 에너지를 흡수해 블랙홀을 만들 수도 있다는 현실적인 우려를 나타냈다.

"셸빅 박사." 퓨리가 말했다. "테서랙트에 관한 보고서가 필요합니다."

"테서랙트가 이상 반응을 보이고 있어요." 큐브에서 눈을 떼지 않으며 셸빅이 말했다.

"바튼은 어디 있소?" 퓨리가 물었다.

"호크는 자기 둥지에 있겠죠." 셸빅이 대답했다.

★ ★ ★

"가까이에서 지키라고 했을 텐데, 요원." 퓨리는 망대에서 큐브를 감시하고 있는 바튼을 향해 소리쳤다.

"높은 곳에서 더 잘 보여서요." 바튼이 대답했다.

"Well, if that's the case, have you seen anything or anyone come or go that might be causing it to act this way?"

Agent Barton **rappelled** down to speak to Fury face-to-face, and responded in the negative. As Barton understood it, the Tesseract was a doorway to the other end of space. "If there's **tampering** going on," he said, "it's not from our side of the doorway, but the other one."

Suddenly the cube began to spin, slowly at first, and then faster and faster. It began to glow brighter until it seemed to tear a hole in the very air, revealing stars and **celestial** dust within.

"Oh, my ..." Dr. Selvig began.

A man **clawed his way** through this portal, **clutching** a staff. He was **crouched** and shaking—his face **regal** but **gaunt** and fatigued, clearly **weary** from his journey. Still, without delay, he lifted his staff and began to use it to blast violent streams of energy at the agents in the room.

Fury yelled to protect the Tesseract, and the agents, led

"흠, 그럼 큐브를 이렇게 작동시킬 만한 뭔가가 오가는 걸 봤나?"

바튼 요원은 퓨리와 마주보고 이야기하려 내려왔고, 아무것도 보지 못했다고 대답했다. 바튼이 이해하기로 테서랙트는 우주의 반대편 끝으로 가는 문이었다. "만약 누군가가 조작하는 거라면…." 그가 말했다. "그건 우리 쪽에서 하는 게 아니라 반대쪽에서 하는 걸 겁니다."

갑자기 큐브가 돌아가기 시작했고, 처음엔 천천히 그리고 점점 더 빨라졌다. 큐브는 점점 더 빛나더니 공중에 구멍을 만드는 것처럼 보였고, 그 사이로 별과 우주 먼지가 보였다.

"이럴 수가…." 셀빅 박사가 말했다.

한 남자가 창을 든 채 포털에서 기어 나왔다. 그는 쭈그리고 앉아 몸을 떨었다. 그의 표정은 위풍당당했지만 여정으로 인해 수척하고 피로한데다 누가 봐도 지쳐 보였다. 그럼에도 그는 지체 없이 창을 들어 그 공간에 있는 요원들에게 강렬한 에너지 줄기를 쏘기 시작했다.

퓨리가 테서랙트를 보호하라고 소리쳤고, 바튼 요원이 이끄는 요

by Agent Barton, rushed it to safety.

The being who had just entered the room looked up **wearily**. **Mustering** as much strength as he could, he touched his staff to Selvig's heart, then turned and did the same to Barton. The men's eyes went completely white, then a lightless black, and finally back to normal— but something had changed in them. ❷They stared **vacantly**, as if due to an **underlying** soullessness.

As the **frantic** battle continued within the facility, the portal began to close. It began pulling in all the matter around it. Agent Hill **estimated** that they had thirteen minutes before the entire compound would be sucked into the portal's **vacuum**.

Barton **aimed** an arrow, but his target was not what the S.H.I.E.L.D. agents might have expected—it was trained on Colonel Fury. It was clear that their enemy's staff had some strange affect on Barton. He let his arrow fly, and it flew straight into Fury's Kevlar vest.

With Barton holding Fury at bay, the **infiltrator**

원들은 서둘러 테서랙트를 안전한 곳으로 옮겼다.

이곳에 막 도착한 그는 피곤한 듯 위를 올려다보았다. 그가 있는 힘껏 창을 셀빅의 가슴에 갖다 댔고, 돌아서서 바튼에게도 똑같이 했다. 두 남자의 눈이 완전히 흰색으로 변했다가 어두운 검은색으로 바뀌었고, 마침내 다시 원래대로 돌아왔다. 하지만 그들 안에는 무언가 변화가 있었다. 그들은 마치 영혼이 없는 것처럼 허공을 응시했다.

기지 안에서 정신없는 싸움이 계속되는 동안 포털은 점점 닫히기 시작했다. 포털은 주위에 있는 모든 물체를 빨아들였다. 힐 요원은 포털의 진공 속으로 건물 전체가 빨려 들어가기까지 13분 남았다고 예상했다.

바튼이 화살을 겨냥했다. 하지만 쉴드 요원들이 기대한 목표물에 조준한 것이 아니었다. 화살은 퓨리 대령을 향했다. 적의 창이 바튼에게 이상한 영향을 준 것이 틀림없었다. 그가 화살을 쏘았고, 그 화살은 퓨리의 케블러 조끼를 향해 곧바로 날아갔다.

바튼이 퓨리를 저지하는 동안 그 침입자는 테서랙트를 손에 쥐

grabbed the Tesseract and, together with Selvig and Barton, fled the compound and raced into an SUV. Agent Hill **radioed** any and all S.H.I.E.L.D. agents who might receive her message. One of S.H.I.E.L.D.'s best agents and a brilliant scientist had just escaped with the Tesseract, **accompanied** by a powerful being who could only be Loki, son of Odin, brother of Thor.

Hill rushed out toward the parking structure. The **fugitives** were still in sight, so she jumped in her own SUV and gave chase. She sped through the complex's labyrinthine tunnels, **skidding** against the walls as she followed **in hot pursuit**. Agent Barton fired shots at Hill from the enemy vehicle, but Hill couldn't help but note that he was less accurate than usual.

Even so, one of Barton's arrows exploded near Agent Hill's SUV, causing it to **tumble**.

As Loki's vehicle **emerged** from the tunnel, a S.H.I.E.L.D. helicopter descended and picked up the chase where Hill had left off. Fury leaned out one of the doors

었고, 셀빅과 바튼과 함께 건물에서 달아나 SUV로 질주했다. 힐 요원은 그녀의 메시지를 들을 수 있는 모든 쉴드 요원에게 무전을 보냈다. 쉴드의 최고의 요원과 과학자가 테서랙트를 들고, 토르의 동생이자 오딘의 아들 로키임이 분명한 강력한 존재와 함께 도주했다.

힐은 주차장 쪽으로 서둘러 나갔다. 도망자들은 아직 시야에 있었기에 그녀는 자신의 SUV에 올라타 그들을 쫓아갔다. 그녀는 그 건물의 미로 같은 터널을 빠르게 뚫고 지나갔고, 벽에 미끄러지며 그들을 바짝 뒤쫓았다. 바튼 요원은 적의 차량에서 힐에게 활을 쏘기 시작했지만, 힐은 그가 평소보다 정확하지 않다는 것을 느낄 수 있었다.

그렇다고 해도, 바튼이 쏜 화살 중 하나가 힐 요원의 SUV 근처에서 폭발해 차를 전복시켰다.

로키의 차가 터널에서 나오자 쉴드의 헬리콥터 한 대가 힐이 도망자들을 놓친 지점부터 그들을 쫓기 시작했다. 퓨리는 헬리콥터의 한쪽 문에 기대 도망가는 차를 향해 총을 쐈지만, 도망자들은 가까

and began to fire upon the escape vehicle, but the escapees managed to **swerve** and avoid the barrage. At the same time, Barton, with his hawklike eyes, returned fire and managed to hit a **rotor** on the copter, which **plunged** to earth.

Fury managed to escape the craft seconds before it exploded. Then he looked up as the SUV drove off with the most powerful energy source in the known universe inside.

스로 방향을 틀어 사격을 피했다. 그와 동시에 바튼은 매와 같은 눈으로 대응 사격을 해 회전 날개를 맞혔고, 헬리콥터는 땅으로 곤두박질쳤다.

퓨리는 헬리콥터가 폭발하기 몇 초 전 겨우 탈출에 성공했다. 그리고 그는 고개를 들어 우주에서 알려진 가장 강력한 에너지원을 들고 달아나는 SUV를 바라보았다.

CHAPTER 24

📖 워크북 p77

THIS WAS A VERY different New York City than the one Steve Rogers had known. His **beloved** Brooklyn Dodgers had left "the **borough** of churches" for the **glitz** and **glamour** of Los Angeles. Their uptown rivals, baseball's New York Giants, had also up and left for the West Coast. The spectacular **adverts** in Times Square—

수십 년 전과는 완벽하게 달라진 새로운 도시에 스티브는 적응하지 못합니다. 자신이 잠들었던 시간 동안 어떤 일이 일어났는지 알기 위해 스티브는 오래된 전쟁 시대의 문서를 살피고, 그 속에서 자신이 찾던 중요한 문서 하나를 발견하게 됩니다.

이곳은 스티브 로저스가 알던 것과는 굉장히 다른 뉴욕이었다. 그가 사랑한 브루클린 다저스는 '교회의 도시*'에서 로스앤젤레스의 현란함과 화려함 속으로 떠났다. 그들의 부유한 라이벌, 뉴욕 자이언츠 역시 서부 해안으로 떠났다. 언제나 인상 깊은 타임스퀘어

★ **교회의 도시** : 브루클린의 별명

always impressive—had transformed from **mechanical** gimmickry to **mind-blowing** high-tech LED lights. The skyline had nearly doubled its height during the time he'd been away. Subways were faster—and cleaner. Traffic was more **congested** than ever, but the cars were **sleeker**. Gone were the phone booths—people now carried personal phones that had no need for **wires**. And these devices were not merely used for speaking, but also watching films, reading books, listening to music, and sending and receiving information **instantaneously**.

Steve was reminded of Howard Stark's vision of the future at the World Exposition that had changed Steve's life back in 1941. Steve was sure that in no small way, Howard was responsible for many of these great **advancements**.

This was the new world outside of Steve's apartment window. Inside, Colonel Fury had used new technologies to **supply** Steve **with** everything he needed to **familiarize** himself with the new world in which he found himself. It was **jarring** to emerge from the mid twentieth century

의 화려한 광고판은 기계적인 술수에서 놀라운 최첨단 LED 조명으로 완전히 탈바꿈했다. 스카이라인은 그가 떠난 동안 거의 두 배는 높아진 것 같았다. 지하철은 더 빨라지고 더 깨끗해졌다. 교통은 그 어느 때보다 혼잡했지만 자동차들은 더 날렵해졌다. 전화 부스는 사라졌고 사람들은 이제 전화선이 필요 없는 개인 전화기를 들고 다녔다. 또한 이 장비로 단지 통화를 하는 것 외에도 영화를 보고, 책을 읽고, 음악을 듣거나 정보를 즉시 주고받을 수도 있었다.

스티브는 1941년, 자신의 인생을 바꾼 세계 박람회에서 하워드 스타크의 미래에 대한 비전이 생각났다. 스티브는 이런 놀라운 발전의 대부분이 하워드의 영향일 것이라고 확신했다.

스티브의 아파트 창밖으로 보이는 이곳은 새로운 세상이었다. 아파트 내부는 스티브가 새로운 세상에 익숙해지는 데 필요한 모든 것을 제공하기 위해 퓨리 대령이 신기술을 사용했다. 20세기 중반에서 21세기로 뛰어넘는 것은 받아들이기 힘든 일이었다.

into the twenty-first. To make the leap from never having seen a television to **fidgeting with** a tablet device would not be easy. Steve needed to know about everything that had come **in between**.

He started from the beginning, watching old newsreels of himself in battle during the war. He shook his head in disbelief at how **crude** and **unsophisticated** the film and sound were compared to what he'd recently seen—flat crystal-clear screens where it seemed as though you could **reach out** and grab the images.

He shifted his attention to old **war-era** files. He **sifted** through them until he reached the file that mattered most—Peggy Carter, who was alive and living in London. What would Peggy think of him now? What would he think of her?

Overwhelmed, Steve stepped out of his apartment into this **brave** new world. He needed to clear his mind and process all this. The street was not **conducive to** deep thinking. Traffic **jammed** the roads, street **vendors**

텔레비전을 한 번도 보지 못한 시대에서 갑자기 태블릿 단말기를 꼼지락거리는 시대로 건너뛰는 것은 쉽지 않았다. 스티브는 중간에 어떤 일들이 있었는지 다 알아야 했다.

그는 처음부터 시작해 전쟁 당시 자신이 출연한 뉴스 영화를 보았다. 그가 최근에 본, 마치 화면에 나오는 물건을 잡을 수 있을 것 같이 평평하고 깨끗한 화면과 비교하면 그 당시 영상과 음향이 얼마나 투박하고 단순했는지 믿기지 않는다는 듯 그가 고개를 저었다.

그는 오래된 전쟁 시대의 문서로 관심을 돌렸다. 그는 가장 중요한 문서를 발견할 때까지 문서를 샅샅이 살폈다. 페기 카터, 그녀는 아직 살아 있고 런던에서 살고 있었다. 페기는 이제 그를 어떻게 생각할까? 그는 그녀를 어떻게 생각할까?

감정이 격해지자 스티브는 아파트에서 나와 이 멋진 신세계로 들어섰다. 그는 마음을 비우고 이 모든 것들을 처리해야 했다. 길거리는 깊은 생각에 도움이 되지 않았다. 교통 체증으로 거리가 꽉 막혔고, 노점 상인들은 카트에서 소리를 지르는 데다 관광객들은 인

shouted from their carts, tourists **clogged** the **sidewalks**. He needed to find somewhere to sit down. The bars were too **crowded** and **depressing**. Besides, he didn't drink. He thought about a coffee shop, but still couldn't find it within himself to pay more than a few cents for a cup of the stuff, no less a hundred times that, which seemed to be the **going rate**.

Steve found himself by Stark Tower—the **legacy** of his old friend Howard Stark. He looked up at the tower in awe. Almost nothing in his time looked so tall and sleek. He shook his head and sighed, then he **settled into** a **diner** across the street. The scene felt much more familiar than any of his other **options**.

"You waiting to see him?" the waitress asked as she set down his water.

"Who?"

"Iron Man. People come in and sit here all day waiting to see him fly by. You can stay here all day, too," she said with a **flirtatious** smile. "We have free Wi-Fi," she

도를 점령하고 있었다. 그는 앉을 곳이 필요했다. 술집은 사람이 너무 많았고 우울했다. 게다가 그는 술을 마시지도 않았다. 커피숍에 갈까 생각해봤지만, 그는 커피 한 잔에 몇 센트밖에 낼 수 없었고, 현재 시세로 커피 한 잔은 그것의 100배 높은 가격이었다.

스티브는 자신의 오랜 친구인 하워드 스타크의 유산, 스타크 타워에 도착했다. 그는 감탄하며 빌딩을 올려다봤다. 스티브의 시대에는 이렇게 높고 멋진 건물이 없었다. 그는 고개를 저으며 한숨을 내쉰 뒤 길 건너 한 식당에 자리를 잡았다. 이곳에서 보는 풍경은 다른 어떤 곳보다 훨씬 더 익숙하게 느껴졌다.

"그를 보려고 기다리는 거예요?" 여종업원이 물을 주며 물었다.

"누구요?"

"아이언맨이요. 사람들은 하루 종일 여기 앉아서 그가 날아가기를 기다려요. 당신도 여기 하루 종일 있어도 돼요." 그녀가 추파를 던지듯 웃었다. "와이파이도 무료예요." 그녀가 덧붙여 말했다.

continued.

"Is that radio?" Steve asked **naively**.

The waitress **flashed** her pretty smile again and shook her head.

"Get her number, you **moron!**" an old man at the table across from him **snapped**.

But Steve just ordered, finished up, and uncomfortably thanked the waitress for her service as he paid the bill. He was frustrated as ever with his place in the world. He'd tried walking, sitting, and thinking, there was only one other option open to him.

Steve **pounded** and pounded and pounded on the **punching bag** that hung from the gym's ceiling. He came here when all else failed—when he was out of options for how to deal with all the information he'd been having difficulty processing.

He thought of his fellow soldiers and hit the bag. He thought of Peggy and slammed it again. He thought of

"그건 라디오인가요?" 스티브가 순진하게 물었다.

종업원은 다시 예쁜 미소를 보였고 고개를 저었다.

"저 여자한테 전화번호를 달라고 해, 멍청아!" 건너편 테이블에 앉아있던 노인이 쏘아붙였다.

하지만 스티브는 주문을 하고, 음식을 다 먹은 뒤 종업원에게 불편한 기색으로 서비스에 감사하다고 말하며 계산을 했다. 그가 살고 있는 세상은 여전히 답답했다. 그는 걷고, 앉고, 생각하려고 노력했다. 하지만 이제 그에게 남은 선택은 단 하나밖에 없었다.

스티브는 체육관 천장에 매달린 샌드백을 향해 주먹을 날리고, 날리고 또 날렸다. 모든 것이 실패로 돌아갔을 때, 처리하기 어려운 정보를 어떻게 다뤄야 할지 선택의 여지가 없을 때 그는 이곳에 왔다.

그는 전우들을 생각하며 샌드백을 쳤다. 폐기를 생각하며 다시 샌드백을 가격했다. 하워드 스타크, 진보, 발전, 그가 경험하지 못

Howard Stark, of progress, advancement, of the seventy years of history he'd not been a part of and punched and punched and punched; harder and harder, faster and more furious.

He would have beaten that bag forever if he hadn't been interrupted by the last man in the world he wanted to see at this moment—the man who was to **blame for** the fact that Steve was here at all—Colonel Fury.

Fury told Steve that the Tesseract had been stolen. Steve knew all too well the destruction that could be **wrought** if the power of the cube fell into the wrong hands. He'd seen the destruction it caused when the Red Skull held it. What if someone smarter and more dangerous got hold of it? Fury knew from his research in S.H.I.E.L.D. databases that Steve put himself before no one. No matter what Steve was struggling with, if the world needed Captain America, he would rise to meet the challenge.

"I've left a **debriefing packet** at your apartment," Fury said. Then he turned and left the gym.

한 70년의 세월을 생각하며 점점 더 세게, 더 빠르고, 더 맹렬하게 샌드백을 치고, 치고 또 쳤다.

그는 지금 이 순간 제일 보고 싶지 않은 사람이자 스티브를 여기 있게 한 퓨리 대령에게 방해받지 않았다면 아마도 영원히 샌드백을 쳤을 것이다.

퓨리는 스티브에게 테서랙트가 도난당했다는 소식을 전했다. 스티브는 큐브의 힘이 잘못된 사람의 손에 들어가면 파멸이 일어나리란 것을 너무나도 잘 알고 있었다. 레드 스컬이 큐브를 가졌을 때 일으킨 파멸을 그는 목격했다. 만약 그보다 더 똑똑하고 더 위험한 인물이 큐브를 손에 넣었으면 어쩌지? 퓨리는 쉴드의 데이터베이스를 조사한 결과, 스티브가 다른 사람을 위해 희생한다는 것을 알고 있었다. 스티브가 어떤 일로 고군분투하고 있더라도, 세상이 캡틴 아메리카를 필요로 한다면 그는 일어나 그 도전에 응할 것이다.

"자네 아파트에 임무 설명서를 갖다 놨네." 퓨리가 말했다. 그리고 돌아서서 체육관을 나갔다.

CHAPTER 25

📖 워크북 p79

HALFWAY AROUND the world in a **desolate** factory **district** in St. Petersburg, Russia, Natasha Romanoff found herself tied to a chair and **interrogated** by three nasty-looking **goons**. She was not **in good shape**. The agent's beautiful but **deadly** ways had earned her the codename Black Widow. But right now, it seemed as if she were closer

러시아의 한 적막한 공장에서 나타샤는 깡패들에게 심문을 받습니다. 그리고 그녀가 위기에 빠진 순간 어디선가 전화벨이 울립니다.

지구 반 바퀴를 돌아 러시아 상트페테르부르크의 한 적막한 공장 지대에서 나타샤 로마노프는 의자에 묶인 채 험악하게 생긴 세 명의 깡패들에게 심문을 받고 있었다. 그녀는 상태가 좋아 보이지 않았다. 요원의 아름답지만 치명적인 행위들로 그녀는 암호명 블랙 위도우를 얻게 됐다. 하지만 지금 이 순간, 그녀는 죽음보다 더 죽음에 가까운 것처럼 보였다.

to dead than deadly.

One of the thug's phones began to ring, and he answered.

"This is agent Coulson of S.H.I.E.L.D. We know your exact **coordinates** and will not have a second thought **descending on** you if you don't hand Ms. Romanoff the phone right now."

The thug quickly **obliged**.

"What is it? I'm working," Natasha told Coulson. "Hold on."

Natasha **shimmied** her way out of the ropes that had been binding her and quickly and easily knocked out her **captors**. Once she was certain they were **out of commission**, she again picked up the phone.

"I was getting good information out of these guys. Where do you need me?"

Coulson filled Natasha in on the Tesseract threat. There was no way that S.H.I.E.L.D. or any one hero would be able to **handle** this **situation** on their own.

한 깡패의 전화기가 울렸고, 그가 전화를 받았다.

"쉴드의 콜슨 요원입니다. 당신의 정확한 위치를 알고 있으니, 지금 당장 로마노프 양에게 전화를 전달하지 않으면 지체 없이 당신들을 습격할 것이요."

깡패는 재빨리 응했다.

"뭐예요? 지금 근무 중이에요." 나타샤가 콜슨에게 말했다. "잠시만요."

나타샤는 몸을 움직여 자신을 묶고 있던 밧줄을 푼 뒤, 재빨리 그리고 아주 쉽게 깡패들을 해치웠다. 그들이 싸울 기력이 없다는 것을 확인한 후 그녀는 다시 전화를 받았다.

"이 자식들한테 좋은 정보를 빼내고 있었단 말이에요. 왜 전화했어요?"

콜슨은 나타샤에게 테서랙트의 위험 상황을 알렸다. 쉴드나 그 어떤 영웅도 이 사태를 혼자 해결할 수 없었다.

He told her that Barton had been **compromised**, which caused Natasha to listen up and take the call even more seriously.

"We need you to bring in the big guy," Coulson said.

❶"Tony Stark trusts me as far as he can throw me," Natasha said.

"No, I've got Stark," Coulson said. "The *BIG* guy."

Natasha took a deep breath. "Oh, boy."

This wasn't going to be easy. Even for the Black Widow.

그는 바튼이 변절했다는 말도 했는데, 그 때문에 나타샤는 더 귀를 기울여 진지하게 전화를 받았다.

"덩치를 데려와야 할 것 같아." 콜슨이 말했다.

"토니 스타크는 나를 전혀 신뢰하지 않아요." 나타샤가 말했다.

"스타크는 나한테 맡겨." 콜슨이 말했다. "다른 덩치 말하는 거야." 나타샤가 숨을 크게 들이마셨다. "오, 세상에."

그건 쉬운 일이 아니었다. 블랙 위도우에게도 말이다.

CHAPTER 26

📖 워크북 p80

THE NEW YORK CITY skyline **glittered**. The bridges **sparkled** like strings of pearls in the **reflective** waters of the East River. In recent years, the skyline had been built back up from darker days at the turn of the **millennium**. But even with the explosion of construction the city was experiencing, one tower was sure to **stand out** above all

뉴욕의 수많은 고층 건물 중에서도 단연 돋보이는 스타크 타워에 처음으로 불이 들어옵니다. 토니는 이 순간을 만끽하며 고층 건물 주위를 날아다니고, 페퍼와 함께 자축하려던 순간 펜트하우스의 엘리베이터 문이 열리며 누군가가 걸어 들어옵니다.

 뉴욕의 스카이라인은 빛나고 있었다. 다리는 이스트 강에 흐르는 강물에 반사되어 마치 진주를 꿰어 놓은 줄처럼 반짝거렸다. 이천년대에 들어서며 전쟁의 폐허에서 다시 고층 건물들이 들어섰고 최근의 스카이라인을 만들었다. 도시에 건물이 폭발적으로 증가했지만, 건물들 중 한 타워만 단연 돋보였다.

the others.

Like a cannon fired from a submarine, Iron Man shot from below the surface of the river and **soared into** the sparkling sky over Manhattan.

The **PR campaign** had been a success, the media outlets were **alerted**, and Stark Industries' CEO was ready to **flip** the switch. Tonight was the night they lit Stark Tower—New York's newest and most **spectacular** skyscraper, and its most **eco-friendly**: the first in not just the city, but the world to run on **self-sustaining** energy.

Tony gave Pepper the word, and his CEO activated the building's power. The tower began to light up, first from street level, and then hundreds of feet to the **pinnacle**, **illuminating** the New York skyline—and the sky itself.

"Woo-hoo!" Tony cheered.

Back at the tower, Pepper smiled proudly.

The event was a success! Pepper was surrounded by press, and Tony was soaring around the lit skyscraper, **relishing** the moment.

잠수함에서 대포를 쏘듯, 아이언맨이 강의 수면 아래에서 튀어올라 맨해튼의 반짝이는 하늘 위로 날아올랐다.

홍보 캠페인은 성공적이었고, 언론 매체들은 예고를 받았다. 그리고 스타크 인더스트리의 CEO는 스위치를 올릴 준비가 되어 있었다. 오늘 밤은 뉴욕의 가장 최신식이며 가장 멋진 고층 건물이자 가장 환경친화적인 건물, 스타크 타워에 불을 켜는 밤이었다. 이 도시뿐만 아니라 전 세계에서 최초로 에너지를 자급자족하는 건물이었다.

토니가 페퍼에게 지시했고, CEO인 페퍼는 건물의 동력을 활성화했다. 처음엔 거리의 높이에서 그리고 이후엔 수백 피트 위 꼭대기까지 건물에 불이 켜지기 시작했고, 뉴욕의 스카이라인과 하늘까지 밝혔다.

"유후!" 토니가 환호했다.

타워에 있던 페퍼가 자랑스럽게 웃었다.

이벤트는 성공이었다! 페퍼는 기자들에게 둘러싸였고, 토니는 이 순간을 만끽하며 불빛이 빛나는 고층 건물 주위를 날아다녔다.

Of course, for Tony, it was never quite that easy to relax.

"Sir, Agent Coulson is on the line for you," J.A.R.V.I.S. said through the communications line in Tony's helmet.

Without responding, Tony hung up on the automated **butler**. This feeling was too great to let Coulson and the rest of his S.H.I.E.L.D. **cronies spoil** it.

Tony flew back to the tower, and its penthouse **suite**, where Pepper was waiting for him. He **gave** her *some* of the **credit for** the evening's success, but the rest of it was, of course, all him.

Just then a video screen **lit up**, and on it appeared Agent Coulson. He'd **overridden** J.A.R.V.I.S.'s security protocols.

"Tony, I need to speak with you **urgently**," Coulson said.

Tony switched off the screen, and **as if on cue** the elevator doors to the penthouse opened and Coulson **stepped out**. There was no avoiding this guy.

물론 토니에게 쉰다는 것은 절대로 쉬운 일이 아니었다.

"콜슨 요원에게 전화가 왔습니다." 자비스가 토니의 헬멧에 장착된 통신선을 통해 전달했다.

토니는 응답하지 않고, 자동화된 집사 자비스의 통신을 끊어버렸다. 기분이 너무 좋아 콜슨이나 쉴드의 다른 요원들이 망치게 할 수 없었다.

토니는 페퍼가 기다리고 있는 타워의 펜트하우스로 다시 날아갔다. 그는 오늘 밤 성공의 일부를 페퍼의 공으로 돌렸지만, 나머지는 물론 모두 본인 덕분이었다.

바로 그때, 비디오 화면 하나가 뜨더니 콜슨 요원의 모습이 나타났다. 그가 자비스의 보안 프로토콜을 중단시켰다.

"토니, 급하게 할 얘기가 있어요." 콜슨이 말했다.

토니가 스크린을 끄자 마치 신호를 들은 것처럼 펜트하우스의 엘리베이터 문이 열리더니 콜슨이 나왔다. 이 남자를 피할 수 있는 방법은 없어 보였다.

Tony sighed. "Security."

Coulson handed Tony a briefcase. "I need you to look at this as soon as possible."

Tony refused to take it, but Pepper, not quite sure exactly what to do, grabbed it for him.

"I thought Fury had **scrapped** this whole Avengers Initiative thing," Tony said. "And anyway, I didn't **qualify**."

Coulson explained that the threat they were facing now was so great that they would need all the help they could get. This wasn't the Avengers Initiative, it was a response team.

❶*Semantics*, Tony thought.

Pepper **shushed** Tony and took him into an **adjoining** room, where they opened up the **briefcase**. Inside were **holographic** images containing information on Captain America, Hulk, Thor, and Tony himself. But most **impressive** of all was the Tesseract. Tony had an idea of what is was and what it could do. And how, if it **fell into the wrong hands**, it could **spell disaster**.

토니가 한숨을 쉬었다. "보안이."

콜슨은 토니에게 서류 가방 하나를 건넸다. "최대한 빨리 검토해 주세요."

토니는 가방을 받길 거절했지만, 페퍼는 어떻게 해야 할지 몰라 일단 토니를 위해 서류 가방을 받았다.

"퓨리가 어벤져스 작전 전체를 무산시킨 거로 알고 있었는데요." 토니가 말했다. "그리고 일단, 난 자격 미달이었죠."

콜슨은 지금 직면한 위험이 너무 커 그들이 받을 수 있는 모든 도움을 받아야 한다고 설명했다. 이건 어벤져스 계획이 아니라 비상 대응팀이었다.

말장난이라고 토니는 생각했다.

페퍼는 토니를 조용히 시키고 그를 옆 방으로 데려가 서류 가방을 열었다. 안에는 캡틴 아메리카, 헐크, 토르와 토니에 관한 정보가 담긴 홀로그램 이미지들이 있었다. 하지만 그중 가장 인상 깊은 것은 테서랙트였다. 토니는 그게 무엇인지, 어떤 힘을 가졌는지 전혀 알지 못했다. 또한 그것이 악한 사람의 손에 들어가면 어떤 재앙이 초래될지 알지 못했다.

In the hands of a madman, the entire world would be at risk. In the hands of something greater than human, there was no telling where or if the devastation would end.

미치광이의 손에 들어가면 전 세계가 위험에 처할 것이다. 인간보다 더 강한 존재의 손에 들어가면 재앙의 끝이 어디가 될지, 끝이 오기는 할지 아무도 모를 것이다.

CHAPTER 27

📖 워크북 p82

BRUCE BANNER leaned over his two young patients as their worried mother looked on. Calcutta was **fraught with pestilence**. But Bruce was **intent** on making sure that the children he was currently tending to would grow up to **experience** the world and, hopefully, make it a better place.

전염병이 돌고 있는 캘커타에서 아픈 사람들은 돌보고 있는 브루스에게 한 여자아이가
찾아옵니다. 아버지가 아프다는 아이의 말을 들은 배너는 아이를 따라 한 오두막집으로
향하고, 그곳에서 의외의 인물을 만나게 됩니다.

브루스 배너는 두 명의 어린 환자 쪽으로 몸을 숙였고, 걱정스러
워하는 어머니가 지켜보고 있었다. 캘커타는 심한 전염병으로 가득
했다. 하지만 브루스는 지금 치료하고 있는 아이들이 건강하게 자
라서 세상을 경험하고, 바라건대, 더 좋은 세상을 만들기 바라며 일
에 열중했다.

Calcutta **suffered from** a **dearth** of **critical** needs, such as fresh water, medicine, and other **supplies**. Unfortunately the one thing there was no **shortage** of was patients. Just as Banner was **wrapping up** his work, a young girl who couldn't have been more than eight years old ran into the home.

"Stay away!" The mother cried out. "They're sick!"

The girl explained that she was here because her father was sick **in the same way**. She **burst into tears** and continued the story as her voice broke with sorrow.

"He's not waking up," she told Banner. "He has a **fever** and is moaning, but his eyes won't open."

She held out the little bit of money she had and offered it to Bruce, **pleading for** his help. He didn't accept the money, but still threw his supplies into his worn doctor's bag and asked the girl to show him the way to her father.

They made their way through the nearly **impenetrable** Calcutta streets. The girl knew better than Bruce how to **navigate** the thick walls of people, but Bruce did his best

캘커타는 생존에 필요한 깨끗한 물이나 의약품 그리고 그 외의 여러 물품이 부족해 고통받고 있었다. 불행히도, 딱 한 가지 부족하지 않은 게 있다면 환자의 수였다. 배너가 일을 마치려고 할 때, 8살도 채 안돼 보이는 한 여자아이가 집 안으로 뛰어 들어왔다.

"어서 떨어져!" 어머니가 소리쳤다. "병에 걸린 애들이야!"

여자아이는 자신의 아빠도 똑같이 아파서 왔다고 했다. 아이는 울기 시작했고 슬픈 목소리로 이야기를 이어나갔다.

"아빠가 일어나질 않아요." 아이가 배너에게 말했다. "열이 나고 끙끙 앓고 있는데 눈을 안 떠요."

아이는 도와달라고 부탁하며 갖고 있는 얼마 안되는 돈을 브루스에게 내밀었다. 브루스는 돈을 받지 않고, 의료 기구들을 낡은 진료 가방에 넣고는 여자아이에게 아버지가 있는 곳을 알려달라고 했다.

그들은 앞이 거의 안 보일 정도로 꽉 찬 캘커타의 길을 지나갔다. 여자아이는 많은 사람들 틈에서 브루스보다 길을 쉽게 찾았고, 브루스도 아이를 놓치지 않고 따라잡으려 최선을 다했다.

to keep up with the girl, **so as** not **to** lose her.

They arrived at the very edge of town, which was a much less **densely populated** than the rest of the city. The girl led Bruce to a **shack** that stood apart from the others. It was even more **severely dilapidated** than the rest. She **darted** into the shack and Bruce, still trying to **keep pace**, followed right behind her.

Once inside the **shanty**, the girl rushed quickly onto a bed beneath a window. And then she slipped right through that window out of the room.

It took Bruce a few seconds to **register** what was going on, but then he realized what had happened. He'd **been tricked**.

A beautiful S.H.I.E.L.D. agent stood before him. The jig was up—they'd been looking for him for years, and now they had him.

The woman introduced herself as Natasha Romanoff.

"How did S.H.I.E.L.D. find me?" Banner asked.

"We never lost you," Natasha responded. "I'm here,

그들은 다른 지역에 비해 인구밀도가 훨씬 낮은 도시의 가장 끝에 도착했다. 여자아이는 다른 집들과는 다르게 생긴 오두막집으로 브루스를 안내했다. 그곳은 다른 집보다 훨씬 심하게 낡아 있었다. 여자아이는 오두막 안으로 잽싸게 들어갔고, 브루스는 여전히 아이를 따라잡기 위해 노력하며 바로 뒤따라 들어갔다.

판잣집에 들어가자 여자아이는 창문 아래에 있는 침대 위로 빠르게 돌진했다. 그리고 아이는 그 창문을 통해 방 밖으로 빠져나갔다.

브루스는 어떻게 된 일인지 알아차리는데 몇 초 걸렸지만, 금세 무슨 일이 일어난 것인지 깨달았다. 그가 속은 것이다.

아름다운 쉴드 요원이 그의 앞에 서 있었다. 이제 끝났다. 그들은 수년 동안 그를 찾아다녔고, 드디어 그를 잡았다.

여성은 자신을 나타샤 로마노프라고 소개했다.
"쉴드가 나를 어떻게 찾았죠?" 배너가 물었다.
"우린 한 번도 당신을 놓친 적이 없어요." 나타샤가 대답했다.

alone, **on behalf of** S.H.I.E.L.D. We need you to come in."

Natasha said S.H.I.E.L.D. was **aware** it had been two years without an **incident**. They weren't looking for the Hulk, they needed Bruce Banner. She explained that the Tesseract was stolen, possibly by a being once **worshiped** as a god. They needed to find it before he could use its power, but it was **emitting** gamma radiation that was too weak for any of their tools to trace. Bruce was the world's leading expert on gamma radiation, and they needed that expert advice right now.

Banner didn't believe it. He still thought that S.H.I.E.L.D. wanted the Hulk, not Banner.

"Stop lying to me!" he shouted with a **vehement** anger.

Natasha, who was not easily jarred, was **startled out of her wits**, **bracing herself** for Banner's **transformation** into the Hulk.

Then Bruce began to laugh. "That was mean!" he said. "Couldn't **resist**. What if I say no?"

"Then I will **persuade** you," Natasha replied.

"쉴드를 대표해서 저 혼자 왔어요. 우린 당신이 필요해요."

나타샤는 2년 동안 아무 사고도 없었다는 것을 쉴드가 알고 있다고 말했다. 그들은 헐크를 찾는 게 아니라 브루스 배너가 필요했다. 그녀는 테서랙트가 도난당했고, 훔쳐간 이가 신으로 여겨지는 존재일 수도 있다고 설명했다. 그가 테서랙트의 힘을 사용하기 전에 찾아야 하는데, 테서랙트가 내뿜는 감마선의 신호가 너무 약해 그들이 가진 어떤 장비로도 위치를 파악할 수 없다고 했다. 브루스는 세계에서 인정받는 감마선 전문가이고, 그들은 지금 전문가의 견해가 필요했다.

배너는 믿지 않았다. 그는 여전히 쉴드가 배너가 아닌 헐크를 원한다고 믿었다.

"거짓말하지 말아요!" 그가 격하게 화내며 소리쳤다.

쉽게 놀라지 않는 나타샤도 소스라치게 놀랐고, 배너가 헐크로 변할 것을 대비해 마음을 다잡았다.

브루스가 웃기 시작했다. "내가 심했어요." 그가 말했다. "참을 수 없었어요. 제가 싫다고 하면 어떻게 할 거죠?"

"그럼 설득해야죠." 나타샤가 대답했다.

"What if the *other* guy says no?"

Bruce's question met an uncomfortable silence as both he and Natasha considered what would happen if the Hulk decided that he didn't want to go along with S.H.I.E.L.D. Finally, Bruce spoke up. "If Fury wants me, we both know he's going to get me either way," he said, agreeing to come along.

❶"The situation is contained," Natasha said into her walkie-talkie.

"So we were alone, huh?" Bruce said.

Natasha shrugged while, outside, thirty-odd S.H.I.E.L.D. agents who'd surrounded the shack dropped their weapons.

"만약 헐크가 안 된다고 하면요?"

브루스의 질문에 어색한 침묵이 흘렀고 그와 나타샤는 헐크가 만일 쉴드와 함께 하고 싶지 않다고 결정하면 어떤 일이 벌어질지 생각했다. 마침내 브루스가 입을 열었다. "퓨리가 나를 원한다면 어떻게든 데려갈 거라는 걸 우리 둘 다 알고 있잖아요." 그가 함께 하기로 결정하며 말했다.

"상황 완료됐습니다." 나타샤가 워키토키에 대고 말했다.

"우리 둘만 있다면서요?" 브루스가 말했다.

나타샤는 어깨를 으쓱했고, 그동안 밖에서 오두막을 둘러싸고 있던 30여 명의 쉴드 요원들은 무기를 내렸다.

CHAPTER 28

📖 워크북 p84

SILENCE. That's all Agent Coulson could provide his hero, his idol, this man he never thought it possible that he'd meet. Steve Rogers sat across from Agent Coulson on a high-tech aircraft called the Quinjet. ❶Even though the ride was smooth as silk, Coulson found himself more than a little bit uncomfortable. But the **discomfort** was **mutual**.

스티브와 브루스, 나타샤가 드디어 한자리에 모여 헬리캐리어에 탑승합니다. 그들은 퓨리 대령과 함께 테서랙트를 되찾을 계획을 세우고, 브루스는 새로운 실험실에서 작업을 시작합니다.

침묵. 콜슨 요원이 자신의 영웅이자 우상, 만날 수 있다고 한 번도 생각하지 못한 이 남자에게 할 수 있는 것은 그것뿐이었다. 퀸젯이라고 불리는 최첨단 비행체 안에서 스티브 로저스는 콜슨 요원의 맞은 편에 앉았다. 비행은 매우 안정적이었으나 콜슨은 아주 불편했다. 하지만 불편하기는 서로 마찬가지였다.

Coulson was **starstruck**, in awe, blown away. And Steve wasn't used to such adoration. During the war he wore a mask and **rarely** came face-to-face with the general public. But Coulson was sitting here, looking him in the eyes, or at least trying to.

Finally, the S.H.I.E.L.D. agent brought himself to make some **small talk**, which **evolved into** a very lively conversation that he was loath to end when the Quinjet landed on S.H.I.E.L.D.'s Helicarrier. The men stepped off the Quinjet on to the carrier, where they were greeted by Natasha and Bruce.

Bruce, like everyone else, was in **particular** awe of Steve Rogers—the famous Captain America—and took full advantage of the opportunity to speak to a living legend, one who technically wasn't even living just a short time ago. Bruce was **fascinated** with the details of Steve's **cryonic suspension**. Though Steve couldn't give many details, Bruce found any and all that could be shared fascinating. All the while, Natasha kept to herself, typically

콜슨은 동경하던 스타를 만나 심장이 멎을 것 같았고, 경외심을 느꼈으며 감탄스러웠다. 그리고 스티브는 이런 동경에 익숙하지 않았다. 전쟁 중에 그는 가면을 쓰고 다녔고, 일반 대중과 얼굴을 마주 볼 일이 거의 없었다. 하지만 콜슨은 그냥 거기 앉아 스티브의 눈을 들여다보고 있었다. 아니면 최소한 보려고 노력하는 하는 중이었다.

마침내 쉴드의 요원이 이야기를 꺼냈고, 이는 매우 활기찬 대화로 이어져 퀸젯이 쉴드의 헬리캐리어에 도착했을 때 대화를 끝내기가 몹시 싫을 정도였다. 두 남자는 퀸젯에서 내려 헬리캐리어로 왔고, 나타샤와 브루스가 그들을 맞이했다.

브루스 역시 다른 사람과 마찬가지로 스티브 로저스, 그 유명한 캡틴 아메리카를 보며 굉장히 놀라워했고, 엄밀히 따지면 얼마전까지는 살아있지 않았던, 살아있는 전설과 대화할 기회를 충분히 가지려 했다. 브루스는 스티브가 냉동 상태로 보존되어 있었던 이야기에 심취했다. 비록 스티브가 자세한 정보를 주지는 않았지만 브루스는 스티브와 나눈 모든 이야기가 흥미로웠다. 그동안 나타샤는 쭉 혼자 있었고, 늘 그렇듯 음울하게 혼자 어둠 속에 있는 것을 좋아했다.

brooding, preferring to keep to the shadows. But if anyone knew her well—which none present really did—it would be clear that something was not sitting well with her.

The **gears** on the carrier began to shift, and the entire ship started to **rumble**. The passengers were prepared for the ship to **submerge**—like a huge submarine—but instead the entire **massive** carrier lifted up into the air. ❷Photovariant panels on the underside of the Helicarrier reflected the sky, and cloaked the ship, **rendering** it completely invisible. The sound was roaring, but it suddenly cut off as a **noise-cancelling device** was activated just as Colonel Fury entered the area.

"Thank you all for coming," he said. He turned to Banner, who of all the heroes was looking the most uncomfortable. "As soon as the Tesseract is back in S.H.I.E.L.D.'s hands, you can go. I'm not going to keep you here."

Bruce smiled uncomfortably, only half believing Fury.

"The cube is emitting gamma radiation, and no one

하지만 그녀를 잘 아는 사람이라면, 지금은 그런 사람이 한 명도 없지만, 무언가 그녀의 심기를 불편하게 하고 있다는 것을 알아챘을 것이다.

캐리어의 기어가 바뀌기 시작하더니 갑자기 비행선 전체가 우르렁거렸다. 탑승한 사람들은 거대한 잠수함처럼 캐리어가 물 속으로 들어갈 것이라 예상했지만 그 대신 엄청나게 큰 캐리어 전체가 하늘로 떠올랐다. 헬리캐리어 아래에 있는 역반사 패널들이 하늘을 반사해 함선을 완전히 안 보이게 만들었다. 그 소리가 무척 요란했지만, 퓨리 대령이 그곳에 들어오자마자 소음 방지 장치가 작동돼 소음이 순식간에 차단되었다.

"모두 와주셔서 감사합니다." 그가 말했다. 그는 모든 영웅들 중에 가장 불편해 보이는 배너 쪽으로 몸을 돌렸다. "테서랙트를 다시 쉴드의 손에 넣으면 당신은 가도 됩니다. 이곳에 당신을 데리고 있지 않겠소."

브루스는 퓨리의 말을 절반만 믿으며 불편하게 미소지었다.

"큐브는 감마선을 방출하고 있고, 그에 대해 당신만큼 아는 사람

knows about that better than you," Fury said.

Coulson informed Banner that S.H.I.E.L.D. had **access** to any device connected to a satellite. That access would be made available to Banner. Bruce let Coulson know that he'd also need **spectrometers**. Fury quickly ordered a lab to be set up for Banner, and he supplied him not only with spectrometers, but an **endless** supply of other devices that could be used to track the Tesseract.

Before long, Bruce was working. In no time at all, a hot spot appeared in Stuttgart, Germany.

"Got it!" Banner shouted.

The group boarded the Quinjet and was on its way immediately. More forces were gathering. They'd need all the power they could **assemble** to fight this battle. ❸Every second that the Tesseract was in the thief's hands was another second during which the fate of the world hung in the balance.

The battle was about to begin.

이 없소." 퓨리가 말했다.

콜슨은 배너에게 쉴드가 위성과 연결된 모든 장치에 접근할 수 있다고 알려주었다. 접근 권한을 배너도 받을 것이다. 브루스는 콜슨에게 분광기가 필요하다고 했다. 퓨리는 재빨리 배너를 위한 실험실을 설치할 것을 명령했고, 분광기뿐만이 아니라 테서랙트를 찾아내는데 필요한 다른 장치 역시 끊임없이 공급했다.

머지않아 브루스는 작업을 하고 있었다. 곧 핫 스폿이 독일 슈투트가르트에 잡혔다.

"잡았다!" 배너가 소리쳤다.

영웅들은 퀸젯에 올라타 즉시 떠났다. 더 많은 부대들이 모이기 시작했다. 이 전투를 위해 그들은 모을 수 있는 모든 힘을 모아야 했다. 도둑의 손에 테서랙트가 있는 매 순간, 전 세계의 운명은 어떻게 될지 미지수였다.

전쟁이 막 시작되고 있었다.

CHAPTER 29

📖 워크북 p86

*IN A **SQUARE*** outside a museum in Stuttgart, Germany, an **unassuming** man carrying a walking stick **strode** by a string **quartet**. The man **meandered** about a bit, taking in the evening, enjoying the night and the music. He surveyed the museum and walked around its **perimeter**, admiring its **architecture** and expressing interest in the

독일의 한 박물관에 나타난 로키는 사람들을 광장에 모아 모두 무릎을 꿇게 만듭니다.
로키가 무고한 시민을 해치려는 순간 어벤져스가 나타나 로키에게 대항합니다.

독일 슈투트가르트의 한 박물관 앞 광장, 검소해 보이는 한 남자
가 지팡이를 들고 현악 4중주 옆을 지나갔다. 그는 이리저리 걸어
다니며 저녁의 분위기를 느끼고 밤과 음악을 즐기고 있었다. 그는
박물관을 살피고 그 주위를 둘러보며 건축 양식에 감탄했고 저녁
이벤트에 관심을 보였다.

evening's event. He eventually made his way around to the **rear**. Once he was sure no one was looking, he slipped inside through a back entrance.

Inside the museum, a speaker was delivering a science lecture. The man who had **sneaked in** appeared at the top of the grand staircase behind the speaker and began to **descend**. As he stepped down the stairs, his long coat and walking stick **morphed into** the **unmistakable** battle armor and staff of Loki the Trickster.

Loki was on the run, but he still couldn't resist using his powers on the **inhabitants** of Midgard. Loki began firing bolts of energy from his staff every which way. Then he stepped out the front doors as gracefully as he'd entered.

A guard, hearing the **disturbance** but not knowing who or what had caused it, raced up to Loki as he exited the museum. He was intent on stopping him.

"Kneel!" Loki **commanded** the guard.

The guard **collapsed** onto his knees before Loki.

Suddenly it appeared as though Loki was **multiplying**

마침내 그가 건물 뒤쪽으로 갔다. 아무도 쳐다보지 않는다는 것이 확실해지자 그는 뒷문으로 슬며시 들어갔다.

박물관 안에는 한 연사가 과학 강연을 하고 있었다. 몰래 들어온 남자는 연사 뒤에 있는 거대한 계단 위에 나타나 계단을 내려오기 시작했다. 계단을 내려오면서 그의 긴 코트와 지팡이는 장난의 신 로키의 것이 틀림없는 전투 갑옷과 창으로 변했다.

로키는 물론 도망 중이었지만, 미드가르드에 사는 이들에게 자신이 가진 힘을 쓰고 싶어 참을 수 없었다. 로키가 창으로 사방에 에너지 번개를 쏘기 시작했다. 그리고 그가 들어왔을 때처럼 우아하게 앞문으로 나갔다.

소란을 들은 경비원은 누가 혹은 무엇이 소란을 일으켰는지는 몰랐지만 박물관을 나가는 로키를 향해 뛰어갔다. 로키를 막으려는 의도였다.

"무릎을 꿇어라." 로키가 경비원에게 명령했다.

경비원은 로키 앞에 무릎을 꿇었다.

갑자기 로키가 배로 늘어나더니 수많은 로키들이 광장을 가득

—dozens of him filled the square.

"All of you, **kneel!**" He shouted to the people in the square.

Everyone dropped to their knees, except for one man who stood out **conspicuously** in the crowd.

"I do not kneel to men like you," the old man said.

"There are no men like me," Loki replied.

"There are *always* men like you," the old man **retorted**.

Loki lifted his staff and pointed it at the man in disgust. He fired a bolt of energy. Then, suddenly, **seemingly** from nowhere at all, a loud clang **reverberated**. Something **swooped** by in a blur and **ricocheted off** of the energy stream—**deflecting** Loki's blast and keeping the old man from harm, then swiping Loki across the head as it swooped back toward its **wielder**.

It was the shield of Captain America, and it had been a very long time since it had been used to fight the good fight.

채웠다.

"모두 무릎을 꿇어라!" 그가 광장에 있는 사람들에게 소리쳤다.

군중 속 눈에 띄게 혼자 서 있는 한 남자를 제외하고는 모두 무릎을 꿇었다.

"당신 같은 사람에게 무릎 못 꿇어." 노인이 말했다.

"나 같은 사람은 없어." 로키가 대답했다.

"당신 같은 사람들은 늘 있어." 노인이 대꾸했다.

로키는 혐오스럽다는 듯 창을 들어 그 남자를 가리켰다. 그가 에너지 줄기를 쐈다. 그 순간, 어디선가 쨍그랑하는 소리가 울려 퍼졌다. 흐릿함 속에서 무언가가 급강하했고 로키의 에너지 줄기가 그것에 맞고 튕겼다. 로키의 창에서 나온 폭발적인 에너지가 방향을 바꿔 노인은 위험에서 벗어날 수 있었고, 에너지를 휘두른 로키에게 되돌아가 그의 머리를 내리쳤다.

그것은 캡틴 아메리카의 방패였고, 아주 오랜만에 선한 싸움을 위해 사용되었다.

"Ah, the Super-Soldier from the Great War," Loki said.

"It wasn't that 'great,'" Captain America replied **flatly**.

"Mine will be," Loki said **evilly**.

Meanwhile, in the air above, Natasha was **piloting** the Quinjet. Her **objective** was to stun Loki with a blast, but the square was too crowded. She needed it to be cleared before she could get a clean shot.

"I'll get this one," Cap said, facing down Loki.

The two began to spar all over the square, Loki **dodging** the Captain's shield, Cap bouncing back every time Loki **dealt** him **a blow**. All the while, Natasha attempted to fix a target on Loki, but he darted around far too quickly to be locked down.

Troublingly, Natasha's radio filled with **static**. No, it wasn't static, it was … heavy metal music? Then she realized what was happening.

"Hello, Tony," she said.

Iron Man zoomed past the Quinjet and swooped down to the square, where he began to fire repulsor blasts

"아, 대단한 전쟁의 슈퍼 솔져군." 로키가 말했다.

"그렇게 '대단'하진 않았어." 캡틴 아메리카가 단호히 대답했다.

"내 전쟁은 대단할 거야." 로키가 사악하게 말했다.

한편 나타샤는 하늘에서 퀸젯을 조종하고 있었다. 그녀의 목적은 로키를 쏴서 기절시키는 것이었지만, 광장에 사람이 너무 많았다. 그녀가 정확하게 발사하기 위해선 광장에 있는 사람들을 대피시켜야 했다.

"이건 내가 맡을게." 캡이 로키를 제압하며 말했다.

로키는 캡틴의 방패를 피했고, 캡은 로키가 일격을 가할 때마다 다시 일어나며 둘은 광장 전체에서 싸우기 시작했다. 이 와중에 나타샤는 로키를 목표물로 조준하려고 했지만, 그가 너무 날쌔게 움직여 조준할 수 없었다.

귀찮게도, 나타샤의 라디오에서 잡음이 들렸다. 아니다. 잡음이 아니다. 이건… 헤비메탈 음악? 곧 그녀는 어떤 일이 일어난 것인지 깨달았다.

"안녕하세요, 토니." 그녀가 말했다.

퀸젯 옆으로 아이언맨이 휙 지나 광장으로 급강하했고, 로키에게 리펄서 블라스트를 발사하기 시작했다.

at Loki. Loki persisted, but Tony trained his repulsor ray on Loki's staff and blasted it out of his hand. The staff **skittered** down the square. Still, Loki would not **relent**. He continued to battle both Captain America and Iron Man. But then, the **latter** descended into the square, **hovered** in front of Loki and transformed his armor to show that the suit was outfitted with every Stark Industries weapon imaginable—including some that no one else could even **conjure** in their wildest dreams.

Loki threw up his hands in defeat, an evil smile on his face.

"Good move," Tony said, then he turned to the man with the shield.

"Mr. Stark," Steve said.

"Captain."

로키는 끈질기게 싸웠지만, 토니가 리펄서 빔을 로키의 창에 조준하고 발사해 로키의 손에서 창을 떨어트렸다. 창은 광장으로 미끄러졌다. 그래도 로키는 약해지지 않았다. 그는 캡틴 아메리카와 아이언맨과 계속해서 싸웠다. 하지만 곧 아이언맨이 광장에 내려와 로키 앞을 맴돌며 슈트 모양을 바꾸었고, 상상할 수 있는 스타크 인더스트리의 모든 무기가 장착되어 있다는 것을 보여주었다. 그중 어떤 무기는 그 어떤 멋진 꿈에서도 상상할 수 없는 무기였다.

로키는 패배를 인정하듯 두 손을 하늘 높이 올렸지만, 얼굴엔 악한 미소를 띠었다.

"잘했어." 토니가 말했고 방패를 든 남자에게 시선을 옮겼다.

"스타크." 스티브가 말했다.

"캡틴."

CHAPTER 30

📖 워크북 p88

BACK IN THE Quinjet, Natasha, Tony, and Steve **stood sentry** over Loki. Fury radioed in, telling them to get Loki to the S.H.I.E.L.D. Helicarrier. They'd continue the search for the Tesseract later. The main thing was to make sure it wasn't in Loki's hands and that he was kept in a place where he could do no more harm.

로키를 데리고 퀸젯으로 돌아온 어벤져스는 어디선가 어둡고 검은 구름이 몰려오는 것을
봅니다. 천둥 번개와 함께 나타난 토르가 로키를 낚아채 어딘가로 사라지고, 아이언맨과
캡틴 아메리카는 그들을 추적합니다.

퀸젯에 돌아와 나타샤와 토니, 스티브는 로키의 보초를 섰다. 퓨
리는 로키를 쉴드의 헬리캐리어로 데려오라고 무전을 쳤다. 테서
랙트는 나중에 계속 찾을 것이다. 중요한 것은 로키가 테서랙트를
갖지 못하게 확실히 하는 것이었고 더 큰 피해를 끼치지 않을 만한
곳에 그를 가둬 놓아야 했다.

Natasha was at the controls, piloting the Quinjet and watching as dark black clouds rolled in over the jet under an otherwise **crystal clear** sky.

"Where's this coming from?" she said. The clouds began to **ripple** with **lightning**, and a low, rolling thunder sounded, rattling the jet.

At first the group thought that Loki was responsible. But that didn't appear to be the case. He looked more nervous than anyone else on the jet.

"What's the matter?" Cap asked. "You scared of lightning?"

"**I'm** not overly **fond of** what follows," Loki replied.

A loud crack of thunder **punctuated** Loki's remark, and the group could feel something huge and powerful land on top of the jet. Captain America and Iron Man suited up, preparing to respond. From a jet cam, Natasha could see a man in full battle armor that she immediately recognized from S.H.I.E.L.D. files as Thor standing on top of the jet, **illuminated** by the lightning that crashed

나타샤가 퀸젯을 조종하며 조종석에 있었고, 제트기 아래의 맑은 하늘과 대조적으로 어둡고 검은 구름이 밀려들어 오는 것을 보았다.

"어디서 오는 거지?" 그녀가 말했다. 구름은 번개로 물결치기 시작했고 낮고 우르릉거리는 천둥소리가 제트기를 흔들었다.

처음엔 모두 로키 때문인 줄 알았다. 하지만 아니었다. 그는 제트기에 타고 있는 그 누구보다 더 긴장한 기색이었다.

"뭐가 문제지?" 캡이 물었다. "번개가 무섭나?"

"번개 다음에 오는 걸 그다지 좋아하지 않아." 로키가 대답했다.

천둥의 굉음이 로키의 말을 중단시켰고, 모두가 거대하고 강력한 무언가가 제트기 위에 내려앉는 것을 느꼈다. 캡틴 아메리카와 아이언맨은 전투태세를 갖췄다. 제트 캠을 통해 나타샤는 완벽한 전투 갑옷을 입은 한 남자를 보았고, 그녀는 즉시 쉴드 문서에서 본 토르가 제트기 위에 있다는 것을 알아차렸다. 그는 그의 주변에서 굉음을 내며 부딪치는 번개로 빛나고 있었다.

around him.

Iron Man ordered the **gangway** of the Quinjet to be **lowered** so he could fly out and respond.

"Wait! He might be friendly!" Captain America warned.

"Doesn't matter, if he's come to **rescue** our prisoner."

As the **ramp** began to open and Iron Man prepared to **jet out**, huge, strong hands **wedged** into the opening and **pried** the ramp open the rest of the way.

Stunned, Iron Man held up his hands to fire a repulsor blast, but before he could act, Thor flung Mjolnir at Iron Man, sending him **cascading** across the Quinjet into Captain America. With Iron Man and Captain America **out of commission**, Thor grabbed his brother. Mjolnir returned to Thor, who raised it and used it to flee from the Quinjet with Loki in tow.

Iron Man and Captain America looked at each other in disbelief. Then Tony did the only thing there was to do in a situation like this—he rocketed out of the ship.

아이언맨은 자신이 날아가 맞설 수 있게 퀸젯의 트랩을 내리라고 지시했다.

"기다려! 우리 편일 수도 있잖아." 캡틴 아메리카가 경고했다.

"상관없어. 만약 포로를 구하러 왔다면."

경사로가 열리기 시작했고 아이언맨이 나갈 준비를 하자, 거대하고 강력한 손이 열린 틈으로 들어와 경사로를 비틀고는 나머지 부분을 열었다.

놀란 아이언맨은 손을 들어 리펄서 블라스트를 쏘려고 했지만 행동으로 옮기기도 전에 토르가 몰니르를 아이언맨에게 던졌고, 아이언맨은 내동댕이쳐져 퀸젯의 반대편인 캡틴 아메리카 쪽으로 날아갔다. 아이언맨과 캡틴 아메리카가 싸울 수 없는 상태가 되자 토르는 동생을 붙잡았다. 몰니르는 토르의 손으로 되돌아갔고, 그는 망치를 하늘 높이 들어 로키를 데리고 퀸젯에서 탈출했다.

아이언맨과 캡틴 아메리카는 믿기지 않는다는 눈빛으로 서로를 쳐다보았다. 이런 상황에서 토니가 할 수 있는 일은 한 가지밖에 없었다. 그가 로켓처럼 빠르게 비행선을 빠져나갔다.

Steve was amazed at the speed at which Tony moved. He grabbed a **parachute** and strapped it on.

Natasha looked at him **skeptically**. They were thousands of feet above land, the Quinjet was moving at a **supersonic** clip, and—as far as she knew—Captain America couldn't fly.

"Um, maybe you should sit this one out," she said.

Cap just turned to Natasha, **saluted** her, and jumped out of the plane.

Meanwhile, the Asgardian brothers had **alighted** on a mountainside, and Thor, now the more **diplomatic** of the two, continued his never-ending **quest** to understand his brother.

"With the Bifrost destroyed, Odin must have used all his power to get you here," Loki said.

"We thought you were dead. We **mourned**. Our father…"

"*Your* father!" Loki replied. "Did he not tell you my true parentage?"

스티브는 토니가 움직이는 속도에 놀랐다. 그는 낙하산을 하나 잡아 끈을 묶었다.

나타샤는 그를 회의적으로 쳐다봤다. 그들은 몇천 피트 상공에 있었고, 퀸젯은 초음속으로 움직이고 있었다. 그리고 그녀가 아는 한 캡틴 아메리카는 날 수 없었다.

"음, 이번엔 그냥 기다리죠." 그녀가 말했다.

캡은 나타샤를 향해 돌아 경례하고, 비행기에서 뛰어내렸다.

한편, 아스가르드의 형제는 산기슭에 착륙했고, 둘 중 더 자비로운 토르는 동생을 이해하려는 무한한 노력을 지속했다.

"바이프로스트가 파괴됐으니 형을 이곳에 오게 하려고 오딘이 힘을 다 썼겠군." 로키가 말했다.

"우리는 네가 죽은 줄 알았어. 모두가 슬퍼했다고. 우리 아버지는….."

"형의 아버지!" 로키가 대답했다. "내 진짜 혈통에 대해 형한테 얘기 안 했나 보지?"

"Loki, we were raised together. Played together. Fought together. Do you remember *none* of this?"

"What I remember is growing up in your shadow," Loki said **bitterly**.

"You must return to Asgard. We will talk to the Allfather...."

"I am not going anywhere. If Asgard can't be mine, then I shall rule over Midgard," Loki said, becoming increasingly **incensed**.

"You know nothing of ruling," Thor shouted back.

Just as the exchange between the two gods was **reaching a fever pitch**, something shot from the air and plowed into Thor, knocking him clear out of the scene: it was the **Invincible** Iron Man. Thor responded in kind, and the two heroes battled **violently**. Tony's circuitry started to **go haywire**, due to the **interference** caused by Thor's lightning. Thor wailed upon Iron Man's armor with Mjolnir, rocking Tony with blow after blow.

"로키, 우린 같이 자랐어. 같이 놀고, 같이 싸우고. 하나도 기억이 안 나?"

"내가 기억하는 건 난 항상 형의 그림자였다는 거야." 로키가 씁쓸하게 대답했다.

"넌 아스가르드로 돌아가야 해. 아버지와 이야기하자…."

"난 아무 데도 안 가. 아스가르드가 내 것이 될 수 없다면 미드가르드를 통치하겠어." 로키가 점점 더 격분하며 말했다.

"넌 통치가 뭔지도 몰라." 토르가 소리쳐 말했다.

두 신의 대화가 격한 흥분 상태에 도달했을 때 상공에서 무언가가 내려와 토르를 강타했고, 그를 완전히 날려버렸다. 아무도 막을 수 없는 아이언맨이었다. 토르도 반격해 두 영웅은 격하게 싸웠다. 토니의 전기 회로가 토르의 번개로 인한 전파 방해로 엉망이 되기 시작했다. 토르가 묠니르로 아이언맨의 강철 슈트를 때렸고, 연이은 강타로 토니를 이리저리 흔들었다.

Every time Tony **picked himself up**, Thor knocked him back down. With every blow, it became more difficult for Tony to pick himself back up. He and his armor were taking a beating, and his armor was shutting down.

Thor was growing **weary** of Tony's resistance. He had a feeling Iron Man could go on taking a beating all day and never stay down. So Thor raised Mjolnir and **summoned** all the power available to him, causing a great column of lightning to descend from the skies and **jolt** Tony's armor with an **unearthly** clap of power and energy.

Inside Tony's suit, J.A.R.V.I.S. alerted Tony that the lightning had fed the suit with an unprecedented power surge, and his power was now at 400-percent. Tony shot up and blasted Thor with a repulsor blast that knocked the Mighty Thor down and kept the battle alive. Thor picked himself up. Before turning his attention back to Iron Man, he shot a warning glance toward Loki, letting him know he should not even think about trying to flee. Thor wasn't done with him yet.

토니가 다시 일어설 때마다 토르는 그를 다시 때려눕혔다. 맞으면 맞을수록 토니는 다시 일어서기 힘들어졌다. 그와 그의 슈트는 큰 손상을 입었고, 슈트가 작동을 멈추기 시작했다.

토르는 토니의 저항에 점점 지쳐갔다. 아이언맨은 온종일 맞고도 포기하지 않을 것 같았다. 그래서 토르는 묠니르를 들어 그가 모을 수 있는 모든 힘을 모아 하늘에서 번개 기둥이 내려오게 했다. 그러고는 토니의 슈트에 초자연적인 힘과 에너지로 일격을 가했다.

토니의 슈트 안에서 자비스는 번개가 슈트에 전례 없는 전력 급상승을 일으켜 슈트의 파워가 이제 400% 충전됐음을 토니에게 알렸다. 토니는 재빨리 일어나 리펄서 블라스트로 전지전능한 토르를 무너뜨려 싸움을 부활시켰다. 토르는 다시 일어섰다. 아이언맨에게 주의를 집중하기 전에 그는, 도망갈 시도는 생각도 하지 말라는 경고의 눈빛으로 로키를 쏘아보았다. 아직 로키와의 일이 끝나지 않았다.

As the two superpowered beings faced off again, something shot down between them, blocking any further aggression. ❶Tony turned to see Captain America with his shield raised, **urging** diplomacy.

In response, Thor swung Mjolnir over his head and slammed it at Captain America. But Cap was quick to block the hammer with his shield, resulting in an unearthly **sonic** BOOM!

All four men on the mountain were knocked back by the **shockwave** from the collision.

"Are we done here?" Captain America asked as the vibrations **subsided**.

The three heroes looked over toward Loki, the reason they were battling. The god of **mischief smirked**. Thor grabbed his brother and brought him back to the Quinjet, where he would force the Trickster to cooperate with S.H.I.E.L.D. It was what needed to be done after what Thor had learned about his brother's desire to **conquer** Earth.

Once S.H.I.E.L.D. had what it needed from Loki, Thor

슈퍼 파워를 가진 둘이 다시 싸우기 시작하자 무언가가 그들 사이에 내려와 더 이상 싸우지 못하게 막았다. 토니가 돌아서 대화를 하자는 의미로 방패를 높이 들고 있는 캡틴 아메리카를 보았다.

이에 대한 대답으로 토르는 묠니르를 머리 위에서 돌리고는 캡틴 아메리카에게 내리쳤다. 하지만 캡은 재빨리 방패로 망치를 막았고, 이때 섬뜩할 정도로 큰 굉음이 울렸다.

산 위에 있던 네 남자는 그 충돌의 여파로 모두 뒤로 넘어졌다.

"이제 끝난 건가?" 진동이 가라앉자 캡틴 아메리카가 물었다.

세 영웅은 그들이 싸우고 있는 이유인 로키를 쳐다보았다. 장난의 신은 능글맞게 웃었다. 토르는 동생을 잡아 퀸젯으로 데려갔고, 그 장난의 신에게 쉴드에 협조하라고 명령했다. 동생이 지구를 통치하려는 욕망이 있다는 것을 알게 된 토르가 해야만 하는 일이었다.

쉴드가 로키에게서 원하는 것을 얻으면, 토르는 로키가 한 행동

would return his brother to Asgard, where he was sure to **pay for** his ways.

의 대가를 치르게 될 아스가르드로 그를 돌려보낼 것이다.

EPILOGUE

📖 워크북 p91

BACK ON THE S.H.I.E.L.D. Helicarrier, Bruce Banner watched as Loki was locked up in a huge glass cage.

"This wasn't meant for me, you know," Loki **taunted** Bruce through the video **surveillance**. "It was **constructed** for someone angrier and greener."

Bruce sensed his heart rate increasing as Loki

어벤져스에게 붙잡힌 로키는 쉴드의 헬리캐리어 내부 거대한 유리 감옥에 갇힙니다. 그
리고 지구의 안보가 위협당하는 위기의 상황에서 슈퍼히어로들의 활약으로 지구는 다시
평화를 되찾습니다.

쉴드의 헬리캐리어로 돌아가 브루스 배너는 거대한 유리 감옥
안에 있는 로키를 지켜보았다.

"이건 나를 위해 만든 게 아닌 거 알지?" 로키가 감시 카메라를
통해 브루스를 비웃었다. "나보다 난폭하고 녹색인 존재를 위해 만
든 거지."

브루스는 로키가 적대감을 불러일으킬 때 심장 박동이 빨라지는

antagonized him. He breathed deeply to settle down.

Loki hissed at Colonel Fury. He wouldn't be held so easily.

But Fury argued that point. The colonel showed that there was no way out on any of the cell's sides. He **flipped** a switch and the floor slid open, revealing a glass **enclosure** over a 30,000-foot drop. If Loki tried to escape, the doors of the glass floor would part, and Loki would plunge to Earth.

Agent Coulson radioed in that the Tesseract, Agent Barton, and Dr. Selvig had been located. The two men had been **brainwashed** by Loki. With Loki defeated, the effects of his **hypnosis** were **wearing off**, and the Tesseract was on its way back to S.H.I.E.L.D.'s carrier.

Loki was trapped and the world was safe, at least for the moment. Thor stood **aboard** the Helicarrier, waiting to return his brother to Asgard to face Odin's strong arm of justice.

Bruce, Steve, Natasha, and Tony each looked at one

것을 느꼈다. 그는 진정시키기 위해 숨을 깊이 들이마셨다.

로키는 퓨리 대령을 비웃었다. 그를 이렇게 쉽게 가두지는 못할 것이다.

하지만 퓨리는 반박했다. 대령은 그 방의 어디로도 나올 방법이 없다는 것을 보여주었다. 퓨리가 스위치 하나를 올리자 바닥이 미끄러지듯 열리며 30,000피트가 넘는 유리 바닥 아래가 보였다. 만약 로키가 도망가려 한다면, 유리 바닥으로 된 문이 열려 로키는 땅으로 떨어질 것이다.

콜슨 요원은 테서랙트와 바튼 요원, 셀빅 박사의 위치를 파악했다고 무전을 보냈다. 두 남자는 로키에게 세뇌당했었다. 로키의 패배로 최면이 조금씩 풀리기 시작했고, 테서랙트는 쉴드의 캐리어로 돌아오는 중이었다.

로키를 가두었고 적어도 지금, 세상은 안전했다. 토르는 헬리캐리어에 서서 아스가르드로 동생을 돌려보내 오딘의 정의의 힘과 마주하게 되기를 기다렸다.

브루스와 스티브, 나타샤, 토니는 서로를 쳐다본 뒤 토르에게 시

another and then over at Thor. None of them could have captured Loki alone. It was only together—despite their **rocky** start—that they were able to prevent certain disaster.

This was the first, but surely not the final time that the great Super Heroes of the world had come together and assembled into a team. It was the start of something incredible, invincible … and mighty. It was the beginning of an initiative that Nick Fury had tried to assemble for years, despite facing obstacles every step of the way. But with the fate of the world, perhaps the universe, **hanging in the balance**, Earth's Mightiest Heroes had come together to protect, to serve, to defend, and to **avenge**.

And as Colonel Fury watched Loki **contemplate** his **cell** and Thor ready his brother for a trip back to Asgard, he realized that if the world ever again needed them, they would band together again.

Whenever duty called, the Avengers would answer— for now and forever, fighting for the greatest good and never relenting till the battle was won.

선을 옮겼다. 그들 중 누구도 혼자서 로키를 잡을 수 없었다. 순조로운 출발은 아니었지만, 함께 했기에 일어날 뻔했던 참사를 막을 수 있었다.

세상의 슈퍼히어로들이 뭉쳐 팀을 만든 것은 이번이 처음이었지만 분명히 마지막도 아닐 것이다. 놀랍도록 대단하고 아무도 막을 수 없는… 그 위대한 무언가의 시작이었다. 비록 매 순간 장애물을 만났지만 말이다. 닉 퓨리가 수년 동안 만들려고 했던 그 작전의 시작이었다. 세상의 운명, 아마 우주의 운명까지 어떻게 될지 모르는 상황에서 지구의 가장 위대한 영웅들이 보호하고, 도와주고, 방어하고, 복수하기 위해 모였다.

그리고 퓨리 대령은 갇힌 방에서 깊은 생각에 잠긴 로키와 아스가르드로 동생을 데려갈 준비를 하는 토르를 보며, 세상이 이들을 다시 필요로 할 때 그들은 다시 뭉치게 되리라는 것을 깨달았다.

임무가 생기면 언제든, 어벤져스는 응답할 것이다. 지금도 그리고 앞으로도 영원히, 최고의 선을 위해 그리고 전투에서 이길 때까지 절대 꺾이지 않을 것이다.

30장면으로 끝내는
스크린 영어회화 – 겨울왕국

구성
· 전체 대본
· 훈련용 워크북
· mp3 CD

강윤혜 지음 | 336쪽 | 18,000원

국내 유일! 〈겨울왕국〉 전체 대본 수록!

영어 고수들은 영화를 외운다!
하루 한 장면, 30일 안에 영화 한 편을 정복한다!

난이도	첫걸음 | **초급** | **중급** | 고급	기간	30일
대상	영화 대본으로 재미있게 영어를 배우고 싶은 독자	목표	30일 안에 영화 주인공처럼 말하기

30장면으로 끝내는
스크린 영어회화 – 알라딘

구성
· 전체 대본
· 훈련용 워크북
· mp3 CD

라이언 강 해설 | 362면 | 18,000원

국내 유일 ! 〈알라딘〉 전체 대본 수록 !

아그라바 왕국에서 펼쳐지는 마법 같은 모험!
〈알라딘〉의 30장면만 익히면 영어 왕초보도 영화 주인공처럼 말할 수 있다!

| 난이도 | 첫걸음 | 초급 | 중급 | 고급 |

기간 30일

대상 영화 대본으로 재미있게
영어를 배우고 싶은 독자

목표 30일 안에
영화 주인공처럼 말하기

— 스크린 영어 리딩 —

번역·해설 **케일린 신**

📖 원서가 술술 읽히는 단어장

p14

☐ **come of age** ~의 시대가 오다, 나이가 들다

☐ **unlike** ~와 다른, ~답지 않게

☐ **hopefully** 바라건대, 희망을 갖고

☐ **worse** (문장 도입 부분에 쓰일 때) 더 심각한 것은

☐ **a quarter century** 25년(100년의 1/4)

☐ **serve** 복무하다

☐ **valuable** 소중한, 귀중한

☐ **what it means to be** ~하는 것이 무엇인지

p16

☐ **moreover** 게다가, 더욱이

☐ **by the time** ~할 때 즈음

☐ **rage** 격해지다, 사납게 밀어닥치다

☐ **worldwide** 전 세계적인

☐ **neighborhood** 근처, 이웃, 지역

☐ **line up** 줄을 서다

☐ **recruiting center** 모병소

☐ **suit up** 제복을 입다

☐ **deployment** (부대의) 배치

☐ **cramped** 비좁은

☐ **four-story** 4층의

☐ **walk-up** 엘리베이터가 없는 건물

☐ **stickball** 스틱볼(가벼운 공을 막대기로 치는, 야구와 비슷한 길거리 스포츠)

☐ **skelly** 스켈리(바닥에 그림을 그리고 병뚜껑을 던지며 노는 야외 게임)

☐ **kick-the-can** 캔 차는 놀이

☐ **weekday** 평일

- ☐ gruff 거친 목소리의
- ☐ rapidly 빨리, 급속히, 신속히
- ☐ chatter 수다
- ☐ home front 국내 전선, (전시의) 후방
- ☐ nervous 불안해 하는, 초조해 하는

- ☐ occasionally 가끔, 때때로, 이따금
- ☐ wail 통곡, 울부짖음
- ☐ pierce 관통하다, 꿰뚫다
- ☐ count 수를 세다, 중요하다
- ☐ make sense 이해하다
- ☐ certain 확실한, 틀림없는, 어떤
- ☐ irrepressible 억누를 수 없는
- ☐ entire 전체의
- ☐ laughter 웃음, 웃음소리
- ☐ replace 대신하다, 대체하다
- ☐ sobbing 흐느낌, 오열
- ☐ liberate 해방하다
- ☐ prisoner 죄수, 포로
- ☐ overthrow 전복시키다
- ☐ wage (전쟁을) 벌이다
- ☐ spill 흘리다, 쏟다
- ☐ be of age 성년이 되다
- ☐ include 포함하다
- ☐ local 지역의, 현지의

- ☐ mainly 주로, 대부분
- ☐ physically 신체적으로, 물리적으로
- ☐ average 평균의, 보통의
- ☐ slight 약간의, 조금의, 작고 여윈, 가냘픈

3

- □ **weigh in** 체중 검사를 받다
- □ **breathe** 호흡하다, 숨을 쉬다
- □ **polluted** 오염된
- □ **winded** 숨이 찬
- □ **hollow** 텅 빈, 공허한
- □ **bulge from** ~에서 튀어나오다
- □ **skull** 두개골
- □ **reveal** (비밀 등을) 드러내다
- □ **compassion** 동정, 연민
- □ **defend** 보호하다
- □ **just** 올바른, 정당한
- □ **brief** 간단한, 간결한
- □ **physical exam** 신체검사
- □ **determine** 결정하다, 밝히다
- □ **liability** 불이익, 불리, 부채
- □ **battlefield** 싸움터, 전장
- □ **asset** 자산, 재산
- □ **for one's own good** ~의 이익을 위해
- □ **enlist** 입대하다

p22

- □ **look after** ~을 돌보다
- □ **give up** 포기하다
- □ **laugh something off** ~을 웃어넘기다
- □ **do one's part** 자기의 역할을 다하다
- □ **try one's luck** 운을 시험해 보다
- □ **though** 비록 ~이긴 하지만
- □ **be set to** ~하도록 예정되어 있다
- □ **exhibition** 전시회, 박람회
- □ **amusement park** 놀이공원

4

- □ **world-renowned** 세계적으로 유명한
- □ **personally** 개인적으로, 직접
- □ **latest** 최신의, 가장 최근의
- □ **creation** 창작, 창작품
- □ **hover** 맴돌다, 날다
- □ **aboveground** 지상의
- □ **despite** ~에도 불구하고
- □ **display** 전시, 진열, 전시하다, 진열하다, 내보이다
- □ **futuristic** 미래의
- □ **wander away** 훌쩍 떠나다
- □ **approach** 다가가다
- □ **step away** ~을 놓고 가다
- □ **jog over** 가볍게 뛰어가다
- □ **fair** 박람회
- □ **illegal** 불법적인
- □ **back-alley** 뒷골목
- □ **scrap** 싸움, 다툼

- □ **at least** 적어도, 최소한
- □ **ship out** 배로 본국을 떠나다
- □ **sigh** 한숨을 쉬다
- □ **journey** 여행, 여정, 이동, (인생의) 행로
- □ **fill out** 작성하다
- □ **memorize** 암기하다
- □ **exam room** 조사실
- □ **check one's vitals** 건강 검진을 하다
- □ **wastebasket** 쓰레기통
- □ **falsify** (문서를) 위조하다

5

- MP (military police) 헌병
- frail 허약한, 빈약한
- frightened 겁먹은, 무서워하는
- be fed up with ~에 진절머리가 나다
- trail ~의 뒤를 따라가다
- bearded 수염이 있는
- dismiss (사람을) 물러가게 하다, 해산시키다
- tenacious 집요한, 끈질긴
- heavily accented 강한 억양을 가진
- detect 감지하다
- stutter (말을) 더듬다
- bully 불량배

- reserve 예비군
- boot camp 신병 훈련소
- core 핵심의, 중요한
- fit 신체적으로 건강한
- scramble 돌진하다
- obstacle 장애, 장애물
- routinely 언제나, 정기적으로
- struggle 투쟁하다, 힘겹게 나아가다
- keep up (~의 진도, 속도를) 따라가다
- pack 무리, 집단
- grenade 수류탄
- trainee 훈련생, 신병
- be in charge of ~을 담당하다, 책임지고 있다
- scatter 흩어지다
- find cover 피할 곳을 찾다
- ditch 도랑

□ shelter 주거지, 대피처, 보호소

p32

□ flee 도망가다
□ ball oneself up 몸을 둥글게 말다
□ explode 폭발하다
□ shortcoming 단점, 결점
□ in spirit 정신은, 마음속으로
□ take part in ~에 참여하다, 가담하다
□ clandestine 비밀의, 은밀한
□ agile 민첩한
□ adept 숙련된, 능숙한

p34

□ lab (laboratory) 실험실, 연구실
□ antique 골동품
□ awe 경외감, 경외하게 하다
□ escort 호위하다, 데리고 가다
□ skeptically 회의적으로
□ fellow 친구, 동료
□ frankly 솔직히
□ disapproval 반대, 불만
□ ordinary 보통의, 일상적인, 평범한
□ inventor 발명가
□ skip out on ~을 저버리다

p36

□ intriguing 흥미를 자아내는, 호기심을 자극하는
□ steel 강철, 철, 무기
□ enlarge 확대하다, 확장하다
□ enclose 둘러싸다, 에워싸다
□ bombard with ~을 포격하다

- prevent 막다, 방지하다
- unchecked 억제되지 않는
- growth 성장, (크기, 양, 정도의) 증가
- power grid 전력망
- hesitation 주저, 망설임
- strap 끈, 끈으로 묶다
- chamber 공간, 방, 실, 통
- seal 밀폐하다, 밀봉하다
- lever 레버, 지레
- dose (어느 정도의) 양, (약의) 복용량, 1회분
- administer (약을) 투여하다, 관리하다, 집행하다
- register 기록하다, 등록하다
- complete 완료하다, 끝마치다, 완성하다

p38

- radiation 방사선
- weigh on ~을 (정신적으로) 짓누르다, 압박하다
- unearthly 섬뜩한, 초자연적인
- call out (위급한 상황에서) ~를 부르다
- holler 외치다, 고함지르다
- confine 국한시키다, (좁은 곳에) 가두다
- capacity 용량, 수용력
- flicker 깜빡이다
- burst 터지다, 폭발하다
- technician 기술자, 전문가
- scurry 급히 달리다
- raw 가공되지 않은, 날것의
- mount (서서히) 증가하다, 올라가다
- culminate 정점에 달하다, 끝이 나다
- spectacular 굉장한, 극적인
- duck 몸을 피하다, 도망치다

- ☐ airtight 밀폐된
- ☐ hiss (증기, 뱀 따위가) 쉿 소리를 내다
- ☐ no longer 더 이상 ~아닌, 하지 않는

p40

- ☐ attempt 시도하다
- ☐ adjust 적응하다
- ☐ perspective 시각, 관점
- ☐ joyous 아주 기뻐하는, 기쁨을 주는
- ☐ permeate 스며들다, 퍼지다
- ☐ celebrate 기념하다, 축하하다
- ☐ commence 시작하다
- ☐ rock 흔들다, 뒤흔들다
- ☐ control booth 제어실, 조정실
- ☐ observer 관측자
- ☐ aid 도움
- ☐ vial 유리병
- ☐ strength 힘, 기운
- ☐ guts 배짱, 용기, 근성

p42

- ☐ go limp 축 늘어지다
- ☐ acquire 습득하다
- ☐ rush off 서둘러 떠나다
- ☐ avenge 복수하다
- ☐ spot 발견하다, 찾다
- ☐ leap 뛰어오르다, 도약하다
- ☐ waterfront 해안가, 부두
- ☐ catch up with ~을 따라잡다
- ☐ pursue 추구하다, 뒤쫓다, 추적하다
- ☐ improbable 사실 같지 않은
- ☐ submarine 잠수함

- □ **submerge** 잠수하다, 물에 잠기다
- □ **wrench** 떼어 내다, 비틀다
- □ **cockpit** 조종실, 운전석
- □ **dock** 갑판
- □ **cut off** 베어내다, 잘라내다
- □ **choke** 숨이 막히다, 질식시키다, 목을 조르다
- □ **take one's own life** 자살하다

p44

- □ **regroup** 다시 모으다, 재편성하다
- □ **in action** (고유의) 활동을 하는
- □ **turn the tide** 형세를 역전시키다
- □ **perform** 공연하다, 수행하다
- □ **costume** 의상, 복장
- □ **emblazon** (상징, 문구 등을) 새기다, 장식하다
- □ **cowl** 고깔, 두건
- □ **swashbuckling** 허세를 부리는
- □ **coat-of-arms-shaped** (가문, 도시 등의 상징인) 문장 모양의
- □ **adorn with** ~으로 꾸미다, 장식하다
- □ **stripe** 줄무늬
- □ **no matter what** 비록 무엇이 ~한다 하더라도
- □ **be no exception** 예외가 아니다

p46

- □ **war bond** 전쟁 채권
- □ **skyrocket** 급상승하다
- □ **battalion** 부대, 대대
- □ **disobey** 불복종하다, 거역하다
- □ **order** 명령, 지시, 주문, 순서
- □ **board** (배, 기차, 비행기 등)에 타다, 탑승하다
- □ **coordinates** 좌표
- □ **division** 부대

10

- ☐ enemy territory 적지, 적군의 영토
- ☐ blast 폭발
- ☐ craft 비행기
- ☐ hatch (비행기의) 출입구
- ☐ parachute 낙하산, 낙하산을 타고 뛰어내리다
- ☐ munition 군수품, 탄약

p48

- ☐ sneak into ~에 몰래 들어가다
- ☐ wind one's way 누비듯이 나아가다
- ☐ labyrinth 미로, 복잡하게 뒤얽힌 것
- ☐ complex 복합건물, 단지
- ☐ POW (prisoners of war) 전쟁 포로
- ☐ set free 해방하다, 석방하다
- ☐ battle one's way 싸우며 전진하다
- ☐ compound (포로) 수용소
- ☐ escape 달아나다, 탈출하다
- ☐ ally 동맹국, 동맹자, 협력자
- ☐ self-destruct 자폭하다, 자연 붕괴하다
- ☐ debris 잔해
- ☐ dart through 날쌔게 뚫고 지나가다
- ☐ corridor 복도
- ☐ survive 살아남다, 생존하다
- ☐ locate 정확한 위치를 찾아내다

p50

- ☐ vault over ~을 뛰어넘다
- ☐ collapsing 무너지는, 붕괴하는
- ☐ figure 형태, 인물, 수치, 숫자
- ☐ stretcher 들것
- ☐ rush over 서둘러 가다
- ☐ woozy (정신이) 멍한, (머리가) 띵한

- ☐ confused 혼란스러운
- ☐ race 질주하다, 경주하다
- ☐ sprint 전속력으로 달리다
- ☐ smoldering 연기가 나는
- ☐ passageway 통로
- ☐ catwalk 좁은 통로, (패션쇼의) 무대
- ☐ imposing 눈길을 끄는, 인상적인, 늠름한

p52

- ☐ make an impression 인상을 주다, 감명을 주다
- ☐ loose-fitting 헐렁한
- ☐ shift 옮기다, 이동하다, 자세를 바꾸다
- ☐ visible 보이는, 알아볼 수 있는
- ☐ underneath ~의 밑에, 아래, 밑면
- ☐ layer 막, 층, 겹
- ☐ false 가짜의
- ☐ reveal oneself 정체를 밝히다
- ☐ gruesome 섬뜩한, 소름 끼치는
- ☐ crumbling 무너지는
- ☐ trap (위험한 곳에) 가두다
- ☐ manage (힘든 일을) 간신히 해내다
- ☐ sweep (특정 지역에 대한) 훑음, 정찰
- ☐ make one's way 나아가다, 가다

p54

- ☐ respect 존경, 경외, 존경하다, 존중하다
- ☐ trust 신뢰, 신임, 신뢰하다, 믿다
- ☐ admire 존경하다, 칭찬하다, 동경하다
- ☐ temper 누그러뜨리다, 억제하다
- ☐ be willing to 기꺼이 ~하다
- ☐ give somebody the benefit of the doubt ~의 말을 믿어주다
- ☐ assemble 모으다, 집합시키다

- □ **squad** (군대의) 분대, 반, 적은 병력
- □ **accompany** 동행하다
- □ **identify** 확인하다, 찾다, 발견하다
- □ **troupe** 일행, 극단
- □ **commando** 특수부대, 특공대원
- □ **eradicate** 없애다, 근절하다
- □ **outfit** 갖추어 주다, (특정 목적을 위한 한 벌로 된) 옷
- □ **unique** 독특한, 특별한, 고유의
- □ **utility** 실용품, 유용성
- □ **bestow upon** ~에게 선사하다, 헌정하다
- □ **unbreakable** 부서지지 않는, 파괴할 수 없는
- □ **match** 어울리다, (색이나 스타일이 서로) 맞다
- □ **aboard** (배, 기차, 비행기 등에) 탑승한, 승선한

p56

- □ **gorge** 골짜기, 협곡
- □ **plummet** 떨어지다, 급락하다
- □ **abyss** 심해, 심연, 깊은 구렁
- □ **before one's eyes** 눈앞에서
- □ **over** 끝이 난, ~이상, (공간을) 너머, 건너
- □ **take out** 죽이다, 제거하다
- □ **motto** 좌우명, 표어
- □ **prove** 입증하다, 드러나다, 증명하다
- □ **relent** 약해지다, 마음이 풀리다
- □ **combat** 싸우다, 투쟁하다
- □ **corner** (궁지에) 몰아넣다
- □ **hulking** 몸집이 큰, 거대한
- □ **bitterly** 심하게, 몹시
- □ **toss** 던지다
- □ **crash** (충돌, 추락) 사고, 굉음, 충돌하다, 부딪치다
- □ **crackle** 탁탁 소리를 내다

13

- □ **obviously** 확실히, 분명히
- □ **vessel** 비행선, 선박

p58

- □ **glow** 빛나다, 타다
- □ **contain** ~을 함유하다, 담고 있다
- □ **unimaginable** 상상할 수 없는
- □ **harness** (동력원 등으로) 이용하다
- □ **pulse** 고동치다, 활기가 넘치다
- □ **absorb** 흡수하다
- □ **vaporize** 증발하다, 증발시키다
- □ **listing** 기우는, 몰락하는
- □ **explosive** 폭발물, 폭약
- □ **lock on** ~을 자동 추적하다
- □ **deactivate** 비활성화시키다, 정지시키다
- □ **weaponry** 무기, 무기류
- □ **handle the situation** 상황에 대처하다
- □ **radio** 무전을 보내다

p60

- □ **head to** ~을 향해서 가다
- □ **the middle of nowhere** (다른 건물, 마을 등에서) 외떨어진 곳, 인적이 드문 곳
- □ **steel oneself** 마음을 단단히 먹다
- □ **rough** 거친
- □ **brace oneself** 마음을 다잡다
- □ **thruster** (항공기의) 반동 추진 엔진
- □ **plunge** 가라앉히다, 급락하다
- □ **recess** (주로 복수로) 깊숙한 곳, 마음속
- □ **declare** 선언하다, 공표하다
- □ **Pacific** 태평양의, 태평양 연안의

14

❶ It's the war we can't lose. This is the one that counts, and I mean to be counted. 우리가 절대 지면 안 되는 전쟁이지. 이 전쟁이 중요한 만큼 나도 중요한 존재가 되고 싶어.

▶ 이 문장은 버키가 전쟁을 a war라고 하자 스티브가 the war라고 다시 말하는 장면입니다. a war라고 하면 수많은 전쟁 중 하나의 전쟁일 뿐이지만, the war가 되면 단순히 하나의 전쟁이 아니라 그 자체만으로 유일한 전쟁이라는 의미가 됩니다. 절대로 져서는 안 되는 중요한 전쟁이니 스티브에게는 the war가 되겠네요. 그리고 여기서 count는 '수를 세다'가 아니라 '중요하다'라는 뜻입니다. 중요하다고 생각하는 전쟁에 자신도 참여해 be counted, 중요한 존재가 되고 싶어 하는 스티브의 모습을 count 단어로 표현했습니다.

❷ He rushed off to avenge the only man who had ever believed in him. 유일하게 자신을 믿어준 남자의 복수를 위해 뛰쳐나갔다.

▶ 이 문장은 어스킨 박사가 총에 맞아 쓰러지자 스티브가 복수심에 불타 뛰쳐나가는 장면입니다. 여기서 avenge는 '복수하다'라는 뜻을 가지고 있는데요. 그렇다면 revenge와 어떤 차이점이 있을까요? avenge와 revenge 모두 '복수하다'라는 의미가 있지만, avenge는 정의를 위해 악을 응징한다는 의미가 있고, revenge는 원한을 갚기 위해 보복한다는 의미를 내포하고 있습니다. 지구를 지키는 슈퍼히어로들이 왜 Revengers가 아닌 Avengers인지 이해되시나요?

📖 원서가 술술 읽히는 단어장

- ☐ **radiation** 방사선, (열, 에너지의) 복사
- ☐ **undergraduate** (대학) 학부생, 대학생
- ☐ **persist** 집요하게 계속하다
- ☐ **surpass** 능가하다, 뛰어나다
- ☐ **manipulate** 다루다, 조작하다

- ☐ **in terms of** ~면에서, ~에 관하여
- ☐ **potential** (~이 될) 가능성이 있는, 잠재적인
- ☐ **weaponry** 무기, 무기류
- ☐ **defense** 방어, 수비, 방어물
- ☐ **combat** (좋지 않은 일의 발생을) 방지하다, (적과) 싸우다
- ☐ **radioactive** 방사성의, 방사능의
- ☐ **in other words** 다시 말해서
- ☐ **immune** 면역성이 있는, ~의 영향을 받지 않는
- ☐ **devastating** 대단히 파괴적인
- ☐ **subject** 주제, 대상, 과목, 연구 대상
- ☐ **dose** (약의) 복용량, 투여량, 1회분
- ☐ **apart** (거리, 공간상으로) 떨어져
- ☐ **set off** 분리시키다
- ☐ **resistant** ~에 강한, 잘 견디는
- ☐ **colleague** 동료
- ☐ **station** 배치하다, 주둔시키다
- ☐ **portion** 부분, 몫
- ☐ **indicate** 나타내다, 가리키다
- ☐ **hum** 윙윙거리는 소리

- ☐ **glide** 미끄러지듯 가다
- ☐ **administer** (약을) 투여하다
- ☐ **stream out** 펑펑 나오다
- ☐ **alter** 변하다, 달라지다
- ☐ **steady** 꾸준한, 흔들림 없는
- ☐ **a considerable amount of** 엄청난 양의
- ☐ **anticipate** 예상하다
- ☐ **glance over** 대충 훑어보다
- ☐ **track** 추적하다, 뒤쫓다
- ☐ **escalate** 증가하다, 확대하다
- ☐ **well up** 치밀다, 샘솟다
- ☐ **a fever pitch** 극도의 흥분
- ☐ **bond** 끈, 유대, 채권
- ☐ **anxiety** 불안, 걱정
- ☐ **pop open** 펑 하고 열리다
- ☐ **subside** 가라앉다, 진정되다

- ☐ **rage** 격렬한 분노
- ☐ **take hold** 장악하다, 대단히 강력해지다
- ☐ **grotesquely** 괴기하게
- ☐ **morph into** 변하다, 바뀌다
- ☐ **inhuman** 잔인한, 비인간적인, 초인적인
- ☐ **undulate** 물결치다
- ☐ **hue** 빛깔, 색조
- ☐ **limb** 팔다리
- ☐ **restraint** 구속하는 것, 속박, 억제
- ☐ **bind** 묶다
- ☐ **transform** 변형시키다
- ☐ **width** 폭, 너비

- ☐ **hunch** (등을) 구부리다
- ☐ **personnel** 인원, 대원, 직원들
- ☐ **recognize** 알아보다, 인식하다
- ☐ **paralyze** 마비시키다
- ☐ **sheer** 완전한, 순전한
- ☐ **gaze at** 응시하다
- ☐ **utter** (신음, 탄식을) 입 밖에 내다, 말하다

p74

- ☐ **shatterproof glass** 안전유리
- ☐ **committee** 위원회
- ☐ **effortlessly** 소극적으로, 노력하지 않고
- ☐ **swat** 세차게 치다, 찰싹 때리다
- ☐ **spring up** 휙 나타나다
- ☐ **forearm** 팔뚝
- ☐ **mortar** 모르타르, 박격포
- ☐ **identify** (신원을) 확인하다, 발견하다
- ☐ **captor** 억류자, 포획자, 잡는 사람

이 문장도 짚고 가기!

❶ At that moment, the Hulk leaped through Stark's shatterproof glass window and crashed right through it.

바로 그 순간, 헐크가 스타크사의 안전유리로 뛰어올라 유리를 뚫어버렸다.

▶ 헐크로 변한 브루스가 조정실의 유리창을 깨고 나오는 장면입니다. 여기서 shatterproof는 shatter (산산조각이 나다)와 proof(견딜 수 있는, ~에 맞서 저항할 수 있는)가 합쳐진 단어입니다. 산산이 조각나는 것을 견딜 수 있다니 아주 강한 유리, 안전한 유리가 되겠네요. 영어에는 proof가 붙은 단어들이 많은데요. 그럼 waterproof나 bulletproof는 무슨 뜻일지 한번 생각해 보세요.

18

📖 원서가 술술 읽히는 단어장

p76

☐ **profitable** 수익성이 있는

☐ **dip** 하락, 감소

☐ **stock** 주식

p78

☐ **late** 고인이 된, 사망한

☐ **corporation** (큰 규모의) 기업, 회사

☐ **brilliant** 뛰어난, 훌륭한

☐ **other than** ~외에

☐ **technology** (과학) 기술, 공학

☐ **circuit board** (전기) 회로판

☐ **summa cum laude** 최우등으로

☐ **shareholder** 주주(株主)

☐ **economy** 경기, 경제

☐ **sputter** 불안정하게 작동하다, 펑펑 하는 소리를 내다

☐ **conflict** 갈등, 충돌

☐ **equipment** 장비, 용품

☐ **province** (행정 단위) 주(州), 지역, 지방

p80

☐ **crown jewel** 최우량 자산

☐ **incorporate** 포함하다

☐ **proprietary** 소유권의, 독점적인

☐ **ensure** 보장하다

☐ **exponentially** 전형적으로, 기하급수적으로

☐ **arid** (땅이나 기후가) 매우 건조한

☐ **arc** 포물선을 그리다, 둥근 활 모양

- ☐ a crest of a hill 산마루
- ☐ uninhabited 사람이 살지 않는, 무인의
- ☐ demonstration (시범) 설명
- ☐ convoy 수송대, 호송대
- ☐ unglamorous 매력적이지 못한, 따분한
- ☐ a hotbed of ~의 온상

p82

- ☐ kick up (먼지를) 일으키다
- ☐ war-torn 전쟁에 짓밟힌
- ☐ barren 황량한, 척박한
- ☐ in tow 뒤에 데리고
- ☐ scrubby 덤불이 많은
- ☐ bush 관목, 덤불
- ☐ extend 연장하다, 늘이다, 펼치다
- ☐ pothole (도로에) 움푹 파인 곳
- ☐ functional 기능 위주의, 실용적인
- ☐ cuff link 커프스단추
- ☐ miraculously 기적적으로
- ☐ tailored 맞춤의
- ☐ spotless 티끌 하나 없는
- ☐ filth 오물, 쓰레기

p84

- ☐ court martial 군법회의
- ☐ personal 사적인, 개인적인
- ☐ sarcastically 비꼬는 투로
- ☐ intimidate 겁을 주다, 위협하다
- ☐ be taken aback ~에 깜짝 놀라다, 충격을 받다
- ☐ go for ~를 노리다, 시도하다
- ☐ airman 항공병
- ☐ flirt 추파를 던지다

p86

□ **shift** 자세를 바꾸다, 이동하다

□ **shyly** 수줍게, 부끄러워하며

□ **fumble with** ~를 서투르게 만지작거리다

□ **snap** 사진을 찍다, 홱 잡다, 잡아채다

□ **snapshot** 스냅사진(재빨리 촬영한 사진)

□ **fiery** 불타는 듯한

p88

□ **squat down** 쪼그리고 앉다, 웅크리고 앉다

□ **rapid** 빠른

□ **a barrage of** (타격 따위의) 연속되는, 연속적인

□ **riddle** 구멍을 숭숭 뚫다

□ **windshield** (자동차 등의) 앞 유리, 전면 유리

□ **make it out** 도망치다

□ **shrapnel** (포탄의) 파편

□ **lunge into** 돌진하다, 달려들다

□ **dodge** 재빨리 피하다, 움직이다

□ **take shelter** ~로부터 피하다

□ **warfare** 전투, 전쟁

□ **frantically** 미친 듯이, 극도로 흥분하여

□ **wail** 울부짖다, 통곡하다

□ **soar** 치솟다

□ **stenciling** 스텐실(얇은 금속의 판, 종이, 가죽 등에 도려낸 인쇄용의 형)

p90

□ **a fraction of a second** 순식간에

□ **barely** 거의 ~없이

□ **conscious** 의식이 있는

□ **compromise** 손상시키다, ~을 위태롭게 하다

□ **consciousness** 자각, 의식

21

❶ At age four he built his first circuit board, at six his first engine, and at seventeen he graduated summa cum laude from MIT. 네 살에 첫 전기 회로판을, 여섯 살에 첫 엔진을 만들었고, 열일곱에 MIT를 수석으로 졸업했다.

▶ 비범한 토니 스타크의 어린 시절을 보여주는 문장입니다. 토니가 MIT를 summa cum laude(숨마 쿰 라우데)로 졸업했다고 하는데요. 이는 최고의 영예를 의미하는 라틴어로, '최우수 성적으로', '최우 등으로'라는 뜻입니다. Summa cum laude의 아래 등급, 즉 최고 성적 3등급 중 2번째는 magna cum laude, 3번째로는 cum laude가 있습니다.

❷ I mean, I'd apologize, but isn't that what we're going for here? 그러니까, 사과하라면 하겠지만, 사실 그게 군대에서 추구하는 것 아닌가?

▶ 토니가 군 수송차를 타고 이동하면서 운전병이 여자라는 사실에 당황하는 장면입니다. 여기서 go for 는 '~를 추구하다'라는 뜻인데요. 그래서 이 표현은 "군대에서 추구하는 건 성별에 상관없이 모두 '군 인'이라는 것 아닌가?"라는 뜻이 됩니다.

📖 원서가 술술 읽히는 단어장

- ☐ **throb** 욱신거리다, 지끈거리다, 울리다
- ☐ **blur** 흐리다, 흐릿해지다
- ☐ **abate** (강도가) 약해지다

- ☐ **burlap** 올이 굵은 삼베, 자루
- ☐ **come to think of it** 생각해 보니
- ☐ **numb** 감각이 없는, 무딘
- ☐ **tingling** 따끔거림, 얼얼함
- ☐ **whip** 휙 잡아당김, 빼내다
- ☐ **sting** 찌르다, 쏘다
- ☐ **dimly** 어둑하게, 흐릿하게
- ☐ **prod** (뾰족한 것으로) 쿡 찌르다
- ☐ **rifle** 소총
- ☐ **hooded** 두건을 쓴, 모자가 달린
- ☐ **menacing** 위협적인, 해를 끼칠 듯한
- ☐ **gauze** 거즈, 얇은 천
- ☐ **blurry** 희미한, 흐릿한
- ☐ **consciousness** 의식
- ☐ **nightmarish** 악몽 같은
- ☐ **crude** 대충의, 대강의
- ☐ **operation** 수술
- ☐ **a stab of pain** 찌르는 듯한 통증

- ☐ **tear apart** 갈기갈기 찢다
- ☐ **stitch** (상처를) 봉합하다, 꿰매다

- □ unconscious 의식이 없는, 의식을 잃은
- □ makeshift 임시변통의
- □ cot 간이침대
- □ mechanism 기계 장치
- □ rattle 달그락거리다, 덜컹거리는 소리
- □ wire 전선, 철사
- □ affix 부착하다, 붙이다
- □ bespectacled 안경을 쓴
- □ stir 젓다, (저어 가며) 섞다
- □ rasp 목이 쉰 듯한 목소리로 말하다
- □ atrial septum 심방사이막, 심방중격

p98

- □ vital 필수적인
- □ organ (인체의) 장기
- □ apparatus 기구, 장치
- □ electromagnet 전자석
- □ hook up 연결하다, 연결시키다
- □ shrug (어깨를) 으쓱하다
- □ zip up 지퍼를 올리다, 지퍼를 잠그다
- □ urgency 위급, 긴급
- □ in charge ~을 맡은, 담당하는
- □ tongue 언어
- □ translate 통역하다, 번역하다

p100

- □ mumble 중얼거리다
- □ under one's breath 작은 목소리로
- □ tentatively 머뭇거리며, 망설이며
- □ companion 동료, 동지, 친구, 동행
- □ bark (명령을) 빽 내지르다
- □ rush in 난입하다, 몰려들다

24

- □ **weld** 용접하다
- □ **solder** 납땜하다
- □ **ingot** 주괴
- □ **captor** 잡는 사람, 포획자
- □ **strategically** 전략적으로
- □ **reactor** 원자로
- □ **in place of** ~대신에
- □ **unreliable** 신뢰할 수 없는
- □ **unroll** (말린 것을) 펼치다, 펴다
- □ **blueprint** 청사진, 설계도

- □ **transparent** 투명한
- □ **overlap** 겹치다, 포개지다
- □ **jigsaw puzzle** 조각 그림 맞추기

🗔 이 문장도 짚고 가기!

❶ He spoke in a foreign tongue to the man who had been helping Tony. 그가 토니를 도와준 남자에게 외국어로 말했다.

▶ 이 문장은 적군의 수장(He)이 잉센에게 무언가를 말하는 장면입니다. 여기서 tongue은 혀가 아닌 '언어'를 의미하는데요. 그렇기 때문에 foreign tongue은 '외국어'라는 뜻이 됩니다. 이 외에도 mother tongue은 '모국어', silver tongue은 '뛰어난 언변'이라는 뜻이 있습니다.

25

📖 원서가 술술 읽히는 단어장

p106

- ☐ **furiously** 맹렬히
- ☐ **a suit of armor** 갑옷 한 벌

p108

- ☐ **getaway** 도주, 도망
- ☐ **take shape** 형태를 갖추다
- ☐ **intact** 온전한, 전혀 다치지 않은
- ☐ **suspect** 의심하다
- ☐ **duo** 2인조
- ☐ **storm into** ~에 난입하다, 뛰어들다
- ☐ **explanation** 설명, 해명, 이유
- ☐ **complicated** 복잡한
- ☐ **assemble** 조립하다
- ☐ **snarl** 으르렁거리듯 말하다
- ☐ **clunky** 투박한
- ☐ **medieval** 중세의
- ☐ **makeshift** 임시변통의, 임시적 방편의
- ☐ **surveillance camera** 감시 카메라

p110

- ☐ **arouse** (느낌, 태도를) 불러일으키다, 자아내다
- ☐ **investigate** 조사하다, 살피다
- ☐ **hold off** 미루다, 연기하다
- ☐ **click** 딸깍하는 소리를 내다
- ☐ **rig** (장비를) 설치하다
- ☐ **buy time** 시간을 벌다
- ☐ **compound** 수용소, 복합 시설

- stomp 쿵쿵거리며 걷다
- rattle 달그락거리다, 덜컹거리다
- ammunition 탄약, 무기, 군수품
- march (급히) 걸어가다, 행진하다
- power up (기계가 작동하도록) ~에 동력을 넣다

p112

- holler 소리지르다, 고함치다
- surround 둘러싸다, 에워싸다
- cut out (모터나 엔진이) 갑자기 서다, 멎다
- drain 소모시키다, 빼내다
- scout (무엇을 찾아) 돌아다니다, 정찰하다
- corridor 통로, 복도
- eventually 결국
- apprehensively 우려하여, 염려하여
- glimpse 흘끗 보기
- make out 이해하다, 파악하다

p114

- monolithic 단일체의
- relentlessly 가차없이, 사정없이
- penetrate 꿰뚫다, 관통하다
- ricochet off ~을 맞고 튀어나오다
- undeterred (방해 등에도) 단념하지 않는
- descend upon 습격하다
- lumbering 느릿느릿 움직이는
- badly wounded 심하게 다친, 중상을 입은
- stick to ~을 (바꾸지 않고) 지키다, 고수하다
- plea 간청, 애원
- utter 말하다

27

- ☐ **unleash** 폭발시키다, ~을 해방하다
- ☐ **pause** 중단하다, 잠시 멈추다
- ☐ **ignite** 불을 붙이다
- ☐ **opponent** 상대, 적수
- ☐ **stockpile** 비축량
- ☐ **amass** 축적하다, 모으다
- ☐ **detonate** 폭발하다, 폭발시키다
- ☐ **flap** 덮개
- ☐ **cuff** 소맷부리, 커프스
- ☐ **sputter** 털털거리는 소리를 내다

- ☐ **flail** (팔다리를) 마구 흔들다
- ☐ **aloft** 공중에, 높이
- ☐ **altogether** 완전히
- ☐ **plummet** 곤두박질치다, 급락하다
- ☐ **vacant** 텅 빈, 비어 있는
- ☐ **expanse** 넓게 트인 지역, 광활한 공간

📖 **이 문장도 짚고 가기!**

❶ I will buy you more time.... 내가 시간을 벌어 줄게요….

▶ 군인들이 들이닥치자 잉센이 토니에게 말하는 장면입니다. 이 문장에 쓰인 buy time은 시간을 산다는 뜻이 아니라 '시간을 벌다'라는 의미입니다. 이 외에도 구매와 상관없는 상황에서 buy를 쓰면 주로 '믿다'라는 의미인데요, 'I buy it(that).'은 '나는 그 말을 믿어요.'라는 뜻입니다.

28

📖 원서가 술술 읽히는 단어장

p120

- ☐ **wander** 헤매다, 돌아다니다
- ☐ **oppressive** (날씨가) 숨이 막힐 듯한, 억압적인
- ☐ **whip** 세차게 때리다, 채찍질하다
- ☐ **jostle** 거칠게 밀치다
- ☐ **hourglass** 모래시계

p122

- ☐ **amble** 느긋하게 걷다
- ☐ **dune** 모래 언덕, 사구
- ☐ **uneven** 평평하지 않은, 울퉁불퉁한
- ☐ **disorientate** 방향 감각을 잃게 하다
- ☐ **shimmer** 아른아른하는 빛, 희미하게 빛나다
- ☐ **horizon** 지평선, 수평선
- ☐ **forgiving** 관대한, 너그러운
- ☐ **mirage** 신기루
- ☐ **swirl** (빠르게) 빙빙 돌다, 소용돌이치다
- ☐ **amplify** 증폭시키다
- ☐ **vulture** 독수리
- ☐ **an angel of death** 죽음의 사자
- ☐ **pick up** 더 강해지다
- ☐ **squint** 눈을 가늘게 뜨고 보다
- ☐ **supernatural** 초자연적인
- ☐ **chopper** 헬리콥터

p124

- ☐ **acutely** 절실히
- ☐ **whirlybird** 헬리콥터

- □ bank (비행기가 선회할 때) 비스듬히 날다
- □ break down 허물어지다
- □ hysterical 이성을 잃은, 히스테리 상태의
- □ delirious 의식이 혼미한
- □ at the ready 대기 상태의, 준비 완료된
- □ collapse 쓰러지다
- □ the US Air Force 미국 공군
- □ rehydrate 다시 수분 보충을 하다
- □ suture up 상처를 꿰매다, 봉합하다
- □ dapper 말쑥한

p126

- □ beat up 두들겨 패다
- □ in captivity 포로가 되어
- □ gangplank 트랩, 건널 판자
- □ descend 내려오다, 하강하다
- □ gangway (비행기, 배의) 트랩, 통로
- □ medic 간호병, 의사
- □ stretcher 들것
- □ dismissively 오만하게, 경멸적으로
- □ made-up 화장을 한

p128

- □ long-lost 오랫동안 소식을 듣지 못한
- □ cut someone off ~의 말을 끊다, 중단시키다
- □ press conference 기자 회견
- □ what on earth 도대체

p130

- □ burger joint 햄버거 가게
- □ deafening 귀청이 터질 듯한
- □ second-in-command 2인자, 부사령관, 차장

- □ embrace 껴안다, 포옹하다
- □ usher 안내하다
- □ relieved 안도하는, 다행으로 여기는
- □ in one piece 안전히, 하나도 상한 데 없이
- □ swarm 군중, 무리, 떼, 떼를 지어 다니다

p132

- □ credentials 자격증
- □ intervention 조정, 중재
- □ enforcement 시행, 집행
- □ mouthful 길고 복잡한 말, 한 입, 한 모금
- □ separate 분리된, 독립된, 별개의
- □ debrief 보고를 듣다
- □ circumstance 상황, 정황
- □ podium 연설대, 연단
- □ chairless 의자가 없는

p134

- □ conflicted 갈등을 겪는
- □ have doubt 의심을 품다
- □ newsreel 뉴스 영화

p136

- □ accountability 책임, 의무
- □ glare at ~를 노려보다
- □ blow up 폭파하다, 날려 버리다
- □ effective immediately 즉시 효력이 있는
- □ shut down 문을 닫다, 정지하다
- □ explode 갑자기 ~하다, 폭발하다
- □ uproar 소란, 대소동
- □ gasp 헉 하는 소리, 숨이 턱 막히다
- □ broadly 활짝

- □ **slack-jawed** (놀라움, 당혹으로) 입을 딱 벌린
- □ **swarm** 많이 모여들다, 가득 차다
- □ **persist** (계속) 주장하다, 끈질기게 계속하다
- □ **be consistent with** ~와 일치하다

- □ **scramble** 급히 서둘러서 하다
- □ **internal** 내부의, 내면의, 내적인
- □ **discussion** 토론, 토의, 논의, 검토
- □ **follow-up** 후속 조치

💬 이 문장도 짚고 가기!

---

❶ What's up with the love-in? 왜 저렇게 다정하대?

▶ 살아 돌아온 토니에게 다정한 척을 하는 오베디아를 본 로디가 비꼬아 말하는 장면입니다. Love-in 은 1960년대 히피들이 열던 사랑의 집회인데요. 진심이 아닌데 서로 다정한 척하는 모습을 비꼬아 이 표현을 사용하기도 합니다.

📖 원서가 술술 읽히는 단어장

- ☐ **plummet** 급락하다, 곤두박질치다
- ☐ **budge** 의견을 바꾸다, 약간 움직이다
- ☐ **figuratively** 비유적으로
- ☐ **literally** 말 그대로, 문자 그대로
- ☐ **as opposed to** ~이 아니라, ~와는 대조적으로
- ☐ **clunky** 투박한
- ☐ **sleek** 윤이 나는, 매끈한
- ☐ **tireless** 지칠 줄 모르는
- ☐ **propulsion** 추진, 추진력
- ☐ **strengthen** 강화하다, 튼튼하게 하다
- ☐ **adversary** 상대방, 적수
- ☐ **virtual** 가상의

- ☐ **vie with** ~와 경쟁하다, 겨루다
- ☐ **flashy** 화려한, 호화로운
- ☐ **splash** 화사한 색
- ☐ **newly** 최근에, 새로이
- ☐ **refined** 세련된
- ☐ **shy away from** ~을 피하다, ~을 꺼리다
- ☐ **get the hang of** ~을 할 줄 알게 되다
- ☐ **swoop** 급강하하다
- ☐ **put something to good use** 좋은 목적으로 쓰다
- ☐ **obvious** 분명한, 명백한

- ☐ **captive** 포로, 인질, 포로가 된, 감금된

- ☐ **catch the eye** 눈에 띄다, 이목을 끌다
- ☐ **maverick** 개성이 강한 사람, 독립적인 사람
- ☐ **unauthorized** 승인되지 않은
- ☐ **war-torn** 전쟁으로 피폐해진
- ☐ **be fed up with** ~에 진저리가 나다
- ☐ **come to light** 밝혀지다, 알려지다
- ☐ **kidnap** 납치하다, 유괴하다
- ☐ **take control of** ~을 지배하다, 장악하다
- ☐ **retrieve** 되찾아오다, 회수하다
- ☐ **an array of** 다수의, ~의 배열
- ☐ **finish off** ~을 죽이다, 없애 버리다

p148

- ☐ **tremendous** 엄청난, 굉장한
- ☐ **power surge** 전류 급증 현상
- ☐ **blackout** 정전

ⵜ️ 이 문장도 짚고 가기!

❶ Tossing caution to the wind, he zoomed out of his house and into the night sky—shaky at first, but very quickly getting the hang of it. 우려하는 마음을 뒤로 한 채, 그는 엄청난 속도로 집에서 밤하늘로 재빨리 날아올랐다.

▶ 새롭게 완성된 슈트를 입고 토니가 비행하는 장면입니다. Toss caution to the wind는 '바람에 경고를 날리고'라는 뜻이 아니라, '우려하는 마음을 던져 버리고', '대담하게'라는 뜻을 지닌 관용적 표현입니다. toss 대신 throw를 쓰기도 합니다. zoom out의 zoom은 자동차나 비행기가 빨리 쌩 지나가는 것을 표현한 의성어인데요. 엄청난 속도로 날아가는 아이언맨이 떠오르시나요?

📖 원서가 술술 읽히는 단어장

☐ **brief** (대비를 할 수 있도록) ~에게 보고하다, 알려주다

☐ **electronic** 전자의, 전자 부품

☐ **malfunction** 고장, 제대로 작동하지 않다

☐ **prototype** 시제품, 기본형

☐ **damage** 손상, 피해

☐ **innovation** 혁신, 기술 혁신

☐ **cover up** (실수, 범행 등을) 숨기다, 은폐하다

☐ **demise** 종말, 죽음

☐ **small-craft** 경 비행기의, 작은 배의

☐ **be set to** ~하도록 예정되어 있다

☐ **take hold** 사로잡다, 장악하다

☐ **catchy** (음악이나 문구가) 기억하기 쉬운

☐ **inaccurate** 부정확한, 오류가 있는

☐ **alloy** 합금

☐ **brush off** ~을 무시하다

☐ **preserve** 지키다, 보호하다

☐ **ripple** 잔물결을 일으키다, 잔물결 같은 소리를 내다

☐ **clear one's throat** 목을 가다듬다

☐ **speculation** 추측, 짐작

☐ **freeway** 고속도로

☐ **conveniently** 알맞게, 편리하게

☐ **accusation** 혐의, 고발

☐ **insinuate** (불쾌한 일을) 암시하다, 넌지시 말하다

- □ **outlandish** 이상한, 기이한
- □ **laundry list** 긴 목록, 명단
- □ **defect** 결함, 단점, 부족
- □ **eternal** 영원한
- □ **instant** 순간

⌐ 이 문장도 짚고 가기!

❶ I know that it's confusing; it is one thing to question the official story and another thing entirely to make wild accusations or insinuate that I'm a Super Hero.

혼란스럽다는 걸 압니다. 공식적인 보도에 질문을 하는 것과 제가 슈퍼히어로라는 말도 안 되는 혐의를 만들거나 의심을 하는 건 완전히 다른 이야기입니다.

▶ 스타크 인더스트리에서 발생한 사고에 대해 설명하기 위해 토니가 기자회견을 가지는 장면입니다. 이 문장에 쓰인 'It is one thing to ~, and another to ~'는 정말 자주 쓰이는 패턴인데요. '~하는 건 ~와 완전히 다른 이야기예요.'라는 의미로, 상반되는 두 내용을 강조하기 위해 사용하는 표현입니다. 토니가 공식적으로 낸 보도에 관련된 질문을 하는 것과 그 공식적인 기사 내용과는 전혀 무관한 이야기를 하는 것(토니가 슈퍼히어로라는 의심을 하는 것)은 전혀 다른 이야기라는 뜻입니다. 말도 안 되는 의심을 하지 말고 공식적인 보도에만 질문하라는 의미이죠.

36

📖 원서가 술술 읽히는 단어장

p156

- ☐ realm 왕국
- ☐ accurate 정확한
- ☐ exist 존재하다
- ☐ opposite 반대의

p158

- ☐ wormhole 웜홀
- ☐ relatively 상대적으로, 비교적
- ☐ plainly 분명히, 명백히
- ☐ transport 이동시키다
- ☐ intimate 친밀한
- ☐ misunderstanding 오해
- ☐ demon 악마
- ☐ possess 보유하다, 소유하다
- ☐ lore 설화
- ☐ Allfather 최고신

p160

- ☐ stubborn 고집 센
- ☐ arrogant 거만한, 오만한
- ☐ bequeath 물려주다
- ☐ throne 왕위, 왕좌
- ☐ banquet 연회, 만찬
- ☐ royalty 왕족
- ☐ feast 잔치
- ☐ be in attendance 참석하다
- ☐ skilled 숙련된, 노련한

- chill 냉기, 한기
- frost 서리, 얼리다
- stab (칼같이 뾰족한 것으로) 찌르다
- inhabitant 거주자, 주민
- truce 휴전, 휴전 협정

p162

- vault 금고
- sentry 보초, 감시병
- fall prey to 피해자가 되다
- onslaught 맹공격
- directive 지시, 명령
- intend to ~할 의도다, ~할 작정이다
- casket (보석, 귀중품을 넣는) 작은 상자, 관

p164

- of one's own accord 자발적으로, 스스로
- fiercely 사납게, 격렬하게
- forbid 금지하다
- enraged 격분한
- flare (화가 나서 코를) 벌름거리다
- atypical 이례적인
- fabled 전설적인
- plead with 간곡히 부탁하다, 애원하다

p166

- reluctantly 마지못해
- head out ~으로 향하다, 출발하다
- tremble at the thought of ~을 생각만 해도 떨리다
- quake 몸을 떨다, 전율하다
- mighty 위대한, 강력한, 힘센
- foolish 어리석은

챕터 8

📖 본책 p168

📖 원서가 술술 읽히는 단어장

p168

- □ **punch in** 누르다, 입력하다
- □ **security code** 보안 코드

p170

- □ **flat** 목소리가 낮은, 단조로운
- □ **sardonic** 비웃는, 조롱하는, 냉소적인
- □ **figure** 형태, 형상
- □ **step out of** ~에서 나오다
- □ **formidable** 무서운, 얕잡을 수 없는
- □ **patch** 안대, 헝겊 조각
- □ **scar** 흉터를 남기다, 상흔을 남기다
- □ **claw** (동물의) 발톱
- □ **ferocious** 사나운, 포악한
- □ **on guard** 경계하며, 조심하며
- □ **initiative** 계획

📖 원서가 술술 읽히는 단어장

p172

- ☐ **traverse** 횡단하다, 가로지르다
- ☐ **euphoria** 행복감, 도취감
- ☐ **accompany** 동행하다

p174

- ☐ **defy** 거역하다, 반항하다
- ☐ **loyal** 충실한, 충성스러운
- ☐ **trudge** 터덜터덜 걷다, 느릿느릿 걷다
- ☐ **soil** 땅, 국토, 토양
- ☐ **painful** 아픈, 고통스러운
- ☐ **burrow into** 파고들다
- ☐ **snap** 툭 부러지다, 딱 끊어지다
- ☐ **anticipate** 기대하다, 예상하다
- ☐ **discern** 알아차리다
- ☐ **observe** 보다, 주시하다, 관찰하다
- ☐ **blizzard** 눈보라
- ☐ **barren** (토양이) 메마른, 척박한, 황량한
- ☐ **landscape** 지형, 지표, 풍경
- ☐ **emerge** 나오다, 드러내다
- ☐ **seemingly** 겉보기에는
- ☐ **squint** 눈을 가늘게 뜨고 보다
- ☐ **amber** 호박, 호박색

p176

- ☐ **traitor** 반역자, 배신자
- ☐ **disparaging** 얕보는, 비난하는
- ☐ **threateningly** 위협적으로, 험악하게

- □ **urge** 주장하다, 설득하려 하다
- □ **outnumber** 수적으로 우세하다
- □ **encase** 둘러싸다, 감싸다
- □ **rock-hard** 바위처럼 단단한
- □ **rally around someone** ~주위에 모이다
- □ **palpable** 뚜렷한, 감지할 수 있는
- □ **brutal** 잔혹한
- □ **splinter** 쪼개지다
- □ **shatter** 산산이 부서지다
- □ **escalate** 확대되다, 악화되다
- □ **confrontation** 대치, 대립

p178

- □ **annihilation** 전멸
- □ **charge** 충전하다, 가득 채우다
- □ **telltale** 숨길 수 없는
- □ **staff** (창 등의) 자루, 대, 지팡이
- □ **condemn** 비난하다
- □ **diplomacy** 외교
- □ **in vain** 헛되이, 효과 없이
- □ **topple** 넘어지다, 쓰러지다

📖 원서가 술술 읽히는 단어장

p182

- ☐ residence 저택
- ☐ spar with ~와 대련하다, 스파링을 하다
- ☐ chauffeur 운전기사
- ☐ pal 친구, 동료, 동무
- ☐ wallop 세게 치다

p184

- ☐ mixed martial arts 종합 격투기
- ☐ stunningly 굉장히, 깜짝 놀라게
- ☐ attire 복장
- ☐ glance 힐끗 보다
- ☐ expressionless 무표정한
- ☐ stride over 성큼성큼 걷다
- ☐ tease 놀리다, 장난하다
- ☐ put in charge ~에게 책임을 맡기다
- ☐ have enough on one's plate 할 일이 많이 있다
- ☐ initial 머리글자, 이름의 첫 글자

p186

- ☐ flexibility 유연성, 융통성
- ☐ agility 민첩
- ☐ protest 반대하다, 항의하다
- ☐ neatly 깔끔하게
- ☐ eccentric 별난
- ☐ awkward 어색한
- ☐ give someone a lesson 따끔한 맛을 보이다, 혼내다
- ☐ otherwise 그렇지 않으면

- ☐ **legal** 법률과 관련된, 합법적인
- ☐ **candidate** 후보자
- ☐ **execute** 실행하다, 처형하다
- ☐ **be qualified** 적격이다, 자격이 있다
- ☐ **flip down** 뒤집다
- ☐ **pin** 꼼짝 못하게 누르다
- ☐ **yelp** (아파서) 비명을 지르다
- ☐ **rush over** 서두르다, 급히 움직이다

- ☐ **cover for** ~를 위해 적당히 둘러대다
- ☐ **impression** 인상, 감명, 날인
- ☐ **reserve** 신중함, 내성적임
- ☐ **fingerprint** 지문
- ☐ **seal the deal** 계약을 성사하다
- ☐ **former** 이전의, 과거의
- ☐ **gracefully** 우아하게, 기품 있게

이 문장도 짚고 가기!

❶ "I need your impression," Natalie told Tony.

"찍으세요." 나탈리가 토니에게 말했다.

▶ 나탈리가 링에서 호건을 쓰러트린 뒤 토니에게 서류를 건네는 장면입니다. 이 문장에서 impression은 중의적인 의미가 있는데요. impression은 누군가로부터 받은 '인상'이라는 뜻과 더불어 표면을 세게 눌렀을 때 생기는 '자국'을 의미합니다. 토니의 지장이 필요하다는 의미로 나타샤가 말했는데 토니가 오해하고 나탈리의 첫인상에 대해 말합니다.

43

아스가르드

📖 본책 p192

📖 원서가 술술 읽히는 단어장

p192

- [ ] contain one's anger 화를 억누르다, 참다
- [ ] vain 허영심이 많은, 헛된
- [ ] greedy 탐욕스러운, 욕심 많은
- [ ] cruel 잔혹한, 잔인한
- [ ] retort 대꾸하다, 응수하다
- [ ] fool 바보
- [ ] throne 왕좌, 왕권
- [ ] unworthy 자격이 없는, 어울리지 않는
- [ ] realm 왕국

p194

- [ ] title 직위, 직함, 칭호
- [ ] strip 박탈하다
- [ ] prove oneself worthy 가치가 있음을 증명하다
- [ ] in one's rage 분노하여, 격분하여
- [ ] cast out 내쫓다, 몰아내다
- [ ] utter 말하다
- [ ] incantation 주문, 마법
- [ ] possess 소유하다, 가지다

📖 원서가 술술 읽히는 단어장

p196

- □ weary 지친, 피곤한
- □ on one's case ~을 간섭하다, 나무라다
- □ culminate 최고조에 달하다, 끝이 나다

p198

- □ against one's wishes 바람과 반대되는
- □ big mess 아주 엉망인 상황
- □ blast 쏘다, 발사하다, 폭발시키다
- □ to make matters worse 설상가상으로
- □ recline 기대다, 눕다
- □ tremendous 거대한, 엄청난
- □ plaster 석고, 회반죽

p200

- □ condescendingly 무시하듯
- □ work out (일이) 잘 풀리다
- □ get off on the wrong foot 처음부터 관계를 잘못 맺다
- □ patch 안대, 패치, 조각
- □ stride 성큼성큼 걷다
- □ secure 확보하다, 보호하다
- □ perimeter 경계선, 방어 지대
- □ stun 어리벙벙하게 하다, 기절시키다
- □ legal counsel 법률 고문

p202

- □ relish 즐기다, 좋아하다
- □ speechless 말을 못하는, 말하지 않는
- □ mock 거짓된, 가짜의, 놀리다

- ☐ **enthusiasm** 열정, 열의
- ☐ **sneer** 비웃다
- ☐ **protest** 이의를 제기하다, 항의하다

- ☐ **redundancy** 중복 장치
- ☐ **shrug** (어깨를) 으쓱하다
- ☐ **get a word in edgewise** 말하는 데 끼어들다
- ☐ **contrary to** ~와 반대로
- ☐ **tirade** 길고 신랄한 비난, 긴 연설

이 문장도 짚고 가기!

❶ Well, according to Mr. Stark's database-security guidelines, there are redundancies to prevent unauthorized usage.

스타크 씨의 데이터베이스 보안 규정에 따르면 허가 없는 사용을 막기 위한 이중 보안 시스템이 있죠.

▶ 토니가 자신의 동의 없이 로디가 슈트를 가져갔다고 하자, 나타샤가 퓨리 대령에게 보고하는 장면입니다. redundancy는 '중복'이라는 뜻을 가지고 있지만, 컴퓨터 용어로는 '중복 장치'를 의미합니다. 정보의 유출을 막기 위한 일종의 안전장치이죠. 토니가 아무나 슈트를 사용하지 못하게 보안 시스템을 심어두었다는 의미로 생각하시면 됩니다.

📖 원서가 술술 읽히는 단어장

p206

- ☐ **propel** 추진하다, 나아가게 하다
- ☐ **rocky** 바위가 많은, 험난한
- ☐ **grandeur** 위엄, 웅대
- ☐ **dimension** 차원, 크기, 규모
- ☐ **motorized** 엔진이 달린, 모터가 달린

p208

- ☐ **disoriented** 방향 감각을 잃은, 혼란에 빠진
- ☐ **collision** 충돌
- ☐ **dusty** 먼지투성이의
- ☐ **spring** 휙 움직이다, (갑자기) 뛰어오르다
- ☐ **assist** 돕다, ~의 조수로 일하다
- ☐ **breathe heavily** 헐떡거리다
- ☐ **recover** (건강, 의식을) 회복하다, 되찾다
- ☐ **impact** (강력한) 영향, 충격
- ☐ **exile** 추방, 유배
- ☐ **elbow** 팔꿈치
- ☐ **resemble** 닮다
- ☐ **betray** 배반하다, (비밀을) 누설하다
- ☐ **mortal** (죽어야 할 운명의) 인간, 영원히 살 수 없는
- ☐ **in relief** 안심하고, 안도하고
- ☐ **pick oneself up** 벌떡 일어나다
- ☐ **spin around** 회전하다, 빙글 돌다
- ☐ **regain** 회복하다, 되찾다

p210

- [ ] **wince** 움찔하다, 주춤하다
- [ ] **mighty** 강력한, 힘센, 굉장한
- [ ] **instinctively** 본능적으로

p212

- [ ] **puff out one's chest** 가슴을 펴다
- [ ] **pull the trigger** 방아쇠를 당기다
- [ ] **zap** 제압하다, 해치우다
- [ ] **quiver** 떨다, 떨리다
- [ ] **in disbelief** 믿지 않는
- [ ] **freak out** 깜짝 놀라다
- [ ] **considerable** 상당한
- [ ] **medic** 의사, 의대생, 위생병
- [ ] **register** (명부에) 기재하다, 등록하다
- [ ] **receptionist** 접수 담당자
- [ ] **skeptically** 회의적으로
- [ ] **relationship** 관계

p214

- [ ] **interject** (말을) 불쑥 끼어들다
- [ ] **taser** 테이저 총을 쏘다
- [ ] **admit** 인정하다
- [ ] **commotion** 소란, 동요
- [ ] **clang** (금속이 부딪치는 소리) 쨍그랑 소리 내다
- [ ] **instrument** 기구, 기계
- [ ] **steady** 진정시키다, 안정된
- [ ] **prick** (바늘, 가시 따위로) 찌르다

❶ She resembled those who lived on Asgard, but there was a look in her eyes that betrayed fear and concern—a look Thor knew was unique to mortals.

그녀는 아스가르드인들과 비슷하게 생겼지만, 공포와 걱정이 드러난 눈빛, 토르가 인간에게만 있다고 알고 있는 그런 눈빛을 갖고 있었다.

▶ 미드가르드에 떨어진 토르가 처음 만난 제인을 보고 생각하는 장면입니다. betray fear and concern을 직역하면 '공포와 걱정을 배반하다'라는 뜻인데요, 숨겨야 하는 것들이 눈에 드러난다는 의미입니다. mortal의 사전적 의미는 '영원히 살 수 없는', '언젠가는 반드시 죽는'으로 신화에서 주로 '인간'을 의미합니다. 반대로 immortal의 뜻은 '영원히 죽지 않는'으로 '신'을 의미합니다.

챕터 12

📕 본책 p216

📖 원서가 술술 읽히는 단어장

p216

- ☐ **pull up** 차를 세우다
- ☐ **cliff** 절벽, 낭떠러지
- ☐ **ledge** 바위 턱, 절벽에서 튀어나온 바위
- ☐ **crater** 분화구
- ☐ **meteor** 유성

p218

- ☐ **makeshift** 임시적 방편의
- ☐ **former** 이전의
- ☐ **automobile** 자동차
- ☐ **dealership** 판매 대리점
- ☐ **celestial** 천체의
- ☐ **alignment** 정렬, 일직선
- ☐ **quadrant** 4분면
- ☐ **Ursa Minor** (천문) 작은곰자리
- ☐ **constellation** 별자리

p220

- ☐ **unmistakable** 명백한, 틀림없는
- ☐ **swirl** 소용돌이, 소용돌이치다
- ☐ **trail** 따라가다, 뒤쫓다
- ☐ **trash** 엉망으로 만들다, 부수다
- ☐ **evidence** 증거, 근거, 증언
- ☐ **typical** 늘 하는 식의, 전형적인

p222

- ☐ **blond** 금발의
- ☐ **swear** 맹세하다, 선서하다

50

- □ **on purpose** 일부러, 고의로
- □ **sustenance** 음식, 영양물, 생명을 유지하는데 필요한 것
- □ **duck** 급히 움직이다
- □ **diner** 작은 식당
- □ **polish off** 재빨리 해치우다

p224

- □ **disrespect** 무례, 실례
- □ **begrudgingly** 마지못해
- □ **satellite** 위성, 인공위성
- □ **overhear** 우연히 듣다, 엿듣다

p226

- □ **government** 정부, 정권
- □ **be off** 떠나다

📖 이 문장도 짚고 가기!

❶ *This* **is the star alignment for our quadrant this time of year.** 이게 이 시기 우리 성운 사분면에 있는 별들이에요.

▶ 천체 지도를 살피던 제인이 동료들에게 말하는 장면입니다. 이 문장에서 quadrant는 '사분면'을 뜻하는데요. 은하계를 4등분으로 나누었을 때 우리가 사는 지구가 속한 사분면의 별들을 살펴보라는 말입니다.

❷ We just lost our most important piece of evidence. Typical! 가장 중요한 증거를 놓치다니! 나답지 뭐!

▶ 토르를 찾아 병원으로 돌아왔지만, 그가 이미 떠나고 없자 제인이 말하는 장면입니다. typical의 뜻은 '전형적인'인데요. 이 맥락에서는 '내가 늘 하는 전형적인 실수를 또 했다.'라는 자책의 어감을 나타내고 있습니다.

📖 원서가 술술 읽히는 단어장
p228

□ **retrieve** 되찾다, 회수하다
□ **a wellspring of** ~의 근원지, 원천
□ **pertain to** ~와 관계가 있다, ~와 관련되다

p230

□ **investigate** 연구하다, 조사하다
□ **appropriate** 전유하다, 제 것으로 만들다
□ **atmospheric** 대기의
□ **compensate** 보상하다
□ **replacement** 대체물, 교체
□ **plead** 간청하다, 변론하다, 설득하다

p232

□ **sue** 고소하다, 소송을 제기하다
□ **violate** 위반하다, 침해하다
□ **constitutional right** 헌법상의 권리
□ **on the verge of** ~하기 직전에
□ **phenomenon** 현상
□ **brush aside** ~을 무시하다
□ **pioneer** 선구자, 개척자

p234

□ **defiantly** 도전적으로, 반항적으로
□ **lunatic** 미치광이, 정신병자, 괴짜
□ **height and heft** 키와 몸무게

p236

□ **rim** 가장자리, 테두리

- ☐ **elaborate** 정교한, 복잡한
- ☐ **passageway** 복도, 통로
- ☐ **section off** 구획하다, 분할하다
- ☐ **haul** 끌다, 운반하다
- ☐ **wreckage** 잔해, 파편
- ☐ **broadly** 활짝, 널리, 폭넓게

p238

- ☐ **encampment** 진영, 야영지
- ☐ **interfere with** ~를 방해하다
- ☐ **intensify** 격렬해지다, 심해지다
- ☐ **ace** 우수한, 최고의
- ☐ **archer** 궁수, 활 쏘는 사람
- ☐ **accurate** 정확한, 오차 없는
- ☐ **codename** 암호명, 코드명

p240

- ☐ **in triumph** 의기양양하게
- ☐ **reclaim** 되찾다, 돌려 달라고 하다
- ☐ **grip** 잡음, 움켜쥠, 잡는 법, 쥐는 힘
- ☐ **relent** 동의하다
- ☐ **immovable** 움직이지 않는
- ☐ **howl** 울부짖다
- ☐ **detain** 붙들어 두다, 감금하다

📖 원서가 술술 읽히는 단어장

p242

- □ **unbeknownst to** ~가 모르는 사이에
- □ **sentry** 보초, 파수병, 감시
- □ **banish** 추방하다, 유배 보내다
- □ **adopt** 입양하다
- □ **sibling** 형제, 자매
- □ **in captivity** 감금된, 포로가 되어

p244

- □ **banishment** 추방, 유배
- □ **bear** 견디다, 참다
- □ **perish** 죽다, 사라지다
- □ **loss** 죽음, 상실, 손실
- □ **disappointment** 실망, 실망거리
- □ **burden** 부담, 책임, 짐
- □ **grief** 큰 슬픔, 비통
- □ **spin** (이야기 따위)를 만들다, 자세히 말하다
- □ **conditional** ~을 조건으로 한, 조건부의
- □ **forbid** 금하다, 금지하다
- □ **deceitful** 사기의, 거짓의
- □ **bid good-bye** ~에게 작별을 고하다
- □ **condolence** 애도, 조의
- □ **farewell** 작별, 작별 인사

📖 원서가 술술 읽히는 단어장

p246

- ☐ **abandoned** 버려진
- ☐ **tuck away** 사람들이 붐비지 않는(한적한) 곳에 위치하다
- ☐ **amid** ~에 둘러싸여, ~의 사이에
- ☐ **vacant** 비어있는, 사용되지 않는
- ☐ **lot** 지역, 부지
- ☐ **slick** 매끈매끈한, 호화로운
- ☐ **wandering** 헤매는, 돌아다니는
- ☐ **defunct** (지금은) 사용되지 않는
- ☐ **puddle** 웅덩이, 액체가 고인 곳

p248

- ☐ **mar** 훼손하다, 손상시키다
- ☐ **insignia** 휘장
- ☐ **keep track of** ~에 대해 계속 파악하고 있다
- ☐ **quote** (상업) 시세, 거래가
- ☐ **hotspot** 분쟁 지대
- ☐ **classify** 분류하다
- ☐ **peruse** 정독하다
- ☐ **preliminary** 예비의
- ☐ **intrigued** 호기심을 가진, 흥미로워하는
- ☐ **digest** 소화하다, 이해하다
- ☐ **sweep down** 급습하다

p250

- ☐ **assessment** 평가
- ☐ **toss** 던지다
- ☐ **compulsive** 강박 관념에 사로잡힌, 강제적인

- [ ] **behavior** 행동, 행실, 품행, 태도
- [ ] **prone to** ~의 경향이 있는
- [ ] **self-destructive** 자멸적인, 자기 파괴적인
- [ ] **tendency** 성향, 기질, 경향
- [ ] **stern** 근엄한, 심각한
- [ ] **palpable** 명백한, 뚜렷한

p252

- [ ] **gloat** 흡족해하다
- [ ] **flatly** 단호하게, 딱 잘라서
- [ ] **recommend** 추천하다, 권하다
- [ ] **ticker** 심장
- [ ] **juncture** 시점, 단계
- [ ] **bummed** 낙담한, 상심한
- [ ] **afford** (경제적, 시간적으로) 여유가 있다

📖 이 문장도 짚고 가기!

❶ Although Tony repeatedly said he didn't want any part of the Avengers Initiative, there was something about it that interested him, so he kept coming back.

비록 토니는 어벤져스 계획에 전혀 관여하고 싶지 않다고 꾸준히 말했지만, 왠지 모르게 관심이 갔고 돌아오기를 반복했다.

▶ 어벤져스에 관련된 문서를 발견한 토니가 호기심을 가지는 장면입니다. 이 문장에서 keep coming back은 물리적으로 다시 돌아오는 것을 말하기도 하지만, '다시 관심을 가지다'라는 의미로도 해석할 수 있습니다. 말로는 어벤져스에 관심이 없다고 하지만 실제로는 그렇지 않은 토니의 상황을 표현하고 있습니다.

📖 본책 p254

📖 원서가 술술 읽히는 단어장

p254

- ☐ **previous** 이전의, 먼젓번의
- ☐ **interrogate** 심문하다, 추궁하다
- ☐ **press on** 압박하다

p256

- ☐ **mercenary** 용병
- ☐ **go off** 버럭 화를 내다
- ☐ **jackbooted** 장화를 신은, 강압적인
- ☐ **thug** 폭력배

p258

- ☐ **tear through** 뚫고 통과하다
- ☐ **obvious** 분명한, 확실한, 명백한
- ☐ **engage** ~에 몰두시키다, 시간을 차지하다
- ☐ **detainee** 억류자
- ☐ **depart** 떠나다
- ☐ **swipe** 훔치다, 슬쩍하다
- ☐ **unnoticed** 눈에 띄지 않는

📖 이 문장도 짚고 가기!

❶ It seemed they were free and clear.

그들은 자유의 몸이 되었고 더 이상 돌려받을 것도 없어 보였다.

▶ 콜슨 요원에게 잡혀있던 토르가 풀려나 셀빅 박사와 캠프장을 벗어나는 장면입니다. free and clear는 '더 이상 빚이 없는'이라는 표현인데요. 빚에서 자유롭고(free), 돌려줄 것이 없는(clear) 상태가 되었다는 말입니다. 이 문장에서는 토르가 정당하게 빠져나왔으니 자유의 몸이 되었다는 뜻으로 쓰였습니다.

📖 **원서가 술술 읽히는 단어장**

p260

- [ ] **linger** 지속되다, 오래 머물다
- [ ] **companion** 친구, 동반자, 동지

p262

- [ ] **spectacular** 환상적인, 눈부신
- [ ] **a duo of** 2인조의
- [ ] **embrace** 껴안다, 포옹하다
- [ ] **longtime** 오랫동안의
- [ ] **overjoyed** 매우 기쁜
- [ ] **exile** 망명, 추방
- [ ] **funnel** 굴뚝, 깔때기
- [ ] **whip** 채찍질하다, 재빨리 움직이거나 움직이게 함

p264

- [ ] **on cue** 마침 때맞추어
- [ ] **lift** (안개가) 걷히다, 사라지다
- [ ] **reveal** 드러내다
- [ ] **otherworldly** 비현실적인, 초자연적인
- [ ] **unregistered** 등록되지 않은
- [ ] **fiery** 불같은, 불타는 듯한, 맹렬한
- [ ] **furnace** 용광로
- [ ] **vaporize** 증발시키다
- [ ] **pronounce** 단언하다, 표명하다, 발음하다

p266

- [ ] **chaos** 혼돈, 혼란
- [ ] **vanquish** 정복하다, 무찌르다
- [ ] **fend off** ~을 막다, 피하다

- ☐ **mortal** 영원히 살 수 없는
- ☐ **immortal** 죽지 않는, 불멸의
- ☐ **take cover** 숨다, 피난하다
- ☐ **combat** 전투, 싸움, 싸우다
- ☐ **innocent** 아무 잘못이 없는, 순진한
- ☐ **take one's life** ～의 목숨을 빼앗다

p268

- ☐ **blaze** 활활 타다, 눈부시게 빛나다
- ☐ **beneath** 아래, 밑에
- ☐ **faceplate** 안면 보호용 금속판
- ☐ **backhand** 손등으로 치다
- ☐ **heave** (무거운 것을) 들어 올리다
- ☐ **walk off** (화가 나서) 떠나 버리다
- ☐ **shake** 흔들리다, 흔들다
- ☐ **encasement** 상자, 용기

p270

- ☐ **outfit** (복장을) 갖추어 주다
- ☐ **cape** 망토
- ☐ **selfless** 이타적인
- ☐ **deed** 행동
- ☐ **twirl** 회전시키다, 빙빙 돌리다
- ☐ **victoriously** 이겨서, 승리를 거두어
- ☐ **whip up** ～을 자극하다, 잽싸게 만들어 내다
- ☐ **twister** 회오리바람
- ☐ **defeat** 패배시키다, 이기다
- ☐ **triumphant** 크게 성공한, 의기양양한
- ☐ **confront** 직면하다, 맞서다
- ☐ **count as** ～이라 간주하다
- ☐ **ally** 동맹, 연합국
- ☐ **clarify** 분명히 말하다

- □ **equipment** 장비, 용품, 설비
- □ **beam** 활짝 웃다
- □ **be sucked into** (소용돌이 등에) 빨려 들다
- □ **prismatic** 무지갯빛의, 각기둥 모양의

🔲 이 문장도 짚고 가기!

❶ While Thor's friends—mortal and immortal—took cover, Thor knew what he must do. 필멸의 그리고 불멸의 친구들이 피할 동안 토르는 자신이 무엇을 해야 하는지 알았다.

▶ 아스가르드의 전사들이 모두 디스트로이어에게 패배하자 토르가 결심하는 장면입니다. 이 문장에서 mortal and immortal은 토르의 친구들을 의미합니다. mortal은 '필멸의', '영원히 살 수 없는'이 라는 뜻으로 제인을 비롯한 인간 친구들을 의미하고요. immortal은 '불멸의', '영원한'이라는 뜻으로 아스가르드에서 전사들을 가리킵니다.

60

📖 원서가 술술 읽히는 단어장

p276

- ☐ **banish** 추방하다, 유배를 보내다
- ☐ **dominate** 지배하다, 군림하다
- ☐ **integral** 필수적인, 완전한

p278

- ☐ **disclose** (비밀 등을) 밝히다, 폭로하다
- ☐ **sneak in** 몰래 들어가다
- ☐ **coronation** (새 왕의) 대관식
- ☐ **murder** 살인하다, 살해하다
- ☐ **mystical** 신령스러운, 신비주의의
- ☐ **rightful** 합법적인, 적법한, 걸맞은
- ☐ **invade** 침입하다, 침략하다
- ☐ **bedchamber** 침실
- ☐ **hail** 환호하며 맞이하다, 환영하다
- ☐ **cement** 굳게 하다, 시멘트를 바르다, 굳게 결합하다
- ☐ **annal** (한 민족의) 기록

p280

- ☐ **savior** 구원자, 구조자
- ☐ **possess** 소유하다, 지니다, 갖추다
- ☐ **observatory** 관측소, 천문대
- ☐ **steer** 조종하다, 이끌다
- ☐ **reputation** 명성, 평판
- ☐ **trickery** 속임수, 사기
- ☐ **full-on** 최대의, 극도의
- ☐ **adventure** 모험

- ☐ **furiously** 맹렬히, 힘차게
- ☐ **dazzling** 눈부신, 휘황찬란한
- ☐ **drift** 표류하다, 이동하다
- ☐ **dangle** 매달리다
- ☐ **grasp** 붙잡음, 움켜잡다
- ☐ **void** (우주의) 공간, 허공

이 문장도 짚고 가기!

❶ Loki approached the Rainbow Bridge, used the Casket of Ancient Winters to freeze Heimdall, and traveled over the prismlike road to Jotunheim. 로키는 무지개다리에 가서 고대 겨울의 함을 이용해 헤임달을 얼렸고, 무지갯빛 통로를 통해 요툰헤임으로 넘어갔다.

▶ 아스가르드를 지배하기 위해 은밀한 계획을 세우는 로키의 모습을 보여주는 장면입니다. 이 문장에 쓰인 prismlike는 사전에 나오지 않는 단어인데요. 명사 뒤에 like가 붙으면 '~같은'이라는 뜻의 형용사가 됩니다. prism은 '각기둥'을 의미하기도 하지만 '무지갯빛', '7가지 색'이라는 뜻도 있는데요. 문장에 나온 무지개다리(Rainbow Bridge)가 prismlike road를 의미하니 '무지갯빛(같은) 통로'라고 표현하는 것이 자연스럽겠네요.

📖 원서가 술술 읽히는 단어장

p286

- ☐ **make out** 이해하다
- ☐ **blur** 흐릿한 형체
- ☐ **converge** 만나다, 모여들다
- ☐ **wreak havoc** 혼란을 일으키다, 막대한 피해를 주다
- ☐ **destruction** 파괴, 파멸
- ☐ **widespread** 널리 퍼진, 대폭적인

p288

- ☐ **rubble** (허물어진 건물의) 잔해, 돌무더기
- ☐ **lamppost** 가로등, 가로등 기둥
- ☐ **bulging** 튀어나온
- ☐ **overgrown** 너무 크게 자란, 너무 큰
- ☐ **enormous** 막대한, 거대한
- ☐ **compare** 비교하다
- ☐ **intimidating** 겁을 주는
- ☐ **spike** 뾰족한 것, 스파이크
- ☐ **protrude** 튀어나오다, 돌출되다
- ☐ **vicious** 포악한, 사나운
- ☐ **growl** 으르렁거리는 소리, 으르렁거리다
- ☐ **nuke** 핵폭탄, 핵무기로 공격하다

p290

- ☐ **grotesque** 기괴한
- ☐ **distorted** 기형의, 비뚤어진
- ☐ **tear** 파괴하다, 찢다
- ☐ **pummel** (주먹으로) 계속 치다, 때리다
- ☐ **ditch** 배수로

- ☐ **skid** 미끄러지다
- ☐ **ticker** 뉴스 자막
- ☐ **rampaging** 광분한
- ☐ **abomination** 혐오스러운 것
- ☐ **crumble** (건물, 땅이) 무너져 내리다, 바스러지다

p292

- ☐ **stance** 자세, 태도
- ☐ **lunge** 돌진하다
- ☐ **collide** 충돌하다, 부딪치다
- ☐ **disturbance** 소란, 요란(가벼운 지각 변동)
- ☐ **shatter** 산산이 부서지다, 산산이 부수다
- ☐ **larger-than-life** 실물 크기보다 큰, 실제보다 과장된
- ☐ **pelt with** (무엇을 던지며) 공격하다
- ☐ **girder** 거더, 강철 대들보
- ☐ **rivet** 대갈못
- ☐ **clip** 자르다
- ☐ **rear** (어떤 것의) 뒤쪽
- ☐ **rotor** (헬리콥터 등의) 회전 날개
- ☐ **whirl** 빙빙 돌다
- ☐ **spiral** 나선형으로 움직이다

p294

- ☐ **chopper** 헬리콥터
- ☐ **bola** 끝에 쇳덩이가 달린 올가미
- ☐ **chasm** 아주 깊은 틈, 구멍
- ☐ **finish off** ~을 죽이다, 없애버리다
- ☐ **bound** 뛰다, 뛰어가다, 튀어오르다

📖 원서가 술술 읽히는 단어장

p298

- □ **splinter** 쪼개다, 갈라지다
- □ **flood** (홍수처럼) 쏟아져 들어오다, 물에 잠기게 하다
- □ **reeking** 지독한 악취를 풍기는
- □ **barroom** 술집
- □ **stale** 오래된, 김빠진
- □ **disgusted** 혐오감을 느끼는, 역겨워 하는
- □ **stride in** 성큼성큼 걷다

p300

- □ **fundraiser** 모금 행사, 기금 조달자
- □ **put on ice** ~를 일시 보류하다, 정지시켜 놓다
- □ **practical** 현실적인, 실현 가능한
- □ **allude to** ~을 암시하다, 언급하다
- □ **alter ego** 또 다른 자아
- □ **Touché** (불어) 내가 졌군, 정곡을 찔렸군
- □ **unusual** 드문, 특이한
- □ **take a stab at** ~을 시도해보다
- □ **puff** (담배를) 뻐끔뻐끔 피우다, (연기를) 내뿜다
- □ **stinking** 냄새가 고약한, 지독한
- □ **deadly** 몹시, 매우, 치명적인

p302

- □ **pensive** 수심 어린
- □ **brooding** 음울한, 생각에 잠긴
- □ **smirk** 능글맞게 웃다

❶ I hate to say I told you so, General, but that Super-Soldier program was put on ice for a reason. I've always felt that hardware was more practical.

'제가 뭐랬어요.'라고 말하고 싶진 않지만요, 장군. 슈퍼 솔져 프로그램이 보류된 데엔 그만한 이유가 있죠. 전 항상 무기가 더 실용적이라 생각했어요.

▶ 토니가 로스 장군을 만나 대화를 나누는 장면입니다. I told you는 우리말로 '그러게 내가 뭐랬어.'라 는 어감을 가지고 있는데요. 토니는 인간 병기보다 무기가 더 효과적이라고 전에 주장했던 것 같습니 다. 그리고 이 문장에서 put on ice를 중의적으로 표현한 점도 흥미로운데요. put on ice의 사전적 의미는 '보류하다'지만, 글자 그대로 해석하면 '얼음에 묻히다'라는 뜻입니다. 캡틴 아메리카가 냉동되 어 있었던 사실을 중의적으로 나타낸 구문입니다.

📖 원서가 술술 읽히는 단어장

p304

☐ the Arctic Circle 북극권

☐ inhospitable 사람이 살기 힘든, 불친절한

☐ whip (비, 우박 등이) 세차게 불다, 때리다

☐ furiously 맹렬히, 극단적으로

☐ visibility 가시거리, 시야

☐ mere 겨우 ~의, ~에 불과한

p306

☐ beat ~에 세게 부딪치다, 두드리다

☐ aimlessly 목적 없이

☐ terrain 지형, 지역

☐ garb 의복

☐ flare 조명탄, 확 타오르는 불꽃

☐ relative 상대적인, 비교상의

☐ on-site 현장의

☐ spot 발견하다, 찾다

p308

☐ squall 돌풍

☐ weather balloon 기상 관측 기구

☐ chuckle 싱긋 웃다

☐ slab 평평한 판, 조각

☐ jut out from ~에서 돌출하다

☐ mammoth 거대한

☐ aircraft 항공기, 비행체

☐ examine 조사하다, 검토하다

p310

☐ activate 작동시키다

- ☐ nozzle 노즐, 분사구
- ☐ cadence 리듬
- ☐ hull 선체, 껍데기
- ☐ grapple 잡아 거는 갈고리
- ☐ illuminate 비추다, 밝히다
- ☐ floodlight 투광 조명등
- ☐ aperture 틈, 구멍, 균열
- ☐ heighten 고조시키다, 높이다
- ☐ traverse 가로지르다, 횡단하다

p312

- ☐ dim 어둑한, 흐릿한
- ☐ radiance 빛
- ☐ incision 절개
- ☐ veil (엷은) 막, 베일, 장막
- ☐ lieutenant 중위
- ☐ dumbfounded 놀라서 말이 안 나오는
- ☐ emblem 상징, 표상
- ☐ discount 무시하다
- ☐ myth 신화, 미신
- ☐ hoax 거짓말, 장난질

『🗂, 이 문장도 짚고 가기!

❶ The cut steel crashed a great distance below, creating a chasm in what now clearly appeared to be some sort of ship.

잘려나간 강철 조각이 아래로 멀리 떨어져 이제는 큰 비행체로 보이는 물체에 구멍을 만들었다.

▶ ship은 '선박'이나 '배'라는 의미로 자주 쓰이지만 '비행선', '항공기'라는 뜻도 있습니다. 캡틴 아메리카가 비행기를 물에 빠트린 장면 기억나시나요? 그 비행기가 이 문장에서는 ship으로 표현되었습니다.

68

📖 원서가 술술 읽히는 단어장

p316

- ☐ **track down** ~를 찾아내다
- ☐ **capture** 포로로 잡다, 포획하다
- ☐ **dissect** 해부하다, 분석하다
- ☐ **replicate** 복제하다

p318

- ☐ **unpredictable** 예측할 수 없는, 종잡을 수 없는
- ☐ **lock up** 가두다
- ☐ **stretch** (얼마 동안 계속되는) 기간, 시간
- ☐ **successful** 성공한, 성공적인
- ☐ **at stake** 위태로운, 성패가 달린
- ☐ **injury** 부상, 상처
- ☐ **partly** 부분적으로, 어느 정도
- ☐ **scores of** 많은, 수십 명의
- ☐ **perish** 죽다, 사라지다

p320

- ☐ **enraged** 격분한
- ☐ **squat** 불법 거주하다, 쪼그리고 앉다
- ☐ **currently** 현재, 지금
- ☐ **the number of** ~의 수

📖 원서가 술술 읽히는 단어장

p322

- ☐ **surroundings** 환경
- ☐ **refreshed** (기분이) 상쾌한
- ☐ **figure out** 이해하다, 알아내다, 생각해내다
- ☐ **spare** 남는, 여분의
- ☐ **cot** 간이 침대, 병원 침대

p324

- ☐ **bare** 텅 빈, 벌거벗은
- ☐ **breeze** 미풍, 산들바람
- ☐ **judging by** ~로 미루어보면
- ☐ **emblazoned with** ~을 새긴
- ☐ **insignia** 휘장
- ☐ **agility** 민첩성
- ☐ **pinnacle** 절정, 정점
- ☐ **knob** 손잡이
- ☐ **quarters** 숙소, 방

p326

- ☐ **recovery room** (병원의) 회복실
- ☐ **emphatic** 단호한
- ☐ **device** 장치
- ☐ **conceal** 감추다, 숨기다
- ☐ **smash** 박살내다
- ☐ **illusion** 환상, 착각
- ☐ **fall away** 서서히 줄어들다, 사라지다
- ☐ **footage** (영화, TV의) 장면, 화면
- ☐ **projection** 투사, 투영, 영사, (투사된) 영상

- alien 생경한, 이질적인, 외국의, 외계의

---

p328

- imposing 인상적인, 눈길을 끄는
- at ease (구령) 쉬어
- break it to someone ~에게 (충격적인) 소식을 전하다
- speechless 말문이 막히는
- passerby 행인, 통행인
- ordinary 보통의, 평범한, 일상적인

이 문장도 짚고 가기!

---

❶ The mint-green walls were bare.

민트 그린 색의 벽에는 아무것도 걸려있지 않았다.

▶ 낯선 곳에서 눈을 뜬 스티브가 바라본 회복실의 모습입니다. 가장 많이 사용되는 bare의 의미는 '벌거벗은'인데요. 이 문장에서 벽이 벌거벗었다는 건 벽에 아무것도 걸려있지 않았다는 것을 의미합니다.

📖 원서가 술술 읽히는 단어장

p330

☐ dimly lit 불빛이 어둑한

☐ compound 복합 단지, 구내

☐ cross-dimensional 차원을 넘나드는

☐ struggle 투쟁, 분투, 싸움, 투쟁하다, 싸우다

p332

☐ labyrinth 미로

☐ pause 잠시 멈추다, 정지시키다

☐ impress 감동을 주다, 깊은 인상을 주다

☐ gateway 관문, 입구

☐ unprecedented 전례 없는

☐ in tow (사람을) 뒤에 데리고

☐ circuitry 전기 회로

p334

☐ crackle 탁탁 (치직) 소리를 내다

☐ tap 이용하다, 톡톡 두드리다

☐ hiss 낮게 말하다, 쉿 소리를 내다

☐ grin (소리 없이) 활짝 웃다

☐ captivate 마음을 사로잡다

☐ spell 주문, 마법

☐ interfere with ~을 방해하다

p336

☐ deserve 마땅히 ~할 만하다, ~를 받을 자격이 있다

❶ It crackled with electricity, and forks of charged current danced around it. 그 물건은 전기로 인해 치직 소리를 냈고, 포크 모양의 전류가 주위로 춤을 추듯 움직였다.

▶ 퓨리 대령이 셸빅 박사에게 큐브를 보여주는 장면입니다. forks of charged current를 직역하면 '전류의 포크들'이 되는데요. 전류가 큐브 주위로 포크 모양을 만드는 모습을 상상해보세요. 그 전류들이 움직이며 마치 춤을 추는 것처럼 보였다는 표현입니다.

📖 원서가 술술 읽히는 단어장
p338

- ☐ uncover 알아내다, 밝히다
- ☐ officially 공식적으로
- ☐ surely 확실히, 분명히, 틀림없이

p340

- ☐ activate 작동시키다, 활성화하다
- ☐ hull 선체
- ☐ retrieve 수습하다, 되찾다
- ☐ oversee 단속하다, 두루 살피다, 망보다
- ☐ oddly 이상하게
- ☐ mystical 신비주의적인, 초자연의
- ☐ object 물건, 물체

p342

- ☐ emit 방출하다, 내뿜다
- ☐ misbehave (실험 재료 등이) 예상 외의 반응을 하다, 못된 짓을 하다
- ☐ crow's nest 감시대, 돛대 위의 망대

p344

- ☐ rappel 현수 하강하다, 라펠하다
- ☐ tamper 손대다, 간섭하다
- ☐ celestial 천체의, 하늘의
- ☐ claw one's way 기어가듯 나아가다
- ☐ clutch 움켜잡다, 쥐다
- ☐ crouch 쭈그리고 앉다
- ☐ regal 위풍당당한, 장엄한
- ☐ gaunt 수척한

☐ weary 지친, 피곤한

p346

☐ wearily 녹초가 되어, 지쳐서
☐ muster 모으다, 소집하다
☐ vacantly 멍하니, 공허하게
☐ underlying 근본적인, 잠재적인, 뒤에 숨은
☐ frantic 정신없는, 제정신이 아닌
☐ estimate 추정하다, 평가하다, 어림잡다
☐ vacuum 진공
☐ aim 겨누다, 겨냥하다, ~를 목표로 하다
☐ infiltrator 잠입자, 침투 요원

p348

☐ radio 무전을 보내다
☐ accompany 동반하다, 동행하다
☐ fugitive 도망자
☐ skid 미끄러지다
☐ in hot pursuit (~를) 바짝 뒤쫓는
☐ tumble 굴러 떨어지다
☐ emerge 모습을 드러내다

p350

☐ swerve 방향을 틀다
☐ rotor (기계의) 회전자, 회전 날개
☐ plunge 추락하다, 거꾸러지다

❶ "She's been misbehaving," Selvig said, never taking his eyes from the cube. "테서랙트가 이상 반응을 보이고 있어요." 큐브에서 눈을 떼지 않으며 셀빅이 말했다.

▶ 이 문장에서 주어인 그녀(she)는 큐브, 즉 테서랙트를 가리킵니다. 애착이 가는 물건이나 테서랙트처럼 살아있는 듯한 물건을 그녀(she)로 칭하는 경우가 많습니다.

❷ They stared vacantly, as if due to an underlying soullessness. 그들은 마치 영혼이 없는 것처럼 허공을 응시했다.

▶ 로키가 셀빅 박사와 바튼의 가슴에 창을 갖다 대자 그들이 변하는 장면입니다. underlying은 '근본적인', '잠재적인' 그리고 soullessness는 '혼이 없음'을 의미하는데요. 영혼이 없어 보이는 모습을 훨씬 더 강조해 표현한 문장입니다.

📖 원서가 술술 읽히는 단어장

p352

☐ **beloved** 사랑하는, 총애받는

☐ **borough** 도시

☐ **glitz** 현란함, 호화로움

☐ **glamour** 화려함, 매력

☐ **advert (advertisement)** 광고

p354

☐ **mechanical** 기계의, 기계로 만든, 기계적인

☐ **mind-blowing** 감동적인, 놀라운, 끝내주는

☐ **congested** 혼잡한, 붐비는

☐ **sleek** 날렵한, 매끈한

☐ **wire** 전선, 선, 철사

☐ **instantaneously** 즉석으로, 동시에

☐ **advancement** 발전, 진보

☐ **supply with** ~를 제공하다, 공급하다

☐ **familiarize** 친하게 하다, 익숙하게 하다

☐ **jarring** 삐걱거림, 부조화, 충돌, 삐걱거리는, 조화되지 않는

p356

☐ **fidget with** (안절부절못하며) ~을 만지작거리다

☐ **in between** 중간에, 사이에 끼어

☐ **crude** 투박한, 대강의

☐ **unsophisticated** 세련되지 못한, 정교하지 않은, 단순한

☐ **reach out** (손 등을) 뻗다,

☐ **war-era** 전쟁 시대의

☐ **sift** 면밀히 조사하다, 체로 치다, 거르다

☐ **overwhelmed** 압도된

- ☐ **brave** 멋지게 새로운, 용감한, 화려한
- ☐ **conducive to** ~에 도움이 되는
- ☐ **jam** 혼잡, 교통 체증, (장소를) 막다, 메우다
- ☐ **vendor** 행상인, 판매인, 노점상

p358

- ☐ **clog** 막다, 막히다
- ☐ **sidewalk** 보도, 인도
- ☐ **crowded** 붐비는, 복잡한, ~이 가득한
- ☐ **depressing** 우울한
- ☐ **going rate** 현행 가격, 현행 요금
- ☐ **legacy** 유산
- ☐ **settle into** 자리잡다
- ☐ **diner** 작은 식당, 다이너
- ☐ **option** 선택지, 선택권, 선택
- ☐ **flirtatious** 추파를 던지는

p360

- ☐ **naively** 순진하게
- ☐ **flash** (시선, 미소를) 흘끗 보내다, (잠깐) 비치다, 휙 내보이다
- ☐ **moron** 멍청이
- ☐ **snap** 날카롭게 말하다, 탁 하고 부러뜨리다, 홱 잡다
- ☐ **pound** 요란히 치다, 두드리다
- ☐ **punching bag** (권투 연습용) 샌드백

p362

- ☐ **blame for** ~에 대해 비난하다
- ☐ **wrought** 초래하다, 일으키다 (과거형으로만 쓰임)
- ☐ **debriefing** 임무 보고
- ☐ **packet** (서류, 편지 등의) 뭉치, 한 다발, 소포

📖 원서가 술술 읽히는 단어장

p364

☐ **desolate** 적막한, 황량한
☐ **district** 지역, 구역
☐ **interrogate** 심문하다
☐ **goon** 깡패, 바보
☐ **in good shape** (몸의) 상태가 좋은
☐ **deadly** 치명적인, 치사의

p366

☐ **coordinate** 좌표
☐ **descend on** 갑자기 습격하다, 불시에 방문하다
☐ **oblige** 청을 들어주다, 호의를 보이다
☐ **shimmy** 엉덩이와 어깨를 흔들며 움직이다
☐ **captor** 잡는 사람, 포획자
☐ **out of commission** 이용할 수 없는, 고장 나서
☐ **handle the situation** 상황에 대처하다, 사태를 처리하다

p368

☐ **compromise** 타협하다, ~을 위태롭게 하다

📖 이 문장도 짚고 가기!

❶ Tony Stark trusts me as far as he can throw me.

토니 스타크는 나를 전혀 신뢰하지 않아요.

▶ 이 문장을 직역하면 "토니 스타크는 그가 나를 던질 수 있는 만큼만 신뢰해요."라는 뜻인데요. 사람을
멀리 던지기 쉽지 않죠? 즉 '전혀 믿지 못하다'라는 의미입니다. 예를 들어 "I trust him as far as I
can throw him."이라고 하면 "난 그를 전혀 믿지 못해요."라는 의미가 됩니다. 관용적으로 쓰는 표
현이니 문장 전체를 기억해두시면 좋습니다.

본책 p370

📖 원서가 술술 읽히는 단어장

p370

- ☐ **glitter** 반짝반짝 빛나다
- ☐ **sparkle** 반짝이다
- ☐ **reflective** 빛을 반사하는
- ☐ **millennium** 천년(간)
- ☐ **stand out** 눈에 띄다, 두드러지다

p372

- ☐ **soar into** ~까지 급상승하다, 날아오르다
- ☐ **PR campaign** 홍보 캠페인
- ☐ **alert** 경고하다
- ☐ **flip** (기계 버튼 등을) 누르다, 돌리다
- ☐ **spectacular** 화려한, 장관인, 볼 만한
- ☐ **eco-friendly** 환경친화적인
- ☐ **self-sustaining** 자급자족의
- ☐ **pinnacle** 정점, 절정
- ☐ **illuminate** 밝히다, 불을 비추다
- ☐ **relish** 즐기다, 좋아하다

p374

- ☐ **butler** 집사
- ☐ **crony** 친구, 벗
- ☐ **spoil** 망치다, 버려 놓다, 못쓰게 만들다
- ☐ **suite** (호텔의) 스위트 룸
- ☐ **give someone credit for** ~를 누구의 공으로 삼다
- ☐ **light up** 환해지다, 빛이 나다
- ☐ **override** (자동으로 진행되는 과정을) 중단시키다, ~보다 더 중요하다
- ☐ **urgently** 급히

- □ **as if** 마치 ~인 것처럼, ~와도 같이
- □ **on cue** 마침 때맞춰
- □ **step out** 나가다

- □ **scrap** 폐기하다, 버리다
- □ **qualify** 자격을 얻다, ~할 자격이 있다
- □ **semantics** 의미론
- □ **shush** 조용히 하라고 말하다
- □ **adjoining** 서로 접한, 옆의
- □ **briefcase** 서류 가방
- □ **holographic** 홀로그램의
- □ **impressive** 인상적인
- □ **fall into the wrong hands** 나쁜 세력의 손에 들어가다
- □ **spell disaster** 재난을 초래하다

🖼 **이 문장도 짚고 가기!**

❶ *Semantics*, Tony thought. 말장난이라고 토니는 생각했다.

▶ 콜슨 요원이 토니에게 도움을 요청하며 이 작전은 어벤져스 계획이 아니라 비상 대응팀이라고 말하는 장면입니다. semantics의 사전적 의미는 '의미론'인데요. 이 문장에서는 일부러 표현을 모호하게 하거나 말장난을 한다는 의미로 썼습니다. Avengers Initiative(어벤져스 계획)라고 하든 response team(비상 대응팀)이라고 하든 결국은 같은 의미이니까요.

📖 원서가 술술 읽히는 단어장

p380

- ☐ **fraught with** ~투성이인
- ☐ **pestilence** 악성 전염병, 역병
- ☐ **intent** 몰두하는, 열중하는
- ☐ **experience** 경험하다

p382

- ☐ **suffer from** ~로 고통받다
- ☐ **dearth** 부족, 결핍
- ☐ **critical** 중요한, 중대한, 비판적인
- ☐ **supplies** 공급 물품, 저장품, 비품
- ☐ **shortage** 부족
- ☐ **wrap up** 마무리 짓다
- ☐ **in the same way** 같은 방법으로
- ☐ **burst into tears** 눈물을 터뜨리다
- ☐ **fever** 열, 열병
- ☐ **plead for** ~를 호소하다, 조르다
- ☐ **impenetrable** 눈앞이 안 보이는, 관통할 수 없는
- ☐ **navigate** 길을 찾다

p384

- ☐ **so as to** ~하기 위해서
- ☐ **densely** 밀집하여, 빽빽이
- ☐ **populate** 살다, 거주하다
- ☐ **shack** 판잣집
- ☐ **severely** 심하게, 혹독하게
- ☐ **dilapidated** (건물이) 다 허물어져 가는
- ☐ **dart** 쏜살같이 달리다

- ☐ **keep pace** ~와 보조를 맞추다, ~에 따라가다
- ☐ **shanty** 판잣집, 오두막
- ☐ **register** 알아채다, 인식되다
- ☐ **be tricked** 남의 꾀에 넘어가다

p386

- ☐ **on behalf of** ~를 대신하여, ~를 대표하여
- ☐ **aware** ~를 알고 있는, 눈치 채고 있는
- ☐ **incident** 일, 사건
- ☐ **worship** 숭배하다, 존경하다, 예배하다
- ☐ **emit** (빛, 열, 가스, 소리 등을) 내뿜다
- ☐ **vehement** 격렬한, 맹렬한
- ☐ **startle** 깜짝 놀라게 하다
- ☐ **out of one's wits** 제정신을 잃고
- ☐ **brace oneself** 마음을 다잡다
- ☐ **transformation** 변화, 변신
- ☐ **resist** 저항하다, 반대하다
- ☐ **persuade** 설득하다

📖 **이 문장도 짚고 가기!**

---

❶ The situation is contained. 상황 완료됐습니다.

▶ 쉴드와 함께 하겠다는 브루스의 결정에 나타샤가 워키토키에 대고 말하는 장면입니다. contain은 안 좋은 상황이 일어날 것을 '방지하다'라는 의미를 가지고 있는데요. 그래서 이 문장은 '상황 (처리가) 완료됐다.'는 뜻으로 해석할 수 있습니다.

83

📖 원서가 술술 읽히는 단어장

p390

☐ **discomfort** 불편

☐ **mutual** 상호 간의

p392

☐ **starstruck** 인기 스타에게 완전히 반한

☐ **rarely** 좀처럼 ~하지 않는, 드물게

☐ **small talk** 한담, 잡담

☐ **evolve into** ~로 진화하다, 발전하다

☐ **particular** 특별한, 특정한

☐ **fascinate** 매혹하다, 마음을 사로잡다

☐ **cryonic** 냉동 보존술의

☐ **suspension** 보류

p394

☐ **brooding** 음울한

☐ **gear** 기어, 장치

☐ **rumble** 우르릉거리는 소리를 내다

☐ **submerge** 물속에 잠기다, 잠수하다

☐ **massive** 거대한

☐ **render** (어떤 상태가 되게) 만들다

☐ **noise-cancelling** 소음 방지

☐ **device** 장치, 기구

p396

☐ **access** 접근하다

☐ **spectrometer** 분광계

☐ **endless** 끝없는, 무한한

☐ **assemble** 모으다, 집합시키다

❶ Even though the ride was smooth as silk, Coulson found himself more than a little bit uncomfortable.

비행은 매우 안정적이었으나 콜슨은 아주 불편했다.

▶ 자신의 우상인 캡틴 아메리카가 맞은 편에 앉아 있자 어색하면서도 불편한 콜슨 요원의 모습입니다. 이 문장에서 more than a little bit uncomfortable의 해석이 조금 불편하다는 건지, 많이 불편하다는 건지 헷갈릴 수 있는데요. 이 표현을 직역하면 '조금 불편한 것보다 더 많이'이기 때문에 '많이 불편하다'는 뜻입니다.

❷ Photo-variant panels on the underside of the Helicarrier reflected the sky, and cloaked the ship, rendering it completely invisible. 헬리캐리어 아래에 있는 역반사 패널들이 하늘을 반사해 함선을 완전히 안 보이게 만들었다.

▶ 이 문장에서 photo-variant panels는 그림을 바꿀 수 있는 판을 뜻하는데요. 이 판들이 하늘을 반사해서(reflect the sky), 함선에 망토를 씌운 것처럼(cloak the ship) 함선을 완전히 안 보이게 했다는 뜻입니다.

❸ Every second that the Tesseract was in the thief's hands was another second during which the fate of the world hung in the balance. 도둑의 손에 테서랙트가 있는 매 순간, 전 세계의 운명은 어떻게 될지 미지수였다.

▶ 'Every second ~ was another second~' 구문은 '~하는 순간이 ~하는 순간이다.'라는 뜻인데요. 도둑의 손에 테서랙트가 있는 모든 순간, 지구의 운명이 어떻게 될지 모른다는 것을 의미합니다.

📖 원서가 술술 읽히는 단어장 p398

- [ ] **square** 광장
- [ ] **unassuming** 잘난 체하지 않는, 겸손한
- [ ] **stride** 성큼성큼 걷다
- [ ] **quartet** 사중주단, 사중창단, 4인조
- [ ] **meander** 이리저리 거닐다
- [ ] **perimeter** 주위, 주변
- [ ] **architecture** 건축 양식, 건축학

p400

- [ ] **rear** 뒤쪽
- [ ] **sneak in** 몰래 들어가다
- [ ] **descend** 내려오다, 내려가다
- [ ] **morph into** ~로 변하다
- [ ] **unmistakable** 오해의 여지가 없는, 틀림없는
- [ ] **inhabitant** (특정 지역의) 주민
- [ ] **disturbance** (공공장소에서의) 소란, 방해
- [ ] **command** 명령하다, 지시하다
- [ ] **collapse** 무너지다, 붕괴되다
- [ ] **multiply** 크게 증가시키다, 곱하다

p402

- [ ] **kneel** 무릎을 꿇다
- [ ] **conspicuously** 눈에 띄게, 두드러지게
- [ ] **retort** 대꾸하다, 쏘아붙이다
- [ ] **seemingly** 겉보기에는, 보아하니
- [ ] **reverberate** (소리가) 울리다
- [ ] **swoop** 급강하하다

- □ **ricochet off** ~를 맞고 튀어나오다
- □ **deflect** (무엇에 맞고) 방향을 바꾸다
- □ **wielder** (무기를) 휘두른 사람

p404

- □ **flatly** 단호히, 딱 잘라서
- □ **evilly** 사악하게
- □ **pilot** 조종하다
- □ **objective** 목표, 목표 지점, 목적지
- □ **dodge** 재빨리 피하다
- □ **deal a blow** 일격을 가하다
- □ **troublingly** 번거롭게
- □ **static** (수신기의) 잡음, 고정된, 정지 상태의

p406

- □ **skitter** 잽싸게 나아가다
- □ **relent** (기세, 강도 등이) 수그러들다
- □ **latter** (둘 중에서) 후자의
- □ **hover** (허공을) 맴돌다
- □ **conjure** 마음속에 그려내다, 생각해 내다

📖 원서가 술술 읽히는 단어장

p408

☐ stand sentry 보초를 서다

p410

☐ crystal clear 수정 같은, 수정같이 맑은
☐ ripple 잔물결을 이루다
☐ lightning 번개, 번갯불
☐ be fond of ~을 좋아하다
☐ punctuate 끊다, 중단시키다, 구두점을 찍다
☐ illuminate 빛나게 만들다

p412

☐ gangway 통로, (배와 육지 사이의) 트랩
☐ lower 낮추다, 내리다
☐ rescue 구하다, 구조하다
☐ ramp 경사로, 램프
☐ jet out 재빨리 나가다
☐ wedge (좁은 틈 사이에) 끼워 넣다
☐ pry 간신히 (물건을) 움직이다, 지레로 들어올리다
☐ cascade 폭포처럼 떨어지다
☐ out of commission 이용할 수 없는, (기계가) 고장나서, 못쓰게 되어

p414

☐ parachute 낙하산
☐ skeptically 회의적으로
☐ supersonic 초음속의
☐ salute (군인이) 거수 경례를 하다, 인사하다
☐ alight 착륙하다
☐ diplomatic 외교적인, 외교적 수완이 있는

- □ quest 탐구, 탐색
- □ mourn 애도하다, 슬퍼하다

p416

- □ bitterly 비통하게, 격렬히
- □ incensed 몹시 화난, 격분한
- □ reach a fever pitch 엄청난 흥분상태에 이르다
- □ invincible 천하무적의
- □ violently 격렬하게, 맹렬히
- □ go haywire 잘못되다, 걷잡을 수 없게 되다
- □ interference 간섭, 참견, 개입, 전파 방해, 혼선

p418

- □ pick oneself up (넘어졌다가) 일어서다, 회복하다
- □ weary 지친, 피곤한
- □ summon 소환하다
- □ jolt 충격을 주다
- □ unearthly 기이한, 섬뜩한

p420

- □ aggression 공격, 공격성
- □ urge 설득하려 하다, 충고하다
- □ sonic 음속의
- □ shockwave 충격파
- □ subside 가라앉다, 진정되다
- □ mischief 장난, 나쁜 짓
- □ smirk 능글맞게 웃다
- □ conquer 정복하다

p422

- □ pay for 대가를 치르다, 벌을 받다

---

❶ Tony turned to see Captain America with his shield raised, urging diplomacy. 토니가 돌아서 대화를 하자는 의미로 방패를 높이 들고 있는 캡틴 아메리카를 보았다.

▶ diplomacy의 사전적 의미는 '외교'인데요. 이 문장에서는 '협상'을 한다는 의미로 해석하는 것이 더 적합합니다. 캡틴 아메리카가 방패를 든 행동은 그만 싸우고 대화로 풀자는 제스처인 것이죠. 마치 깃발을 드는 것처럼요.

에필로그

📖 원서가 술술 읽히는 단어장

p424

☐ **taunt** 놀리다, 조롱하다, 비웃다

☐ **surveillance** 감시

☐ **construct** 건설하다

p426

☐ **antagonize** 적대감을 불러일으키다

☐ **flip** 휙 젖히다, 탁 누르다

☐ **enclosure** 둘러쌈, 포위, 담

☐ **brainwash** 세뇌시키다

☐ **hypnosis** 최면

☐ **wear off** (차츰) 사라지다, 없어지다

☐ **aboard** 탑승한

p428

☐ **rocky** 험난한, 고난이 많은

☐ **hang in the balance** 앞날을 알 수 없는(불확실한) 상태에 있다

☐ **avenge** 복수하다

☐ **contemplate** 심사숙고하다, 응시하다

☐ **cell** 감방, 세포, 전지

30장면으로 끝내는
스크린 영어회화-인크레더블1,2

슈퍼히어로로 가족의
화려한 귀환!

국내 유일!
전체 대본 수록

30장면으로 끝내는
스크린 영어회

구성
· 전체 대본
· 훈련용 워크북
· mp3 CD

라이언 강 해설 | 각 344면, 368면 | 18,000원

국내 유일! 〈인크레더블〉 시리즈 전체 대본 수록!

매력 만점 슈퍼히어로 가족이 나타났다!
〈인크레더블〉의 30장면만 익히면 영어 왕초보도 영화 주인공처럼 말할 수 있다!

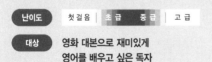

| 난이도 | 첫걸음 | 초 급 | 중 급 | 고 급 |

| 기간 | 30일 |

| 대상 | 영화 대본으로 재미있게
영어를 배우고 싶은 독자 |

| 목표 | 30일 안에
영화 주인공처럼 말하기 |